이것이 UX/UI 디자인이다

실무 디자인 방법론으로서의
UX/UI 디자인

실무 디자인 방법론으로서의 UX/UI 디자인

이것이 UX/UI 디자인이다

지은이 조성봉

펴낸이 박찬규   엮은이 전이주   디자인 북누리   표지디자인 Arowa & Arowana

펴낸곳 위키북스   전화 031-955-3658, 3659   팩스 031-955-3660

주소 경기도 파주시 문발로 115 세종출판벤처타운 311호

가격 28,000   페이지 308   책규격 188 x 240mm

1쇄 발행 2020년 07월 03일
2쇄 발행 2020년 12월 03일
3쇄 발행 2021년 07월 15일
4쇄 발행 2022년 05월 25일
5쇄 발행 2023년 10월 24일
ISBN 979-11-5839-209-3 (93000)

등록번호 제406-2006-000036호   등록일자 2006년 05월 19일
홈페이지 wikibook.co.kr   전자우편 wikibook@wikibook.co.kr

이 도서의 국립중앙도서관 출판시도서목록 CIP는
서지정보유통지원시스템 홈페이지(http://seoji.nl.go.kr)와
국가자료공동목록시스템(http://www.nl.go.kr/kolisnet)에서 이용하실 수 있습니다.
CIP제어번호 CIP2020026124

UX
UI

조성봉 지음

This is
UX/UI Design

이것이 UX/UI 디자인이다
실무 디자인 방법론으로서의
UX/UI 디자인

위키북스

조성봉

라이트브레인 UX컨설팅그룹 이사

〈이것이 UX 디자인이다〉 저자

前 UX1 대표

금융연수원 UX/UI 전임강사

디자인진흥원 국가인적자원개발 자문위원

각종 정부 기관 UX/UI 자문

주 활동 분야

UX 디자인 컨설팅

기술/트렌드 기반 제품/서비스 컨설팅

AI UX 관련 연구

프로젝트

- 제품: 삼성전자, 현대자동차, SK텔레콤, LG전자 등

- UX/UI: 신한은행, 네이버, 호텔신라, LG U+ 등

- B2B: 삼성SDS, 신한금융지주, 두산그룹, 싸이버로지텍 등

- AI UX: 삼성카드, 삼성SDS, SK텔레콤

강의 이력

- 기업: 삼성선자 AI 기반 스마드홈, 삼성전자 C-Lab Creative Engine, 현대자동차 마케팅 아카데미, 신한은행 모바일 UX 교육, 인컴스 UI/UX 교육, KT, LG전자, 삼성화재, 삼성 SDS, 한국학술재단, 웅진씽크빅, 우아한 형제들, 삼성생명서비스, 롯데홈쇼핑, 신한금융지주, 11번가 등

- 단체: 라이트브레인 UX 아카데미, UX전문가포럼, 한국인터넷전문가협회 주관 UX Consultant과정, UX Desgn 스쿨, 연세대, 한양대 등

- 세미나: HCI 학회, Global ICT Premier Forum, 헬스/웨어러블 세미나, 쇼핑의 미래, SK Creative Challenge, 자동차 전자기술 워크숍, 웹어워드 콘퍼런스, 웹월드 콘퍼런스, 광고마케팅 콘퍼런스, 전자부품연구원 등

이 책은 2013년에 발간된 ≪이것이 UX 디자인이다≫(위키북스 2013)의 후속편이다. 이전 책에서 UX 디자인을 방법론 위주로 다루었다면 이 책에서는 UX/UI의 구체적인 디자인 절차와 최근 불고 있는 변화에 초점을 맞추었다. 앞부분은 이전 책에서 다소 소홀히 다뤘던 '디자인' 부분에 많이 할애하고 모바일 UX/UI 위주의 사례를 많이 담았으며, 뒷부분은 현재 UX에 관심 있는 분이라면 꼭 알아야 하는 변화를 담고자 했다.

≪이것이 UX디자인이다≫ 초판이 매진되고, 개정판 대신에 아예 새로운 책을 내고자 마음먹은 게 벌써 5년 전이다. 그동안 바쁘다는 핑계로 차일피일 책 쓰기를 미뤄오다가 코로나19로 인해 외부 교육과 자문 활동이 중단된 틈을 이용해 이 책을 썼다. 글쓴이는 아침잠이 없는 편이다. 사회적 거리 두기 운동으로 인해 재택근무를 하는 2주일 동안 (원래는 출근하고 있을) 아침 시간을 이용해서 딱 10장만 써보고 더 쓸지 말지를 결정하자는 생각이 이 책의 출발이었다.

글쓴이에게는 다양한 UX 지식과 경험이 축적되어 있다. UX 디자인 전문 기업인 '라이트브레인'에 재직하면서 PC나 모바일에서의 디지털 서비스는 물론 자동차, 웨어러블, AR/VR, IoT, AI, 챗봇, 산업용 시스템에 이르기까지 많은 UX 프로젝트를 관리했고, 삼성전자나 현대자동차, SK그룹, 금융연수원, 아카데미정글 등에서 수십 여 차례의 UX 강의를 진행했다. 그 과정에서 다양한 분야의 사람들과 교류하며 UX에 대한 담론을 나눴다. 이 책에는 그런 실무 경험과 강의 내용이 들어 있다. 부족한 게 많지만, UX 디자인의 현재와 미래를 충실하게 담고자 노력했다는 점은 자부할 수 있다.

이 책은 총 3장으로 구성된다. 1장은 UX에 대한 이론을 다루는데, 이론적인 내용은 최대한 줄이고 예시와 실무 경험 지식을 가급적 많이 담으려고 노력했다. 2장은 UX/UI 디자인 프로세스를 다루는데, 앞서 얘기한 바와 같이 UX/UI 디자인 방법을 다양한 예시와 함께 담았다. UX를 처음 접하는 초보자는 물론, 현장의 실무자에게도 도움이 되리라 생각한다. 3장은 디지털 전환(Digital Transformation) 시대에 주목받고 있는 애자일 UX나 AI 시대에 떠오르는 AI UX와 같은 최신 UX 방법론을 소개했다. 3장을 통해서 최근 거세게 불고 있는 변화의 물결을 이해하고, 어떤 준비가 필요한지 깨달을 수 있으리라 생각한다.

최근 들어 UX라는 말이 그럴듯한 포장 용도로 많이 쓰이는데, UX 디자인은 수식어가 아니라 실체가 명확한 활동이다. 혹시 아직도 UX를 수식어로 생각하는 사람이 있다면 이 책이 그러한 오해를 푸는 데 도움이 될 것이다.

또한 최근의 UX 디자인은 애자일 방법론과 결합하거나 스스로가 '애자일스러워'지고 있다. 다시 말해 더 민첩하고 결과 중심적으로 변화하고 있다. UX 디자인이 한때의 유행이 아니라는 점은 이미 증명됐다. 그러나 디지털 전환 시대를 살고 있고 AI First 시대를 앞둔 지금, UX 디자인이 어떻게 변화 중인지도 알아야 한다. 왜 많은 글로벌 기업이 혁신의 핵심을 UX로 여기는지 알아야 한다.

이 책을 통해 UX/UI 방법론의 얼개와 세부적인 디자인 기법을 체득하고, AI UX를 비롯해 최근 논의되는 최신 방법론의 면면도 '편견 없이' 살펴보기 바란다.

감사 인사

언제나 글쓴이의 든든한 지지자인 라이트브레인의 황기석 대표님과 UX 컨설팅 그룹의 동료들, 특히 김준미, 한주연, 이정은 수석과 마지막에 책 내용을 검수해준 김다슬 선임에게 감사의 인사를 전한다. 그리고 열정적인 실습과 질문을 통해서 많은 영감을 준 라이트브레인 UX 아카데미 수강생 여러분에게도 감사 인사를 전한다.

또한 바쁜 시간에도 불구하고 서평을 보내주신 연세대 최준호교수님, 고려대 최병호 교수님, 계원예대 박진현 교수님, 유니스트의 이승호 교수님, 신한은행 전성호 부장님, 핀마트 이승배 대표님, 삼성SDS 김유정 수석님, 이상용 스케치 서울 앰배서더에게도 감사의 인사를 전한다.

어렸을 때부터 '디자인'에 대해서 영감을 주신 두 분 부모님과 책을 쓰는 데 여러모로 도움을 준 아내 김희정, 중간에 지칠 때마다 활력을 불어넣어 준 세 명의 아이들 예린, 근호, 혜린에게도 감사 인사를 전한다.

2010년 처음으로 UX 디자인 교육과정을 시작하면서 부족한 점이 너무나 많았습니다. 아이폰이 모바일 세상을 열었고, 앱이라는 새로운 산업이 시작되었지만, UI와 UX의 정의가 무엇인가에 대한 논쟁도 끝나지 않은 상태였습니다. 과연 어디서부터 시작해야 하는지, 어떻게 가르쳐야 할지, 어떤 미래를 만들어가야 할지 대답할 수 있는 사람은 많지 않았습니다.

그로부터 10년. 이제 UX/UI가 없는 디지털 세상은 상상할 수 없으며, 앱의 사용성만이 아니라 비즈니스의 방향성도 사용자 중심으로 재편되었습니다.

이 책에는 지난 10년간의 역사와 우리가 만들어온 UX/UI 세상의 경험이 담겨있습니다. 그 시간 동안 우리가 어떻게 성장해왔고, 앞으로 무엇을 해야 할 것인가의 방향이 담겨있습니다. 이 책은 지난 10년간 UX/UI 분야의 최전선에서 축적된 다양한 지식이 농축된 결정체입니다.

이 책을 보면서 저 또한 교육의 방향과 미래에 대해 다시 한번 고민하게 됩니다. 학교에서 가르쳐야 할 수준이 얼마나 높아졌는지 실감했고, 아울러 UX/UI의 교육은 어느 방향으로 가야 할지에 대한 새로운 고민을 하게 됩니다.

'최신 UX 방법론과 트렌드' 섹션만 따로 보아도 이 책은 가치가 있다고 생각합니다. 개인적으로 인공지능의 세상에서 디자이너는 어떤 방향으로 가야 할 것인가에 관한 관점이 가장 크게 와 닿았습니다. 기술의 발전은 세상에 없던 것들을 만들고 있고, 그것이 우리의 삶에 어떤 의미가 있어야 할 것인가의 방향성을 제시하고 있습니다.

– 박진현

계원예술대학교 시각디자인과 교수

디지털 전환의 시대에 UX의 미래는 인공지능(AI) 서비스에 있다. AI와 데이터 기반 서비스의 핵심 전략은 기술 혁신이나 알고리즘 분석 기법뿐만 아니라 사용자 라이프스타일에서, 의미 있는 경험 디자인에서 나온다. 사용자의 감정과 맥락을 이해하고 사용 의도를 예측할 수 있어야 하기 때문이다.

이 책은 AI 시대에 필요한 디자인 씽킹과 UX 방법론의 트렌드를 명료하게 소개한다. UX 실무자와 전공 학생들에게 바로 지금 필요한 책이다.

– 최준호

연세대학교 정보대학원 UX 트랙 교수, 前 카카오 사외이사 지금까지의 세탁기는 세탁기를 사용하는 고객이 누구인지에 관해 무지했고, 주로 활용하는 기능과 순서도 외면해왔다. 그뿐인가? 세탁을 잘못해 구박을 받아야 하는 인간관계에도 눈을 감은 채 그 뻔뻔함을 유지했다. 내일의 세탁기는 나보다 나를 더 잘 알고, 나보다 내 가족을 더 챙기며, 사용자가 세탁기를 공부하는 세상에서 세탁기가 사용자의 건강을 염려하는 세상으로 지능형 트랜스포메이션(intelligent transformation)되는, 단 한 번이라도 꼭 살고 싶은 그곳으로 우리를 데려다줄 것이다. 하지만 이것이 세탁기에만 해당하는 이야기일까? 우리가 사용하는 제품이나 경험하는 서비스도 풀이코노미(pull economy)로 가속화될 것이다. 그 비밀이 바로 이 책에 있다.

– 최병호

고려대 Human-inspired AI 연구소 교수, Human-inspired AI 연구소 지능형 산업혁신단 단장

기업은 물론 정부까지 디지털 전환을 고민하는 지금, UX 디자인에 대한 이해는 그 어느 때보다 중요하다. 이 책은 저자의 풍부한 현장 경험과 치열한 고민을 바탕으로 UX 디자인의 기초 원칙과 다양한 방법론부터 최신 트렌드까지 놓치지 않고 예시를 들어 설명한다. UX 디자인의 기초를 다지고 싶은 학생, 다양한 전문가와 협업을 준비하는 실무 초임자, 디자이너가 아니어도 UX 디자이너와 함께 일해야 하는 위치에 있는 사람에게 훌륭한 입문서가 될 것이다.

– 이승호

유니스트 디자인학과 조교수, 『새로운 디자인 도구들』(인사이트 2018) 공저자

이 책이 UX/UI 분야를 웬만큼 안다는 사람은 물론, 이 분야에 대한 중요성을 깨닫고 제대로 된 저서를 찾으려는 사람들에게 베스트셀러로 자리 잡을 것 같다는 확실한 예감이 든다. 군더더기 없으면서도 중요한 부분은 확실하게 전달하려는 저자의 성향이 그대로 잘 드러나 있다. UI/UX의 기본이 잘 나와 있으면서도 AI 기반의 UI/UX 전략 같은 꼭 알아야 할 최신 동향을 다루고 있다는 점이 무척 유익했다.

– 이승배

핀마트 대표이사, 대한민국 초대 금융 신지식인, Who's who 평생공로상 수상자

과거에는 사람의 눈을 마주 보고 설득을 통해 원하는 목적을 달성하는 것이 중요했다면, 디지털시대에는 맥락을 이해하고 사용자경험의 고충을 밝힌 다음에 그 해결 방법을 디자인하는 것이 매우 중요하다. 금융도 그러하다. 이 책은 실무 방법론으로서 UIUX를 이해하고 AI UX와 같은 최신 방법론을 접할 수 있는 최고의 지침서이자 UXer를 꿈꾸는 기획자라면 꼭 한 번 읽어볼 만한 책이다.

– 전성호

신한은행 디지털전략부장

이 책에는 저자의 오랜 현장 경험(프로젝트, 교육, 세미나)과 지식을 토대로 한 국내외 UX 디자인 방법과 사례가 집약되어 있다. UXer라면 이 책을 통해 자신이 갖고 있는 지식의 파편을 견고하게 할 수 있을 것이며, UX의 최신 트렌드와 방법론을 빠르게 습득할 수 있는 좋은 기회가 될 것이다.

– 김유정

삼성SDS CX그룹 수석

UX는 사용자의 머릿속에 들어가 그들의 잠재적 사고를 연구하는 재미있는 학문이다. 최근 프로토타이핑과 UI 디자인에 주력하고 있지만, 이 책을 계기로 UX를 다시 한번 성찰하게 되었다. 최근 들어 소위 UX를 흉내 내는 사람들이 많이 늘어나는 것을 보고 아쉬워했는데 이 책을 통해 많은 사람이 UX를 깊이 있게 이해하리라고 본다. 막연하게 UX를 처음 공부하려는 분들에게 추천하며 혹 기존에 UX를 충분히 알고 있다고 생각하는 분에게도 더 많은 역량을 쌓을 수 있는 계기가 되리라 믿는다.

– 이상용

스케치 서울 앰베서더, 『사용자경험 이야기』(지앤선 2015) 저자

1

UX/UI
디자인이란?

2

UX/UI
디자인 프로세스

3

최신
UX 방법론과
트렌드

[형식]

이 책에는 다음과 같은 5가지 유형이 목적에 따라 책 내용을 기술하는 데 사용됐다.

1. **텍스트**: 책 내용을 전달하는 일반적인 본문에 해당

2. **이미지**: 책 내용에 대한 예시나 보충 설명을 위해서 들어간 도식

3. **표**: 책 내용 일부를 구체적으로 분류해서 설명하고자 할 때 사용

4. **흰색 배경 박스**: 책 내용 중 개념을 보다 명확하게 정의하기 위해 사용

5. **노란색 배경 박스**: 책 내용과 관련된 부가적인 정보

[출처 표기]

외부에서 인용한 자료나 예시에 대해서는 출처를 밝히되, 그 외에 필자나 필자의 동료들이 작업한 결과물에 대해서는 굳이 출처를 밝히지 않았다. 라이트브레인 UX아카데미 수강생들이 작업한 결과물에 대해서는 기수와 조 이름을 밝혔다.

[용어]

모든 용어는 가급적 한글로 표기하고자 했다. 영어로 된 용어 중에 한글 번역이 가능한 것은 한글로 먼저 표기하고 괄호에 영어 원문을 표기했다. 그러나 외래어나 UX 분야의 전문용어는 번역하지 않고 발음 그대로 한글로만 표기했다.

일부 유의어(Synonym)는 필자의 판단 아래 그중 하나를 대표로 표기했다. 가령 '진입'과 '접근'은 같은 뜻을 가진 다른 용어인데, 필자는 이 중에서 접근이라는 용어를 사용했다.

띄어쓰기는 가급적 지키려고 노력했으나, 본문 일부에서는 약간의 예외를 두었다.

1

UX/UI
디자인이란?

1.1. UX/UI 개요

1.1.1. 디자인과 UX 디자인

디자인이란?

사람들은 흔히 디자인을 시각적인 무언가로 생각하는 경향이 있다. 좁은 의미에서의 디자인은 그 말이 맞지만, 이 책에서 얘기하는 디자인은 넓은 의미에서의 디자인을 말한다. 2000년대 이후부터는 디자인이라는 용어가 넓은 의미로 활용됐고, 디자인씽킹이나 이 책의 주제인 UX 디자인에서의 '디자인'도 넓은 의미에서 사용된다.

> 디자인은 어떤 객체, 시스템, 활동, 프로세스 등을 구현하기 위한 계획이나 만들려는 사양 또는 (프로토타입, 제품, 프로세스 형태로 된) 결과물을 의미한다. _ 위키피디아

디자인의 개념은 컴퓨터가 대중화되던 무렵인 90년대와 인터넷이 확산되기 시작한 2000년대 초반에 큰 변화를 겪었다.

그림 1.1-1. 디자인의 개념 변천사

이 책에서 디자인이라는 말을 자주 쓸 텐데, 그것을 좁은 의미의 디자인으로 오해하지 않기를 바란다.

디자인이란?

디자인은 뭔가를 매력적으로 보이게 하거나 사용성을 좋게 하거나 기쁨을 주는 것만을 말하는 것이 아닙니다. 디자인은 제품을 사용하는 것을 너머 제품이 기쁨을 주게 만들고, 그 이상의 의미까지 전달할 수 있게 만드는 작업입니다.

디자인은 우리가 만든 경험을 통해 고객에게 깊은 의미를 전달할 수 있는 방법입니다(Design is a way for us to deliver deep meaning to our customers through the experiences we craft).

우리는 기본적이고 유용한 것에서 출발해 그 이상의 것까지 고객에게 전달할 가치를 향상시키는 데 매진해야 합니다.

_ 리나 머천트, 구글 디자인 리더 (Reena Merchant, Design Leadership @ Google/Youtube) 출처: Medium

UX 디자인

UX 디자인은 경험 자체를 새롭게 디자인하겠다는 의미다. 제품 디자인이 제품을, UI 디자인이 UI를, 앱 디자인이 모바일 앱을 대상으로 하듯이 UX 디자인은 UX(사용자 경험)를 대상으로 한다. 현재의 UX가 갖는 문제를 찾아서 그것을 새롭게 변화시키겠다는 뜻이다.

이것은 매우 이상하게 들릴 수도 있다. 제품이나 UI, 앱을 디자인한다는 것은 그것을 새롭게 변화시키는 것이라고 쉽게 이해할 수 있는데, 그 이용 과정인 경험을 바꾸겠다는 말은 뭔가 실체가 없고 허무맹랑하게 들릴 수 있다.

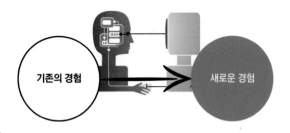

그림 1.1-2. UX 디자인의 의미

사람들이 UX 디자인을 UI 디자인이나 앱 디자인의 동의어라고 오해하는 이유가 여기에 있다. 경험을 디자인한다는 게 쉽게 이해되지 않으니까 좀 더 이해하기 쉬운 쪽으로 생각을 굳히는 것이다. 그러나 그렇다고 해서 UX 디자인이 UI 디자인이나 앱 디자인이 되는 것은 아니다.

심지어 UX 디자인은 전 세계 수많은 기업에서 이미 자리 잡고 있다. 구글, 페이스북, 넷플릭스, 테슬라 등 혁신 선도 기업들의 최일선에는 UXer^주: ux 디자인을 수행하는 사람들이 활동하고 있으며, 포춘 500대 기업에는 CXO^주: 최고 경험관리자, Chief eXperience Officer라는 역할이 대부분 존재하고 자사의 핵심 경쟁력이 UX라고 이야기 하는 기업도 많다.

특히 점점 복잡해지고 연결이 중요해진 요즘 세상에는 남들을 따라 하고 트렌드를 무작정 쫓아가기보다 는 사용자들이 서비스 이용 시 겪는 문제를 파악하고 그것을 바꾸는 것이 기업의 경쟁력 측면에서 이전 보다 더 중요하다.

> 사용자에게 집중하라. 그러면 모든 것이 따라올 것이다. – 구글의 열 가지 철학 중 첫 번째 원칙

세계적인 경영학자들도 다음과 같이 얘기한다.

> 새로운 성장을 창출할 기회를 발견하려면 소비자가 적절히 해결하지 못하는 중요한 과제를 먼저 찾아야 한다.
> – 클레이튼 크리스텐슨
>
> 기업이 제공하는 부가가치는 결국 경험이다. 경험의 질에 따라 시장가치가 수십억 달러를 껑충 뛸 수도 있다.
> – 톰 피터스
>
> 경험은 단순한 서비스보다 훨씬 더 전체적이고 완전하고 포괄적이고 감정적이고 강력하다.
> – 에이드리언 슬라이워츠키

2000년대 이후 웹이나 모바일 앱과 같은 디지털 서비스가 폭발적으로 성장해서 많은 사람이 UX 디자인 을 UI 디자인이나 앱 디자인으로 오해하는데, UX 디자인의 영역은 디지털 서비스에만 한정되지 않는다.

글쓴이가 소속된 라이트브레인만 하더라도 PC나 모바일에서의 소프트웨어, 웹, 앱뿐만 아니라 자동차, 여행용 가방, VR 기기, 스마트워치, 음성인식 기기에 이르기까지 다양한 제품을 컨설팅하고 있다. UX 디자인은 현재 광범위한 영역에서 활용되고 있다.

그림 1.1-3. 이미지는 2004년 이후 UX 디자인과 UX/UI, 디자인씽킹에 대한 구글 트렌드다. 2009 년 무렵부터 3개 모두 인기가 꾸준히 증가했다는 것을 알 수 있다.

전체 기간을 보면 디자인씽킹이 다른 두 개보다 인기가 높음을 볼 수 있는데, 최근 들어서는 UX 디자인 의 인기가 거의 비슷해졌다.

그림 1.1-3. UX 디자인, UX UI, 디자인씽킹에 대한 구글 트렌드

우리나라는 3개 모두 고르게 인기가 있는 편이지만, UX 디자인이나 디자인씽킹보다 UX UI에 관한 관심이 제일 높은 것을 볼 수 있다.

UX/UI 디자인

UX/UI에서 UX는 방법론, UI는 디자인할 대상을 의미한다. 보통 디지털 서비스에 한정된 UX 디자인을 UX/UI 디자인이라고 부른다. UX/UI 디자인은 UX 방법론을 통해 PC나 모바일에서의 소프트웨어, 웹, 앱 등 UI가 중심이 되는 서비스를 디자인하겠다는 것이다. 그래서 UX/UI 디자인은 크게 2가지를 배워야 한다. UX 방법론과 UX/UI 디자인 영역 설계 방법이 그것이다.

이 둘 중 어느 것이 더 중요한가 하고 질문하는 것은 소모적인 일이다. UX 방법론에만 치우쳐 있는 것이나 UX/UI 디자인 설계 노하우에 치우쳐 있는 것이나 부족하기는 마찬가지다.

뛰어난 UX/UI 디자인이 만들어지기 위해서는 방법론과 디자인 설계 노하우가 둘 다 필요하다. 이 책의 2장에는 모바일 UX/UI 디자인 설계 노하우를 UX 방법론의 프로세스별로 담고 있다.

UX/UI 외에 UX 디자인에는 또 어떤 게 있을까?

UX/UI는 이 이미지에서 빨간색에 해당하는 영역이다. VUX[주: 음성인식서비스]나 챗봇[주: 채팅창을 통한 AI 상담 서비스]은 UX/UI의 경계에 포함되기도 하고 AI UX[주: AI 기반하여 UX를 디자인하는 영역]에 포함되기도 한다.

UXer들은 UX/UI 외에도 서비스 디자인이나 B2B에서의 CX[주: Customer Experience] 디자인, 브랜드를 중심으로 한 BX 디자인, AI UX, 자동차와 관련된 HMI[주: Human Machine Interface], 제품 디자인 등 다양한 분야에서 활동한다.

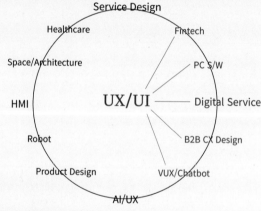

그림 1.1-4. UX 디자인의 범위 및 UX/UI 해당 영역

UX와 UI의 차이

UX와 UI는 명확하게 다르다. 기존의 UI 디자인을 UX/UI라고 고쳐 부르는 것은 UX 방법론으로 UI를 설계(=디자인)하기 때문이다. 단순히 UI를 구성하는 콘텐츠와 기능, 커뮤니케이션 요소들을 본인의 지식과 경험에 기반해서 잘 만들어 보겠다는 것이 아니라 실제 사용자들이 겪는 고충(Pain points)과 니즈, 행위를 반영해서 서비스를 설계하겠다는 의미다.

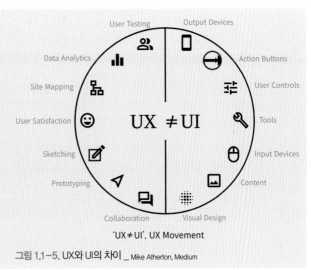

UX: 서비스가 아닌 사용자 관점에서 새로운 경험을 제시하는 프로젝트 수행 절차 – 방법론

UI: 서비스가 구체적으로 보여지는 형태, 정보의 배치 및 구성 – 디자인 대상

'UX≠UI', UX Movement

그림 1.1-5. UX와 UI의 차이 _ Mike Atherton, Medium

1.1.2. UX/UI 디자인 영역

UX/UI에 서비스 모델이나 단위 서비스, 기능, 콘텐츠 등을 포함시키는 경우도 있으나, 일반적으로 UX/UI 디자인이라고 하면 IA, 이용흐름, 인터랙션, UI, GUI의 5가지를 말한다. PC나 모바일을 통해 만나는 디지털 서비스에는 UI 외에도 서비스의 내용인 콘텐츠와 기능, 정보의 구조, 흐름, 상호작용, 구성, 배치, 형태, 시각적인 표현 등이 같이 담겨 있다.

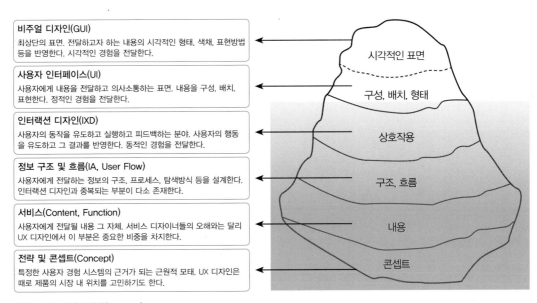

비주얼 디자인(GUI)
최상단의 표면. 전달하고자 하는 내용의 시각적인 형태, 색채, 표현방법 등을 반영한다. 시각적인 경험을 전달한다.

사용자 인터페이스(UI)
사용자에게 내용을 전달하고 의사소통하는 표면. 내용을 구성, 배치, 표현한다. 정적인 경험을 전달한다.

인터랙션 디자인(IXD)
사용자의 동작을 유도하고 실행하고 피드백하는 분야. 사용자의 행동을 유도하고 그 결과를 반영한다. 동적인 경험을 전달한다.

정보 구조 및 흐름(IA, User Flow)
사용자에게 전달하는 정보의 구조, 프로세스, 탐색방식 등을 설계한다. 인터랙션 디자인과 중복되는 부분이 다소 존재한다.

서비스(Content, Function)
사용자에게 전달될 내용 그 자체. 서비스 디자이너들의 오해와는 달리 UX 디자인에서 이 부분은 중요한 비중을 차지한다.

전략 및 콘셉트(Concept)
특정한 사용자 경험 시스템의 근거가 되는 근원적 모태. UX 디자인은 때로 제품의 시장 내 위치를 고민하기도 한다.

시각적인 표면

구성, 배치, 형태

상호작용

구조, 흐름

내용

콘셉트

그림 1.1-6. UX/UI 빙산(Iceberg)

UI는 나머지 디자인 영역을 대표할 뿐이다. 좋은 UI가 나오기 위해서는 밑에 있는 다른 디자인 영역의 탄탄한 토대가 필요하다. "나는 뛰어난 UI 설계자입니다"라고 말하려면 인터랙션과 정보구조, 이용흐름 설계를 알고 있어야 한다. 더불어 비주얼 디자인의 여러 가지 원칙과 패턴을 알고 있으면 더 큰 도움을 받을 수 있다. 그렇다면 말 그대로 UI 설계에만 능숙하다면 거기에 '뛰어나다'는 말을 붙일 수 있을까?

UI는 인터랙션(IxD), 정보구조(IA), 이용흐름(User Flow), 비주얼 디자인(GUI)과 떼려야 뗄 수 없는 관계에 있기 때문에 UI 설계에 뛰어나려면 앞에서 거론한 나머지 디자인영역도 잘 알아야 한다. 특히 모바일은 상호작용이 빈번하게 일어나기 때문에 뛰어난 UI 설계를 위해서 제스처(Gesture), 상태변화(Transition)와 같은 인터랙션 디자인을 잘 알아야 한다.

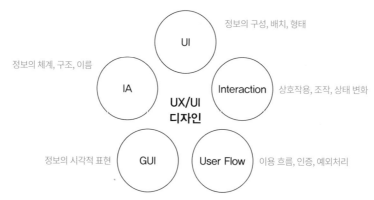

그림 1.1-7. UX/UI의 5가지 디자인 영역

UI (User Interface)

UX 디자인에서는 UI를 어떻게 잘 만드느냐보다는 어떤 UX를 제공하느냐에 초점을 맞추다 보니 UI를 하나의 수단으로 본다. 실제 사용자들이 원하는 것은 좋은 UI보다는 '정보를 잘 탐색하고 이용할 수 있는 좋은 UX'이기 때문이다.

간혹 이 점을 잊어버리고 '최신 유행하는 UI'에만 집중하는 경우도 있는데, 실제 사용자들이 원하는 것을 망각하고 트렌드만 쫓아 추구하는 것은 바람직하지 않다.

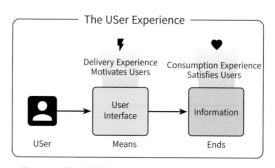

그림 1.1-8. UI는 수단이지 목적이 아니다 _ anthony, UX Movement

UI는 화면 내 노출될 정보를 구성하고, 위아래 및 좌우로 배치하고, 각 정보나 기능의 형태를 디자인하는 작업이다.

▲ 그림 1.1–9. 구글의 홈 화면 (주제별로 구성, 현재 위치) 서비스 바로 가기〉 날씨〉 교통〉 맛집 순서로 배치, 날씨와 교통은 아이콘과 숫자 텍스트를 조합, 맛집은 사진 바탕에 간단한 텍스트 표시)

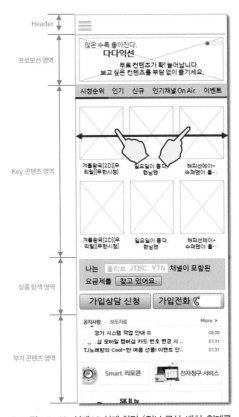

▲ 그림 1.1–10. 실제 UI 설계 화면 (정보 구성, 배치, 형태를 설계하면서 인터랙션까지 고려한다)

UI에서 제일 처음에 하는 작업은 정보를 구성하는 것이다. 어떤 정보를 제공할지 정의하고, 정보를 묶거나 쪼개면서 연관 관계를 설계한다. 그 다음, 앞서 구성된 정보를 상하좌우로 배치한다. 배치는 UI 설계에서 매우 중요한 작업인데, 잘 만들어진 배치는 시각적인 계층구조(Visual Hierarchy)가 뛰어나서 사용자들이 자연스럽게 정보를 이용할 수 있게 돕는다. 사용자가 무의식적으로 디자이너가 의도한 UX대로 정보를 이용하게 하기 위해서 강조, 대비, 균형, 요약을 하기도 한다. 마지막으로 배치된 정보의 형태를 결정한다. 텍스트로 할지, 이미지로 할지, 밀도 있게 표현할지, 여유 있게 표현할지 등을 UI에 반영한다.

이렇게 UI 설계는 매우 섬세하고 감각적인 작업이다. 이것이 교육만 어느 정도 받으면 누구나 다 UI를 설계할 수 있지만, 뛰어난 UI는 아무나 만들 수 없는 이유다. UX 자문을 위해 다양한 기업/기관의 UI 프로토타입 발표 자리를 가보면 UX가 없는 UI를 만나는 경우가 적지 않다. 왜 그렇게 정보를 구성, 배치하고 그런 형태를 만들었는지에 대해서 아무도 고민을 하지 않은 것이다. 다시 말해 사용자들이 겪는 문제가 무엇이고, UI를 통해 그것을 어떻게 해결하겠다는 UX적인 의도가 없다.

"UI는 우리가 만든 경험을 사용자에게 전달하는 방법이다."

IA (Information Architecture)

IA는 사용자가 서비스를 원활하게 탐색하게 돕기 위한 목적으로 만들어진 도구다. 정보의 전체적인 체계, 논리적 구조, 검색 방법, 결과 범위를 좁히기 위한 필터나 태그, 정보의 이름을 정하는 레이블링 작업이 IA에 해당한다.

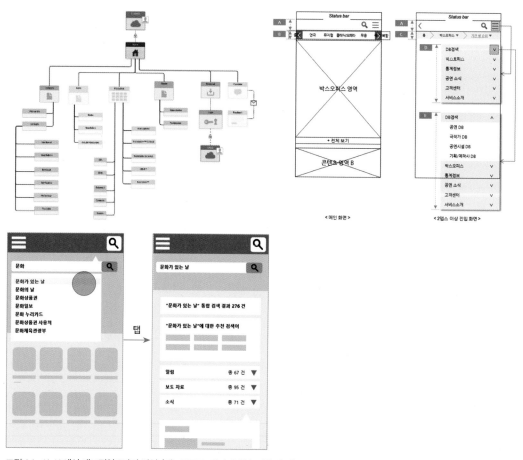

그림 1.1-11. IA에서 대표적인 3가지 작업 (메뉴구조도, 내비게이션, 검색 설계)

구체적인 산출물로는 메뉴구조도, 내비게이션, 검색, 필터, 메타데이터, 레이블링 설계 등이 있다. 뒤에서 살펴보겠지만, 탐색은 UX에서 매우 중요한 비중을 차지한다. 사용자들이 겪는 고충의 1/3가량은 원하는 메뉴를 찾지 못하거나 검색을 제대로 하지 못하고 헤매는 등 탐색 과정에서 발생한다.

이용흐름 (User Flow)

이용흐름은 사용자가 서비스를 이용하는 흐름을 말한다. 이용흐름 설계에서는 사용자의 연속된 행동이 실제 서비스상에서 어떤 식으로 흘러가는지를 업무, 화면 단위로 정의한다. 여기에는 탐색, 조회, 주 활동과 같은 기본적인 흐름 이외에 인증이나 옵션 선택, 예외처리 등의 부가적인 흐름도 담긴다.

금융이나 쇼핑과 같은 서비스에서는 이용흐름을 통해서 거래, 가입, 인증, 변경과 같은 활동이 어떻게 순차적으로 이루어지는지를 표현한다. 사내 인트라넷이나 업무용 시스템에서는 사용자들이 상호 간에 주고받는 정보가 무엇이고 그 시점이 언제인지, 주고받을 때 어떤 조건이 필요한지 등을 표현한다.

회원가입/로그인

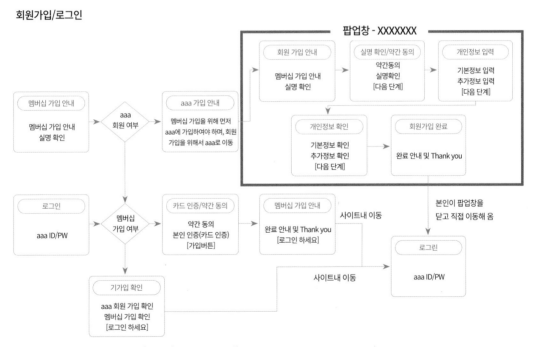

그림 1.1-12. 이용흐름(User Flow) 예시 (회원가입/로그인)

인터랙션 (Interaction)

UI 설계가 정보를 구성, 배치, 형태로 만들어내는 정적인 작업이라면 인터랙션 설계는 사용자와 서비스 간의 상호작용, 제스처, 상태변화 디자인 등 동적인 작업이다. UI와 인터랙션은 동전의 양면과 같아서 두 개가 결합할 때 비로소 의미가 있다.

뛰어난 인터랙션은 UI를 풍성하게 만들 뿐만 아니라, 움직임을 통해서 사용자에게 감성을 전달하기도 한다. 움직이는 속도, 방향, 효과 등은 기능적인 의미 이외에 감성적인 이미지를 전달하기 때문이다.

그림 1.1-13. 모바일 화면의 제스처(Gesture) 영역 구분

_ BraveGeeks Team by UX Planet

그림 1.1-14. 구글 맵 (교통수단 선택 시 상호작용)

인터랙션과 UI의 차이

인터랙션은 동적인 움직임, 변화, 그것을 위한 제스처를 의미한다. 그와 달리, UI는 정적인 것이다. 둘은 비슷해 보이지만, 동적이냐/정적이냐 라는 큰 차이가 있다.

옆 이미지에서 왼쪽은 UI를, 오른쪽의 3가지 상태 변화는 인터랙션을 의미한다.

실제 서비스상에서는 인터랙션과 UI가 긴밀하게 묶여 있는데, 이 때문에 인터랙션의 중요성을 간과하는 경우가 많다.

그림 1.1-15. 인터랙션과 UI의 차이 _ christina, designing structure-interaction design

GUI (Graphic User Interface)

GUI 디자인은 다른 말로 비주얼 디자인이라고도 부른다. GUI는 해당 서비스/브랜드의 정체성과 개성, 고유한 심미성을 드러내는 데 일조할 뿐만 아니라, 정보의 가치를 높이는 데도 기여한다.

레이아웃 컬러, 그래픽, 폰트, 이미지와 같은 기본 요소를 잘 활용하는 것도 중요하지만, 사용자들이 정보를 좀 더 잘 이해하고 사용할 수 있게 대비, 균형, 강조, 리듬과 같은 조형적인 면을 고려해 디자인에 반영하는 것도 매우 중요하다.

GUI 디자인은 UX/UI에서 매우 큰 비중을 차지한다. 가령 위 그림의 왼쪽 예시는 컬러 대비를 통해 상단 조건 영역과 하단 지도 영역을 명확하게 구분한다. 오른쪽 예시의 각 검색결과 카드는 일부러 카드 각각의 컬러 대비를 강하게 두지 않았는데, 대비가 약하면 구분이 힘든 것은 왼쪽과 유사하나, 대비가 너무 강할 경우에는 각각을 전혀 다른 정보라고 인식할 수 있기 때문이다. 왼쪽에서는 시간이, 오른쪽에서는 가격이 더 강조된 것도 어떤 정보가 UX 측면에서 더 중요할 것인지를 고려해서 나온 결과다.

그림 1.1-16. GUI 디자인 예시

GUI 디자인은 창의적인 감성 구현도 중요하지만, 정보의 인식, 이해, 행동에 큰 영향을 미치기 때문에 UX가 끝까지 고려돼야 한다. 위 예시는 성격이 다른 정보 간의 대비, 동질 정보 간의 약한 대비, 정보 내 특정 요소의 강조와 주목성 등이 고려돼 있다.

UI와 마찬가지로 GUI 디자인도 최신 유행에만 집중해서는 안 된다. 사용자 경험에는 사회적 트렌드도 반영되므로 최신 유행을 고려하는 것이 필요한 것도 사실이지만, 지나치게 트렌드만 고집해 오히려 전체적인 UX 품질은 떨어진 서비스를 자주 접하게 된다.

서비스

이 책은 디지털 환경에서의 서비스를 대상으로 한다. '서비스 디자인' 방법론은 '모든 디자인을 서비스 관점에서 바라보겠다'는 것인데, 이 책에서 얘기하는 서비스는 우리가 일상생활 속에서 흔히 사용하는 용어에 불과하다.

> 서비스 _ 사용자에게 어떤 가치를 전달하기 위해서 구체적인 정보/기능을 하나로 묶어서 제공하는 것

우리는 서비스를 모바일 앱이나 웹사이트와 같이 특정 영역 안에 있는 모든 것으로 이해하기도 하지만, 그 안에 들어 있는 개별적인 정보나 기능을 서비스라고 부르기도 한다. 예를 들어 A 카드사의 모바일 앱을 서비스라고 부르기도 하지만, 그 앱에 들어 있는 카드 상품 검색, 환전, 카드 갱신, A/S 신청 등도 서비스라고 부르는 것과 같다.

사용자들은 어떤 서비스의 UX 품질을 암묵적으로 판단하는 경향이 있다. 하나하나의 문제를 거론하기보다는 전체적인 가치를 은연중에 판단해 만족 여부를 표현한다는 뜻이다. 그 때문에 각 디자인 영역별로 좋은 UX를 만들어내는 것도 중요하지만, 결국 가장 중요한 것은 서비스의 전체적인 UX가 매력을 주지 않으면 안 된다는 것이다. 우리 서비스는 남들이 시도하지 않았던 혁신적인 기능을 넣었다거나 어느 부분의 사용성이 업계 최고라는 등의 얘기를 사용자들도 동의할지에 대해서 한 번쯤 생각해 봐야 한다.

UX/UI에서의 서비스 기획은 경험요소의 근간이 되는 정보나 기능을 구체적으로 밝히는 작업이다.

검색어를 기반으로 사용자의 의도를 반영한 부가 정보 제공

사용자가 입력한 장소와 매칭된 부가 정보를 제공

EX) 인천 공항 입력 -) 환전소 안내, 날씨 정보 안내
여의나루 입력 -) 서울 '따릉이' 관련 정보 안내
00 예식장 -) ATM기 위치 정보 안내

사용자의 현재 위치를 기반으로 유용한 정보를 제공

위치를 tracking하여 유용한 정보 제공

EX) 현재 위치에서 거리순으로 T멤버십 할인
가맹점 위치 제공
일정 시간 이상 머무른 장소를 자동 저장

그림 1.1-17. 서비스 기획 예시

서비스 기획을 위해 타 경쟁사 서비스를 분석하거나 시장 내 동향 파악을 할 때가 있는데, 그러다 보면 자연스럽게 서비스가 지향해야 하는 방향성이나 고객에게 제공할 가치와 같은 큰 그림을 생각하게 된다. 다시 말해 상세한 서비스 기획에 앞서 가치를 도출하고 전략을 수립하는 활동이 필요하다.

왜 굳이 가치나 전략이 UX에서도 필요한가?

글쓴이는 다양한 업종의 기업/기관을 대상으로 교육이나 자문 활동을 하면서 UX에 대해 상담할 때가 많다. 오랫동안 이런 상담을 계속해오다 보니 기업 간에도 UX 가치나 전략에 대한 이해 차이가 있다는 점을 알게 되었다. 국내 내수 시장에서만 활동하는 기업들은 가치나 전략을 굳이 필요로 하지 않거나 요식행위로 여기는 데 비해, 해외 시장에서도 경쟁하는 기업들은 어떤 UX 가치를 전달하고, 포지셔닝할 것인지에 대해서 치열하게 고민하는 경향이 있다.

"왜 굳이 가치나 전략을 배워야 합니까?", "UX/UI는 그냥 UI를 더 잘 만들면 되는 일 아닌가요?", "거래 과정에서의 사용성을 높이는 게 우리의 지상 명제입니다."

이분들의 얘기가 당장은 현실적인 것일 수도 있다. 그러나 국내 시장이든 해외 시장이든 간에 하나의 서비스가 치열한 경쟁 속에서 살아남고 만족을 끌어내기 위해서는 부분이 아닌, 전체적인 경쟁력이 중요하다. 본인들에게 중요한 것이 항상 사용자들에게도 중요한 것은 아니다. 대부분의 서비스 운영자들은 사용자들이 뭘 원하는지 모르는 상태에서 '자기가 하고 싶은 일'을 하는 경우가 많다.

"이제부터는 이 앱만 쓸래.", "왠지 모르겠지만 되게 괜찮은데…", "와~ 누가 이런 걸 만들었지?"

사용자들에게 이런 얘기를 들어야 하지 않겠는가? 그러기 위해서는 누군가가 지시한 전략이나 남들을 따라 하는 전략이 아니라, 사용자들이 원하는 가치 속에서 전략을 발굴하고 실행할 수 있어야 한다.

1.1.3. UX 방법론

UX 방법론 = 문제해결(Solving)

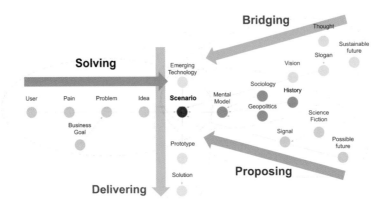

그림 1.1-18. 현재의 디자인 방법론들 _ Masaki Iwabuchi, Medium

앞에서 UX/UI의 디자인 영역을 살펴봤다. 그렇다면 UX 방법론은 어떻게 해서 그러한 디자인 구성요소에 힘을 불어넣고, 더 사용자 친화적으로 만든다는 것일까? 우선 디자인 방법론에는 다음과 같은 것들이 있다.

UX 방법론은 이 중에서 문제해결(Solving) 유형에 속한다. 사용자의 문제를 찾아서 그 해결 방법을 아이디어, 시나리오, 프로토타입 순서로 풀어나가는 것이 UX 방법론이다. 바람직한 미래를 먼저 그리고 거기에 도달할 방법을 디자인하는 이어가기(Bridging)나 가능한 여러 가지 대안을 놓고서 가장 가능성 높은 대안을 디자인하는 제안하기(Proposing)와는 다르다.

UX 방법론 = 사용자 경험 측면에서 문제를 밝힌 다음에 그 해결 방법을 디자인한다.

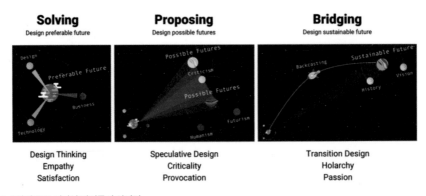

그림 1.1-19. 3가지 주요 디자인 방법론의 차이점 _ Masaki Iwabuchi, Medium

UX는 디자인씽킹에 속하는 방법론 가운데 하나다. 디자인씽킹이란 사용자 입장에서 그들의 경험을 깊이 공감(Empathy)하여 무엇이 필요한지 찾고, 통합적인 사고를 통해 만족스러운 서비스를 디자인하는 패러다임[주: 어떤 한 시대 사람들의 견해나 사고를 근본적으로 규정하고 있는 테두리]을 말한다. 디자인씽킹 내에서 가장 유명한 것이 UX 방법론이다. 같은 디자인씽킹에서 파생된 서비스 디자인 방법론이나 CX 방법론, 인간 중심 디자인(HCD, Human Centered Design) 방법론과 UX 방법론은 전체적인 흐름은 유사하지만, 적용 분야나 수행 활동 면에서 여러 가지 차이가 존재한다.

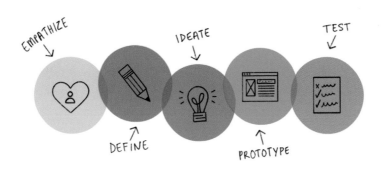

그림 1.1-20. 디자인씽킹 프로세스 _ uxdesign.cc.

디자인씽킹과 UX 방법론의 관계에 대해서는 아직도 여러 가지 의견이 존재한다.[주: Design Thinking Isn't User Experience(By Debbie Levitt), Design Thinking and UX: Two sides of the same coin(by Dirk Knemeyer)] 그러나 디자인씽킹과 UX는 전반적인 프로세스가 거의 닮았으며 최근 들어서는 유의어처럼 같이 거론되고 있다.

> **이 책에서 얘기하는 디자인씽킹(Design Thinking)**
>
> UX 방법론이 디자인씽킹에 속하는 하나의 방법론이기 때문에 이 책에서 두 용어를 혼용하더라도 혼동하지 않기를 바란다. 인용한 원문에서 디자인씽킹이라고 쓰여 있을 경우에는 책에도 그것을 굳이 UX 디자인이라고 바꾸지 않고 원문 그대로 디자인씽킹이라고 명시했다. 그러나 둘은 의미상 차이 없이 쓰였다.
>
> 이 책에서는 '디자인씽킹 = UX 방법론'이라는 점을 다시 한번 주지하기를 바란다.

문제를 찾는 3가지 관점

UX 방법론에서 가장 중요한 화두는 '문제를 찾는 것'이다. '문제를 찾는 것'과 관련해 UX 방법론에는 3가지 관점이 존재한다.

❶ 프로세스 중심

문제를 찾아 나가는 절차를 중요시한다. 사용자들이 서비스를 이용하는 경험을 실제로 조사한 다음, 그 과정에서 사용자들이 겪는 고충이나 니즈, 행동 등을 면밀하게 분석해 문제를 찾는다. 이후 과정은 찾아낸 문제를 해결하는 일련의 절차로 구성된다.

❷ 원칙 중심

사람들이 보편적으로 가지고 있는 심리적인 경향, 서비스 이용 시 겪게 될 것으로 예상되는 고충, 디자인 영역별로 준수해야 할 원칙을 가지고 문제를 찾는다. 심리학이나 사용성, 게슈탈트 원리^{주: 사람들이 사물을 지각(Perception)할 때 보이는 경향을 이용한 원리}, 인터랙션 디자인 원칙^{주: 1980년대 초반 미국의 빌 모그리지, 빌 버플랭크, 도널드 노먼 등에 의해서 제시된 디자인 원칙}이 중요시된다.

❸ 트렌드 중심

현시대의 디자인 트렌드를 중요하게 여긴다. 최근의 기술이나 디자인 트렌드의 변화에 따라 그것을 받아들이는 사용자경험도 큰 영향을 받는다는데 주목하며, 그러한 트렌드 관점에서 서비스의 문제를 찾는다.

위 3가지 관점은 서로 배타적이기보다는 UX 프로젝트의 목적 및 성격에 따라서 우선순위가 다르게 적용된다. 예를 들어 짧은 시간 내에 현 서비스의 문제를 빠르게 진단하고 평가하는 데는 '원칙 중심'적인 접근이 유리하고, 최근에 대두되는 신기술이나 디자인 트렌드를 반영하는 게 목적일 경우에는 '트렌드 중심'적인 접근이 유리하다.

대부분의 UX 프로젝트는 프로세스 중심으로 전개되면서 원칙과 트렌드를 부차적으로 활용한다.

UX 방법론 프로세스

UX 방법론의 전체적인 프로세스는 '4장. UX/UI 프로세스'에서 다루기로 하고, 여기서는 전체적인 흐름만 살펴본다.

UX/UI 디자인에서 UX 방법론의 역할

- 사용자들이 서비스를 명확하게 인식하고 쉽게 접근할 수 있게 한다.
- 사용자들이 서비스 내에서 원활하게 탐색할 수 있게 돕는다.
- 사용자들이 정보를 더 잘 이해하고 능숙하게 화면을 제스처할 수 있게 한다.
- 사용자들이 서비스를 경험하는 맥락을 반영해 이용흐름이나 예외처리를 설계하고 버튼, 팝업, 기능, 도움말, 필터링 옵션 등을 배치한다.

사용자들이 겪는 고충을 찾고 서비스에 내재된 문제를 정의하는 작업은 UX 방법론의 전반부에 해당한다. UX 방법론의 후반부에는 서비스의 새로운 콘셉트에서부터 출발해 UX/UI 구성요소들의 새로운 디자인을 만들어 내는 작업이 진행되는데, 이때 전반부에서 찾은 문제가 디자인의 구체적인 논리(rational)를 제공한다.

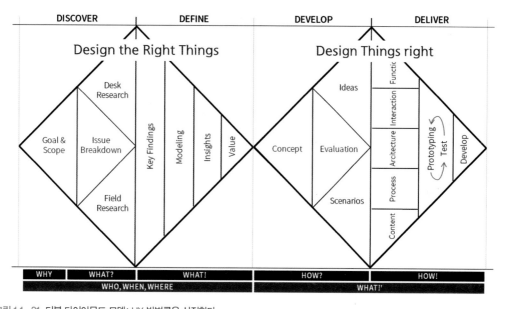

그림 1.1-21. 더블 다이아몬드 모델: UX 방법론을 상징한다. _ 라이트브레인 UX 컨설팅 소개서

- **전반부 (첫 번째 다이아몬드)**: 올바른 디자인 문제를 찾자(Design the Right Things). 문제 해결(Solving)의 대상, 방법, 명확한 논리를 찾는 과정.

- **후반부 (두 번째 다이아몬드)**: 그것을 최대한 잘 만들자(Design Things right). 새로운 콘셉트에 기반하여 아이디어, 시나리오, UX/UI 디자인 구성요소들의 새로운 디자인을 형상화해 나가는 과정.

세상에는 다양한 종류의 방법론이 있는데, 그중에서 UX 방법론은 문제 해결(Solving)의 방법론이다. 그렇기 때문에 문제를 정의하는 작업이 중요하다. 문제를 정의한 다음에는 그 해결 방법을 큰 그림에서 시작해 점점 구체적인 디자인 영역까지 정의한다. UI뿐만 아니라 IA, 이용흐름, 인터랙션, GUI가 거기에 해당한다. 그러나 앞서 말한 대로 구체적인 디자인 영역을 하나씩 고민하기에 앞서 전체적인 서비스의 내용을 먼저 고민하고, 전체적인 서비스의 내용을 고민하기에 앞서 서비스의 콘셉트와 전략을 먼저 정의해야 한다.

그러한 콘셉트와 전략이 다음 이미지의 'UX 비전(Vision)'이다. UX 비전을 중심으로 왼쪽 전반부에는 리서치(Research)와 인사이트(Insight)가, 오른쪽 후반부에는 콘셉트(Concept)와 디자인(Design)이 있다. 이들은 가장 대표적인 UX 디자인 활동들이다.

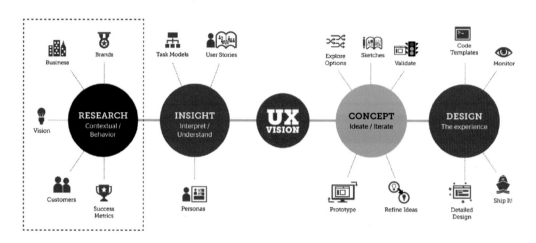

그림 1.1-22. UX Design vs UX Research _ Killer UX Design, Sitepoint

UX 방법론은 결국 멋진 서비스 콘셉트와 UX/UI 디자인 결과물을 내놓는 게 목적이다. 앞단의 리서치와 인사이트는 멋진 콘셉트와 디자인 결과물을 내놓기 위한 UX의 문제 정의 활동이다.

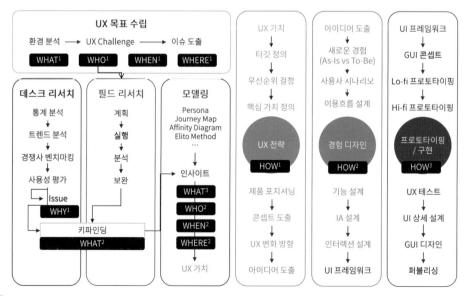

그림 1.1-23. 라이트브레인 컨설팅그룹의 UX/UI 디자인 프로세스

지난 20여 년 동안 전 세계의 수많은 UXer들은 이 방법론에 매료됐다. 서로 다른 국적, 인종, 업종을 가진 사람들이 이러한 활동을 통해서 멋지고 탁월한 서비스를 만들어 왔다. 이 책을 통해 여러분들도 멋지고 탁월한 서비스를 만들기 바란다.

1.2. UX란?

1.2.1. User (사용자)

사용자(one of them)로서 겪는 경험

사회인(member of society)으로서 겪는 경험

사람(Human)으로서 겪는 경험

사용자

그림 1.2-1. 사용자를 바라보는 3가지 관점

우리가 이야기하는 '사용자'라는 정의에는 사실 3가지 관점이 결합돼 있다.

첫 번째, 당연한 이야기지만 사람(Human)으로서의 사용자다. 서비스를 이용하는 과정에서는 사람이면 누구나 갖는 보편적 특성이 나타난다. 복잡함을 회피하려는 성향이나 모양 차이보다는 색상 차이를 더 눈여겨본다거나 시각/청각적인 단서가 주어지면 경로를 좀 더 잘 찾을 수 있는 것 등이다. 이런 점 때문에 UXer들 중에는 심리학이나 인지공학 출신들이 많은 편이다. 사람이 갖는 일반적인 심리적 성향들은 UX 품질을 판단하는 기초적 원리가 된다.

두 번째, 사용자는 현시대를 살아가는 사회인(member of society) 중 하나다. 그래서 유행이나 사회경제적 상황, 기술 트렌드, 세대적 성향 등에 의해 영향을 받는다. 일상생활 전반이 모바일 위주로 변해가거나 공유 문화에 익숙해지는 것과 같이 전체 세대가 공유하는 트렌드도 있지만, 밀레니얼 세대, Z세대 등 세대별로 그들만의 특징이 좀 더 두드러지게 나타나는 트렌드도 있다. 사용자는 한 사람의 사회인으로서 서비스를 이용하기 때문에 현시대의 트렌드를 읽는 작업은 좋은 UX를 제공하는 데 중요한 밑거름이 된다.

세 번째, 서비스를 이용하는 주체인 (좁은 의미의) 사용자다. 똑같은 서비스를 쓰는 열 명의 사용자들은 저마다 다른 UX를 지니고 있다. 서비스에 기대하는 게 서로 다르고, 불편을 느끼는 지점도 다르다. 이를 1만 명, 1억 명으로 확대해도 모두가 저마다 다른 경험이 있을 것 같지만, 실제로는 비슷비슷한 유형들이 나타난다. UX에서는 이러한 유형(persona)을 찾아내서 시장을 구분(segmentation)하거나 더 나아가 표적으로 선택(targeting)하는 작업을 종종 진행한다.

사용자가 서비스를 이용하는 주체이기도 하지만, 사람, 사회인으로서도 UX가 드러난다는 점은 UX 방법론 프로세스를 설명하는 데 중요한 근거가 된다. 앞에서 문제를 찾는 원칙과 트렌드 관점의 접근이 필요한 이유는 각각 사람, 사회인으로서의 사용자를 우리가 이해해야 하기 때문이다.

표 1.2-1. 사용자의 3가지 관점

사용자	▪ 특정 제품/서비스가 기준 ▪ 자신만의 고유한 경험이 존재 ▪ 전체를 놓고 보면 몇 가지 유형으로 구분할 수 있음 (Persona)	▪ 이용 통계나 설문조사를 통해서 기본 정보 파악 ▪ 세부적인 경험은 직접 보거나 물어봐야 알 수 있음 (필드 리서치)
사회인	▪ 동시대를 사는 사회인들 모두가 공유하는 트렌드가 기준 ▪ 1코노미, 가심비, YOLO 등 ▪ 세대별로 조금씩 다름 (베이비부머, X세대, Y세대, Z세대)	▪ 사회적 트렌드를 통해서 파악 ▪ 사회경제적 상황, 기술 트렌드도 중요 ▪ 세대적 특성 조사
사람	▪ 사람이면 누구나 갖는 보편적 특성이 기준 ▪ 예외가 거의 없는 편이나, 아주 세부적인 경험에만 적용할 수 있다는 단점이 있음	▪ 심리학, 인간공학, 게슈탈트 이론 ▪ 행동경제학에서 얘기하는 휴리스틱, 편향(bias)

사용자 개인의 특성은 직접 만나서 서비스 이용 과정을 조사해야 알 수 있으니, 그 전에도 설문조사를 통해서 다음과 같은 요소들을 미리 알 수 있다.

표 1.2-2. 설문조사로 알 수 있는 사용자 특성

이용행태	현재 해당 서비스(군)을 어떻게 사용하고 있는지 파악 예) 주로 사용하시는 쇼핑몰은 어디인가요?, 어떤 경로를 통해서 쇼핑몰에 들어가시나요?
맥락	사용 장소, 시간, 상황에 대해서 파악 예) 쇼핑몰은 어떤 장소(시간대)에서 주로 이용하시나요?
의견/만족도	해당 서비스(군)의 만족나 만족도 파악 예) 제일 선호하시는 쇼핑몰은? A 쇼핑몰에 대한 만족도를 내린다면?
태도	해당 서비스(영역)에 대한 정서적 이미지, 관심 또는 우려사항 예) A 쇼핑몰에 대해서 딱 떠오르는 이미지는? 어떤 부분이 가장 좋다고 생각하시나요?
기술적 태도	신기술에 대한 수용도, 태도

모바일 앱이나 웹사이트와 같은 디지털 서비스에서는 방문한 사용자들의 이용 데이터(경로, 관심사, 시간 등)를 기록할 수 있는데, 이 데이터를 분석하면 다음과 같은 요소들을 미리 알 수 있다.

표 1.2-3. 통계분석으로 알 수 있는 사용자 특성

유입, 유출 경로	어느 채널, 터치포인트를 통해서 들어오고 나갔는지
이동 경로	순차적인 이용흐름, 맥락에 따른 이용흐름, 특정 화면까지의 이용흐름
관심사	특정 페이지에 머문 시간, 특정 페이지에서 선택한 메뉴/기능/정보
탐색 행위	자주 이용한 검색어, 필터 옵션, 해시태그

1.2.2. 경험 vs 사용자 경험

우리가 나루는 것은 '사용자 경험'이지 '경험' 전체가 아니다. 경험은 매우 포괄적인 용어다. 사람들의 일상 전반, 살아온 역사, 가치관, 신념, 습관, 문화적 관습 등 다양한 것을 포괄한다. 제러드 다이아몬드[주: 미국의 세계적인 인류학자]가 될 필요는 없다. 우리는 단지 좋은 서비스를 만들고 싶을 뿐이다.

그렇다면 사용자 경험은 무엇인가? '사용자'라는 용어에 이미 답이 들어 있다. '사용자'라는 말에는 이미 특정 제품이나 서비스가 전제되어 있다. 그를 사람이나 고객, 소비자라고 부르지 않고 사용자라고 부르는 데는 그러한 관점을 우리가 견지하겠다고 이미 밝힌 것이다.

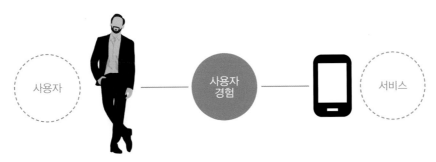

그림 1.2-2. UX(사용자 경험)의 의미

"소비자보다 사용자가 기업에 더 강력한 영향력을 발휘하는 시대다. 사용자가 원하는 물건을 온라인으로 사는 방법을 이해하지 못한다면 그들은 그 기업에서 아무것도 사려고 하지 않을 것이다. (중략) '소비자는 왕이다'라는 구호는 너무 낡았다. 기업의 디지털 전선은 외부 사람들이 접촉하는 첫 번째 접점이며, 기업을 알리고 효율성을 높이기 위한 기본이다. 사용자를 우선적으로 고려해야 한다." _ 애런 샤피로, ≪Users, Not Customers≫의 저자. 한국경제신문과의 인터뷰 내용 중.

결국 사용자 경험이란 '특정 제품이나 서비스를 이용하는 사람들의 경험'이다. 그들의 일상적인 경험 전체가 아닌, 특정 서비스와 관련된 경험만 주목하겠다는 뜻이다. 주: UX/UI는 디지털 서비스를 전제하고 있기 때문에 물리적인 제품이나 아날로그 서비스는 이제부터 언급하지 않겠다.

UX(사용자 경험)의 정의

- 특정 서비스를 이용할 때 사용자들이 보이는 생각, 감정, 행동
- 사용자들이 서비스 이용 시 겪는 고충, 서비스에 대해 갖는 니즈 (이게 전부일까?)
- 은행: 디지털 뱅킹을 통한 조회/거래/상담, 금융상품 이용, 사용자 상호 간 금전 거래
- 통신: 통신 상품과 관련된 가입/조회/관리 활동, 멤버십 서비스, 미디어/엔터테인먼트 이용
- 쇼핑: 채널 내에서의 접근/탐색/조회/구매/이벤트/관리 활동, 외부 채널에서의 유입/프로모션
- SNS: 가입/조회/등록/관리/커뮤니케이션 활동, 카메라/미디어 등과의 연동

우리는 특정 서비스를 둘러싼 '사용자 경험'을 다룬다는 점을 항상 명심해야 한다. 사람들이 일상생활에서 겪는 경험 전반을 다루는 것은 인문학자나 사회과학자들에게 맡기자. 우리가 UX를 배우는 목적은 뛰어난 디자인을 하기 위해서다.

1.2.3. 경험요소

경험요소란 서비스에 내재하는 여러 가지 요소 중에서 실제 사용자 경험과 연관된 것들을 말한다. 서비스에는 사용자 경험과 상관없는 요소도 많이 존재한다. UX에서는 일단 경험요소와 비경험요소로 구분하고 경험요소들을 어떻게 개선할지 고민한다. 또한 사용자들이 어떤 경험요소에 관심을 가지고 있으며, 어떤 요소는 불필요하게 여기는지도 조사한다. 그래야지만 서비스 제공자가 아닌 사용자 관점에서 문제를 바라보고 해결할 수 있기 때문이다. 그 가운데 서비스 이용에 큰 영향을 주는 경험요소를 먼저 해결하고, 없는 편이 차라리 나은 경험요소는 과감하게 버릴 수도 있다.

그림 1.2-3. 사용자의 신체 모형을 경험요소에 반영하여 즉시 행동을 유도하는 좋은 사례들

경험요소는 UX/UI 디자인 시 일차적인 고려 대상이다.

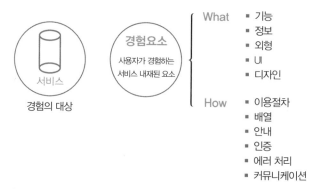

그림 1.2-4. 경험요소의 구성

경험요소는 구슬(What)에 해당하는 기능, 정보, 외형 등과 실(How)에 해당하는 이용절차, 배열, 안내 등으로 크게 구분한다. 구슬이 서 말이라도 꿰어야 보배라는 말이 있다. 좋은 기능과 정보는 좋은 이용절차와 배열을 만났을 때 빛을 발하는 법이다.

구글 지도 앱의 경험요소

- **What:** 위치 선택, 추천 경로, 대안 경로, 지도상의 경로 표시, 경유지 선택, 공유
- **How:** 지도 조작, 거리와 시간의 교차 안내, 교통편으로의 추가적인 접근

그림 1.2-5. 구글 지도 앱

이번에는 항공 예약을 예로 들어보자. '출/도착지, 출/도착 날짜, 시간, 공항, 인원, 가격' 등은 항공편 예약 시 매번 고려하는 구슬에 해당하는 경험요소이다. 어떤 채널에서라도 위 요소들은 항공권 예약을 위해서 반드시 필요하다.

이를 모바일 앱에서의 경험으로 한정해 보자.

첫 화면에서 검색을 먼저 해야 한다. 실에 해당하는 이용절차와 UI 상에서의 배열을 고민해야 한다. '출/도착지 선택, 날짜 선택, 인원 선택'이 필요하다.

검색한 다음에는 검색 결과 목록 화면을 만나게 된다. 여기에서 항공편별 상세 화면으로 넘어갈 수도 있고, 아니면 필터링/소팅 기능을 활용하여 직항/경유나 출/도착 시간대, 가격대 등을 기준으로 목록을 설정할 수도 있다. 또는 검색조건을 처음과는 다르게 변경할 수도 있다.

그림 1.2-6. 인터파크 항공 앱

한발 더 나아가 '여행 목적지 추천받기, 예상 항공권 가격 변화' 등과 같은 것이 있다면 더 좋은 경험이 될 것이다.

이렇게 UX/UI 디자인 시에는 어떤 경험요소가 있는지를 먼저 파악하고 나서 어떤 경험요소들이 있어야 하는지, 문제가 무엇이고 어떻게 해결해야 하는지를 고민해야 한다.

경험요소에 사용자의 니즈를 반영하고 창의성을 불어넣으면 뛰어난 디자인을 만들어 낼 수 있다.

1.2.4. UX에 작용하는 것들

시간의 작용

시간은 UX에서 매우 중요한 의미를 갖는다. 사용자들의 경험에는 과거의 경험이나 미래에 대한 기대가 반영되어 있다. 그 때문에 현재의 경험을 제대로 이해하기 위해서는 과거의 경험과 미래의 기대도 같이 봐야 한다.

또한 경험은 시간에 따라서 많이 달라진다. 음악을 듣는 경험을 예로 들어보자. 아침과 점심, 저녁에 따라 음악의 선곡이나 플레이 방식이 동일한가? 주중과 주말에 음악을 듣는 UX가 동일한가? 아마 대부분의 사람은 시간대에 따라, 주중/주말이냐에 따라 음악을 듣는 경험에 작지 않은 차이가 있을 것이다. 시간이 우리의 경험에 작용하기 때문이다.

시간은 우리의 경험에 큰 영향을 미친다. 과거의 경험은 우리의 현재 경험에 선입견을 제공하고, 현재의 맥락은 우리의 경험을 좁은 영역으로 인도하며, 미래의 기대는 우리의 생각을 눈에 보이는 것 이상으로 확장한다.

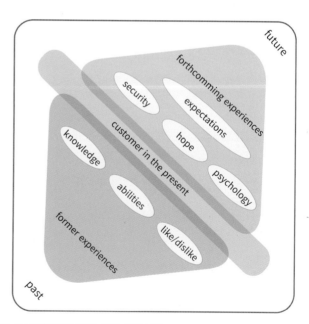

그림 1.2-7. UX에 영향을 미치는 과거, 현재, 미래 _ Holger Maassen, boxes and arrows

과거 경험

과거의 경험은 우리에게 지식, 기억, 습관, 수행 역량, 선호도를 만들어 낸다. 이들이 현재의 경험에 작용하여 빠르고 능숙한 행동을 만들어 내기도 하지만, 특정 단어, 특정 컬러, 특정 형태의 아이콘에 대해서 고정된 의미를 떠올리기 때문에 그것과 어긋날 경우에는 고충이 생기기도 한다.

그림 1.2-8. 장바구니를 의미하는 다른 아이콘, 즐겨찾기를 의미하는 두 가지 형태의 아이콘

사용자들은 과거 경험을 통해서 이미 익숙해져 있는 아이콘이나 레이블을 현재에도 고수하려는 경향이 있다. 본인에게 익숙한 아이콘이나 레이블이 아닐 경우에는 곧바로 불편함을 드러내는 경우도 많다. 위 예시에서 즐겨찾기를 의미하는 두 가지 형태의 아이콘은 이미 많은 서비스가 두 형태를 교차해서 사용하고 있기 때문에 큰 불편함을 주지 않지만, 장바구니는 대부분 카트 형태의 아이콘에 익숙해져 있기 때문에 '진짜 장바구니' 형태로 된 아이콘에는 불편함을 드러낸다.

현재 맥락

현재의 맥락(Context)은 UX에 가장 많이 작용하기 때문에 잘 이해해야 한다.

> **맥락:** 주어진 대상 이외에 그 대상과 함께 제시된 모든 정보 _ 네이버 지식백과

UX 외부에서 맥락만큼 UX에 큰 영향을 미치는 것은 없다. 맥락에 따라서 사용자의 관심사, 접근 방법, 예상 결과, 행동 절차 등이 달라지기 때문이다. 자주 사용하는 특정 앱을 떠올리고 장소와 시간에 따라서 본인의 경험이 어떻게 달라지는지 회상해 보라. 똑같은 앱을 사용하더라도 대중교통과 집에서의 UX 차이, 아침과 저녁의 UX 차이를 회상해 보면 꽤 큰 차이가 있다는 것을 확인할 수 있을 것이다.

다음 그림의 글씨를 사람들은 어떻게 읽을까? 십중팔구는 THE CAT이라고 읽을 것이다. 그러나 THE의 'H'와 CAT의 'A'는 형태가 동일하다. 그런데도 왜 앞에서는 H로 뒤에서는 A로 읽으려고 할까? 그것은 맥락이 우리의 UX에 작용하기 때문이다. 정확한 정보가 아니더라도 우리는 그것에 의미를 부여하려는 경향이 있다.

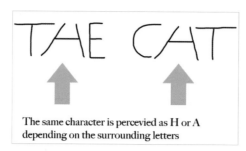

그림 1.2-9. 맥락과 UX의 관계를 보여주는 예시

다음 그림에서 "도대체 뭐가 문제인지 모르겠다. 추가를 의미하는 '+' 아이콘을 뒤에 붙이면 왜 안 되는 가?"라고 누가 묻는다면 현재 맥락이 UX에 미치는 영향을 근거로 해서 그게 왜 틀렸는지에 관한 얘기를 들려줄 수 있다. 현재 맥락이 UX에 미치는 영향을 감안할 때, 아이콘은 자기 스스로를 드러내지 않으면 서 사용자의 빠른 행동을 유도하는 편이 좋다. 그래서 레이블 뒤쪽에 떨어져 있는 것보다는 레이블 앞에 서 드러나지 않으면서도 의미를 보조하는 것이 더 낫다.

그림 1.2-10. 아이콘의 위치

미래 기대

미래에 대한 기대도 현재의 UX에 영향을 미친다. '이런 기능이 있었으면 좋겠다'와 같이 막연한 기대가 있으면 현재 이용 경험에 작용하여 불만을 만들어내고, 사용자 스스로 차선책을 생각해 미래 기대를 대 신할 수 있는 대안이나 우회로를 찾게 된다.

그림 1.2-11. 화살표 아이콘에 대한 기대

미래 기대의 작용은 UI에서 작은 단서(위 예시의 ▼ 화살표)에도 의미를 부여하고 그것을 자연스럽게 누르게 만든다.

시간 흐름에 따른 정보 니즈

현재의 UX는 반드시 현시점에서의 최신 정보와 일치하지 않는다. 사람들은 과거의 정보를 원할 때도 있고, 미래의 정보를 (부정확하더라도) 알고 싶어하기도 한다. 단순히 새로운 정보를 원할 때도 있지만, 새롭지는 않아도 최신의 정보를 재확인하는 경우도 있다.

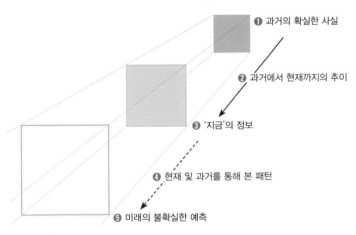

❶ 과거의 확실한 사실

❷ 과거에서 현재까지의 추이

❸ '지금'의 정보

❹ 현재 및 과거를 통해 본 패턴

❺ 미래의 불확실한 예측

그림 1.2-12. 시간과 UX 간의 관계

❶ 과거에 일어난 사건, 정보를 알고 싶다: 기존 이용 이력, 올린 글

❷ 과거~현재까지의 변화를 파악하고 싶다: 가격 변동 흐름, 내 활동 내역

❸ 지금(Now)의 정보를 알고 싶다: 날씨, 주가, 교통상황, 실시간 검색

❹ 앞으로의 변화 패턴을 알고 싶다: 예상 활동량, 추천 정보

❺ 미래 어느 시점에서의 정보를 미리 알고 싶다: 예상 주가, 다음 이벤트

공간의 작용

사람들이 원하는 정보는 하나일 때도 있지만, 그렇지 않은 경우가 더 많다. 특정 범위에 해당하는 정보를 원할 때도 있고, 해당 분야의 전체 정보를 필요로 할 때도 있다. 특정 범위를 원하는 경우라고 할지라도 수평적으로 연관된 정보와 수직적으로 이어지는 정보는 다르다

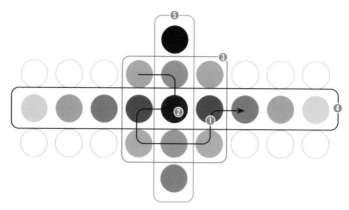

그림 1.2-13. 공간과 UX 간의 관계

❶ 어느 것이든 상관없이 흥미 있는 것을 보고 싶다: 평소에 자주 쓰던 앱들을 전전

❷ 원하는 정보를 바로 찾고 싶다: 특정 상품 찾기, 배송 조회, 잔액 조회

❸ 특정 영역에 해당하는 정보를 모두 보고 싶다: 오늘 자 경제 뉴스, 오사카 여행 정보

❹ 목적을 달성하는 데 적합한 정보 고르기 : 길 찾기 대중교통 정보, 가성비 노트북

❺ 목적을 달성하는 데 필요한 부분들을 채워 나가기: 여행지의 비행기-호텔-관광지 예약

목적의식의 작용

목적의식이란 어떤 사물을 이용하거나 환경을 변화시키고, 어딘가로 이동하고자 할 때 특정한 목적을 염두에 두고 시작하는 것을 말한다. 목적 없이 단순히 심심해서, 습관적으로 행하는 것을 비 목적의식적인 행동이라고 한다.

UX는 항상 분명한 목적에 의해서 시작되지는 않는다. 그냥 심심해서, 미리 준비하기 위해서, 미리 알아보려고, 기분을 전환하고자, 단순히 호기심 때문에 서비스를 경험하는 경우도 많다. 단순히 목적 지향적이냐 그렇지 않으냐로 구분하는 것도 어폐가 있다. 목적과 비 목적 사이에는 다양한 스펙트럼이 존재하기 때문이다.

그림 1.2-14. 목적의식과 UX 간의 관계

❶ 아주 약한 목적 의식: 심심해서, 현재의 따분한 기분을 바꾸고자

❷ 습관적인 확인, 굳이 지금 할 필요는 없는 활동: 새 소식, SNS, 알림 확인

❸ 내적 동기가 있으나, 생략해도 무방함: 뉴스, 음악, 신규 콘텐츠 확인

❹ 지금 해야 하는 주기가 짧은 활동들: 날씨 확인, 버스 도착 정보 조회

❺ 반드시 지금 해야 하는 주기가 긴 활동들: 금전 거래, 메일 전송, 업무 처리

1.2.5. UX의 품질

UX가 좋다 또는 나쁘다고 평가하는 것은 전문가만이 할 수 있는 얘기는 아니다. 본인 스마트폰에 담겨 있는 앱 서비스들의 장단점을 누구나 한 번쯤은 느낄 것이다. UX라는 개념을 알고 있다면 "이것은 무슨 UX의 문제네"라고 했을 것이고, UX를 모르는 사람이라도 '무언가 부자연스럽다, 껄끄럽다, 이해가 잘 되지 않는다, 피곤하게 만든다'라는 불만이 마음속에서 우러났을 것이다.

UX에는 품질이 존재한다. 단순하게 보면 '만족/불만족'으로 표현할 수 있겠지만, 우리가 사람을 평가할 때 '좋아/싫어'로만 이야기하지 않듯이 UX의 품질에도 이분법적인 판단을 뛰어넘는 기준들이 존재한다.

UX 품질 판단

처음부터 나쁜 UX를 제공하려고 마음먹은 서비스는 없을 것이다. 그럼에도 불구하고 우리 주변에는 UX 품질이 나쁜 서비스가 매우 많다. 가격이 싸거나 상품이 거기에만 있다는 이유로 UX 품질이 한심한 쇼핑몰에 가끔 들어가곤 한다. 그런 서비스를 방문하면 한시라도 빨리 나가고 싶은 마음뿐이다. 반대로 UX 품질이 좋은 서비스는 조금 비싸더라도 일부로 찾는 경우도 있다. 얼마 안 되는 금액 차이 때문에 불쾌함을 굳이 감내하고 싶지 않아서다.

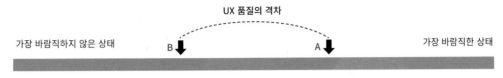

그림 1.2-15. UX 품질의 격차

경쟁 관계에 있는 두 서비스, A와 B가 있다. 두 서비스의 사용자들 모두 큰 불만은 없다. 작은 차이는 존재할지라도 크게 봐서는 별 차이가 없기 때문이다. 그런데 어느 날 새로운 업데이트를 한 A 서비스에 사용자들이 열광할 만한 '경험요소'가 추가됐다고 가정하자. 그뿐만 아니라 원래부터 있던 가입, 인증, 탐색,

소셜 네트워킹 과정도 이전보다 훨씬 좋아졌다. 둘은 원래 차이가 없었는데, 갑자기 A의 UX 품질이 확 개선됐다. 이런 상황에서 B 서비스의 사용자들은 과연 여전히 '이 서비스도 불만은 없어'하고 그 자리를 계속 지킬까?

이처럼 우리가 추구해야 하는 UX 품질은 시장 내의 경쟁에 따라 문제가 없을 수도 있고, 심각한 문제가 될 수도 있다. 그렇다면 UX 품질이 '더 낫다'라고 판단할 수 있는 기준에는 무엇이 있을까?

UX 품질 판단 기준

- [상식적 판단] 무조건 이게 더 낫다.
- [맥락 고려] 맥락을 감안했을 때 이게 더 낫다.
- [명확성] 결과의 명확성 측면에서 이게 더 낫다.
- [조건별 취사선택] 조건에 따라 판단이 달라진다.
- [충돌하는 두 가지 중 더 나은 선택] 트레이드 오프(Trade-off)를 어느 쪽이 더 맞게 했는가?
- [대상이 누구인가] 누구를 대상으로 했는가에 따라 평가가 달라진다.

[상식적 판단] 무조건 이게 더 낫다

그림을 보면 2개의 출입문이 있다. 얼핏 보면 큰 차이가 없지만, 왼쪽 이미지에는 문손잡이 위에 '미세요 (PUSH)'라고 쓰여 있고, 오른쪽 이미지에는 '당기세요(PULL)'라고 쓰여 있다. 실제 문손잡이를 보면 밀고 싶은가? 아니면 당기고 싶은가? 아마 대부분의 사람은 당기고 싶을 것이다.

그림 1.2-16. 문 손잡이 (미세요 vs 당기세요)

당기고 싶게 생겼는데, 왼쪽 이미지처럼 '미세요(PUSH)'라는 글씨가 손잡이 위에 쓰여 있으면 짧은 순간 갈등이 일어날 것이다. 이렇게 불필요한 갈등을 자아내는 디자인은 좋은 UX가 아니다. '당기세요'가 더 뛰어나서가 아니라, '미세요'가 잘못됐기 때문에 오른쪽 이미지의 손을 들어줄 수 있다.

[맥락 고려] 맥락을 고려했을 때 이게 더 낫다

은행 앱에서 공인인증서 암호를 입력하는 화면이다. 우리나라의 공인인증서 암호는 특수문자+숫자+영문을 꼭 조합해야 한다. 모바일 키패드는 공간이 작기 때문에 특수문자와 영문/숫자 키가 따로 분리되어 있다. 비밀번호를 모두 넣으려면 특수문자 키패드와 영문/숫자 키패드를 적어도 한 번 오가야 한다는 뜻이다. 옆의 왼쪽 이미지는 특수문자와 영문 버튼이 따로 분리되어 있는 반면, 오른쪽 이미지에서는 두 개가 하나로 되어 있다. 어떤 버튼 배열이 더 UX 품질이 높을까?

그림 1.2-17. 공인인증서 암호 키패드

이때는 사용자들이 처한 맥락을 먼저 공감해야 한다. 사용자들은 키패드를 바꾸는 게 목적이 아니다. 조회, 이체 등의 금융 업무를 보기 위해서 공인인증 과정을 거칠 뿐이다. 이 시점에서 사용자의 머릿속에는 본인이 입력해야 할 공인인증서 암호(특수문자+숫자+영문 조합)가 크게 차지하고 있을 것이다. 이러한 맥락에서는 보조 도구가 단순할수록 더 좋다. 다시 말해 특수문자와 영문 버튼이 하나로 합쳐져 있는 게 더 낫다. 공인인증서 암호를 하나씩 넣고 있는데, 버튼 구분까지 하는 것은 바람직하지 않기 때문이다.

조금 헷갈린다면 On 버튼과 Off 버튼이 따로 나뉘어 있는 옆의 TV 리모컨을 보라. 왠지 쓰기가 매우 불편하게 느껴질 것이다. TV를 켤 때는 왼쪽 버튼을, 끌 때는 오른쪽 버튼을 누른다는 게 매우 이상하게 느껴진다. 이게 왜 이상하게 느껴질까? 그 원인은 두 개의 상태를 서로 오가는 경우에는 두 상태에 대한 버튼을 각각 놓기보다는 하나로 합쳐 놓는 게 실제 사용하는 데 더 쉽게 느껴지기 때문이다.

그림 1.2-18. TV 리모컨

이렇게 하나의 행위로 상태만 바꾸는 것을 토글(Toggle)이라고 한다. 토글 버튼은 우리 주변에서 종종 찾아볼 수 있다.

[명확성] 결과의 명확성 측면에서 이게 더 낫다

명확함은 항상 옳다. 사람들은 불명확한 것을 싫어하는 본성이 있기 때문이다. 어떤 이들은 이를 오해해서 '단순함이 항상 옳다'고도 얘기하는데, 그것은 틀린 말이다. 단순함이 명확함으로 이어지는 경우도 있지만, 단순함 때문에 오히려 UX가 불명확해지는 경우도 많기 때문이다.

그런 면에서 미국 항공사 JetBlue의 다음 항공편 검색 결과 화면은 매우 뛰어난 UX 품질을 보여준다. 처음 보는 사람은 다소 이상하게 생각할 것이다. 왜 글씨 크기가 제각각일까? 왜 정렬이 다른 항공사의 그것처럼 표 형태로 일목요연하게 정리되지 않고, 다소 산만하게 되어 있을까?

답은 JetBlue가 명확함을 추구했기 때문에 있다. JetBlue는 사용자 본인이 직접 입력한 날짜나 출/도착지는 작게 표시하는 대신에 사용자가 궁금해하는 가격(마일리지+자기부담금)은 크게 표시했다.

다시 말해 JetBlue에서 마일리지로 항공편을 검색한 사용자는 이 결과 화면에서 단번에 마일리지가 얼마나 소진되고 자기부담

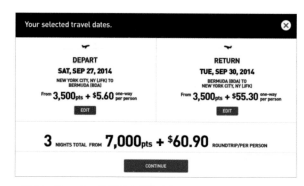

그림 1.2-19. JetBlue의 항공편 검색 결과

금이 얼마인지, 왕복이 아닌 편도 요금은 얼마인지를 한눈에 알아볼 수 있다. 더 흥미로운 것은 변동성이 작은 출/도착지보다 변동성이 비교적 높은 날짜의 크기를 크게 표시했다는 점이다. 세심한 면에서도 JetBlue의 UX 품질은 칭찬받아 마땅하다.

[조건별 취사선택] 조건에 따라서 판단이 달라진다

그림을 보면 어느 쇼핑몰의 목록 화면이다. 이 화면에는 남성 패션과 관련된 상품 목록이 나타나 있다. 상품 목록 자체는 동일하지만, 두 이미지 간에는 차이가 있다. 왼쪽 이미지에는 필터링 기능이 상단에 있는데, 오른쪽 이미지는 필터링 기능이 없다.

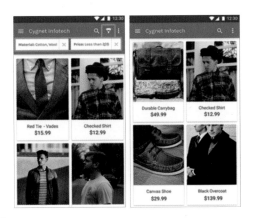

그림 1.2-20. 쇼핑몰 상품 목록 화면

어떤 게 UX적으로 더 바람직할까? 결론적으로 말해서 위 얘기만 듣고서 어떤 게 더 옳다고 얘기할 수는 없다. 목록에 보이는 상품 개수가 몇 개인지에 따라서 필터링 기능이 필요할 수도 있고, 굳이 필요 없을 수도 있기 때문이다.

[충돌하는 두 가지 중 더 나은 선택] 트레이드 오프(Trade-off)를 어느 게 더 맞게 했는가?

UX/UI 디자인을 하다 보면 서로 가치가 상충하는 일을 종종 만나게 된다. 유용성을 강조하다 보면 사용성이 떨어지거나 감성을 강조하려다 보니 신뢰성에 다소 무리가 발생하는 일과 같이 말이다. 이렇게 서로 가치가 상충하는 상황에서 어느 하나를 선택하는 것을 희생과 선택(Trade-off)이라고 부른다.

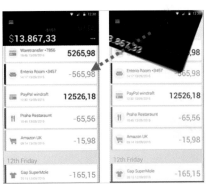

그림 1.2-21. 보유한 카드 선택 화면

위 이미지는 카드사의 앱에서 보유한 카드를 선택하는 화면이다. 여러 개의 카드가 있을 경우 카드별 이용 내역을 조회하는 경험이다. 왼쪽은 좌우로 스와이프(swipe)를 해서 다른 카드를 선택하는 UX/UI이고, 오른쪽은 사선으로 내려야 다른 카드를 선택할 수 있게 UX/UI가 디자인되어 있다. 얼핏 보면 오른쪽의 UX/UI 디자인은 매우 어려워 보인다. 하지만 오른쪽의 디자인은 지갑에서 카드를 꺼내는 인터랙션을 형상화했기 때문에 감성 면에서 왼쪽의 일반적인 인터랙션 방식보다 더 뛰어나 보인다. 감성을 강조하기 위해서 사용성을 일부 희생시킨 것이다. 이들의 선택이 과연 맞는지에 대해서 생각해 보면 UX 품질도 자연스럽게 평가할 수 있다. 주: 그럼에도 불구하고 다른 카드가 더 있음을 알리거나 사선으로 스크롤링해야 다른 카드로 넘어간다는 것을 알려주는

행동 유도 장치(affordance)가 있었으면 더 좋지 않았을까 하는 아쉬움이 있다.

[대상이 누구인가] 누구를 대상으로 했는가에 따라서 평가가 달라진다

그림은 모바일 네이버 쇼핑의 BEST 메뉴 화면이다. 상단의 메뉴를 보면 BEST 외에도 기획전, 각종 큐레이션된 상품전, AI에 의한 추천(AiTEMS) 등이 보인다. 대부분의 서비스가 그렇지만, 온라인 쇼핑에서는 사용자들의 성향이 명확하게 드러난다. 어떤 사람들은 BEST를, 어떤 사람들은 기획전을, 어떤 사람들은 큐레이션된 상품전을, 어떤 사람들은 자신의 구매/조회 이력에 맞는 추천을 선호하는 것이다.

가능한 모든 경우의 수를 다 꺼내 놓거나 그중에서 사용자가 알아서 선택하라고 선택권을 제시하는 것은 바람직한 UX가 아니다. 네이버와 같이 자주 가고 오래 머무는 서비스라면 몰라도 대부분 쇼핑몰은 사용자들의 관여도가 그렇게 높지 않기 때문이다.

그림 1.2-22. 네이버 쇼핑 BEST

그래서 좋은 기본값(Good Default)을 제시하는 것이 필요한데, 그러기 위해서는 해당 서비스를 찾는 사용자들의 성향을 파악하고 그중 하나를 선택하는 표적 선택(Targeting) 과정이 필요하다. UX 품질도 누구를 대상으로 했는가에 따라서 다르게 평가된다.

좋은 UX란?

아직 우리는 UX의 구체적인 구성요소나 디자인할 때 고려해야 할 경험요소에 대해서 자세하게 살펴보지 않았다. 그럼에도 불구하고 앞에서 본 UX 품질의 판단 기준을 통해 좋은 UX가 되기 위해서는 이러저러한 조건들이 갖춰져야 한다는 것을 어렴풋이 알았을 것이다.

복잡한 내용과 방법으로 들어가기에 앞서 가볍게 좋은 UX란 무엇인지 정리해보고자 한다. 깔끔하고 명쾌한 이해가 선행되지 않은 상태에서 복잡하고 난해한 내용을 파악한다는 것은 무척 고통스러운 일일 것이다. 앞의 내용을 토대로 좋은 UX란 과연 무엇일지 정리해 보기를 바란다.

좋은 UX란?

- 사용자들이 느끼는 보편적인 고충, 갈등, 어려움 등이 없는 것

- 실제 서비스를 이용하는 구체적인 맥락이 참작된 것

- 결과가 명확하게, 그리고 세심하게 전달되는 것

- 주어진 콘텐츠의 양, 이용흐름의 복잡성, 필요한 정보/데이터에 따라서 사용자에게 필요한 도구와 지원을 적절하게 제공하는 것

- 희생과 선택(Trade-off)을 통해서 경쟁사와는 다른 그 서비스만의 정체성이 분명한 것

- 대상 사용자의 특성을 감안하여 좋은 기본값(Good Default)을 제공하고, 기능이나 이용흐름, 제시되는 정보의 양이 대상 사용자가 수용할 수 있을 만큼 적당한 것

좋은 UX가 서비스의 성공을 곧바로 담보하지는 않는다. UX는 나쁜 데 성공한 서비스도 얼마든지 있다. 그러나 UX가 나쁜데도 불구하고 계속 성장하는 서비스는 없다. 지속적인 성장과 경쟁력 향상을 위해서는 사용자들이 서비스 이용 과정에서 만족을 느끼게 만들어야 하고, 그러한 만족을 제공하기 위해서는 좋은 UX가 필수적이기 때문이다.

1.3. UX 피라미드

UX는 상당히 깊이 있고 광범위하다. 'UX(사용자 경험)의 정의'에서도 봤듯이 업종/분야마다 내리는 정의도 약간씩 다르다.

예시: 자동차 업종에서의 UX: HMI(Human Machine Interface), 음성인식 분야에서의 UX: VUX(Voice User eXperience), 웹이나 앱에서의 UX: UX/UI

일반인들에게 UX에 관해서 물어보면 대부분 '쉽고 편리한 것'이라고 얘기하는데, 이것이 틀린 말은 아니지만 상당히 부족한 정의다.

이 책을 읽고 있다면 UX에 관심을 가진 전문가이거나 전문가로 발돋움하려는 분들일 것이다. 전문가가 되기 위해서는 남들보다 구체적으로 이해해야 한다. 사람들은 다 편리하다고 하는데, '편리하다 vs불편하다', '만족한다 vs 불만족한다'라는 결과에서 그치지 않고, 그 이유가 무엇인지를 파악한다면 UX 실력은 향상될 것이다.

일단 UX의 체계와 구성, 흐름을 알아야 한다. 복잡하게 이해하려고 들면 끝이 없겠지만, 천릿길도 한걸음부터다. 일단 적절한 수준으로 UX의 개념을 파악해 보자.

UX 기본 지식 3가지: 체계, 구성, 여정. UX 피라미드는 UX 체계에 속한다.

UX 피라미드는 UX를 '체계'라는 측면에서 이해할 수 있게 해준다. 단지 '쉽다, 편리하다'로 이야기하는 것이 아니라 유용성, 신뢰성, 사용성, 감성이라는 용어를 써서 보다 체계적으로 UX를 바라볼 수 있게 해준다.

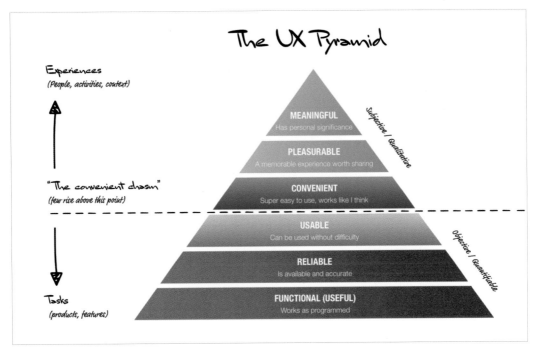

그림 1.3-1. UX Pyramid _ Ben Ralph, Medium

UX 피라미드는 6가지 계층으로 구성되어 있다. 유용성(Useful), 신뢰성(Reliable), 사용성(Usable), 편의성(Convenient), 감성(Pleasurable), 의미성(Meaningful)이 그것이다.

UX 피라미드는 위로 올라갈수록 달성하기가 힘들어진다. 필요한 정보/기능을 제공하는 유용성이나 보안/인증 상에서 사용자를 안심시키는 신뢰성보다 그들을 즐겁게 해주고, 의미 있는 무언가로 자리 잡는 감성이 훨씬 달성하기 어려운 법이다.

UX 피라미드의 순서는 상대적인 우열을 나타내지 않는다. 유용성보다 감성이 더 달성하기 어려운 것은 사실이지만, 유용성이 배제된 채 감성만 훌륭한 서비스를 원하는 사람은 아무도 없을 것이기 때문이다.

UX 피라미드는 사용자들의 서비스 경험 순서를 보여준다

- 사용자들은 필요한 정보/기능이 있어야 서비스를 찾는다(유용성).

- 서비스는 보안/인증 및 가입/결제/예약 등의 이용흐름 상에서 믿을 수 있어야 한다(신뢰성).

- 서비스는 정보나 기능을 찾기 쉬워야 하고 이용흐름이 직관적이어야 한다(사용성의 Usable).

- 쓰기 쉽고 직관적인 것뿐만 아니라, 사람들의 노력을 줄여주고 때로는 개인화나 추천 등으로 사용자가 생각하지 못했던 좋은 정보/기능을 제공해 준다(사용성의 Convenient).

- 이미 서비스 UX는 충분히 좋은 편이지만, 이용 과정 중에 즐거움까지 전달해준다면 더할 나위 없을 것이다(감성의 Pleasurable).

- 즐거움뿐만 아니라 일상생활에서 사용자에게 중요한 의미를 차지한다. 서비스가 사용자의 삶에 자리매김한다(감성의 Meaningful).

1.3.1. 유용성 (Useful)

디자인 대상은 크게 What(어떤)과 How(어떻게)로 나뉘는데, 유용성은 주로 What(어떤)에 대한 것을 다룬다. 어떤 정보를 제공할까, 어떤 기능을 제공할까, 사용자들에게 유용한 것은 무엇일까, 어떤 기술을 활용해서 그 유용성을 증대시킬 수 있을까 하는 고민이 유용성의 범위 내에서 수행된다.

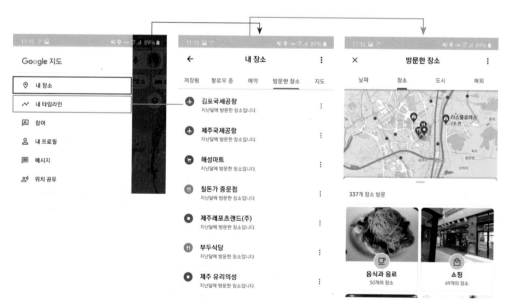

그림 1.3-2. 구글 지도의 내 장소, 내 타임라인

구글 지도는 현재 위치(내 장소)에서 방문한 장소를 확인하거나 예약한 항공권/호텔 내역을 확인할 수 있다. 또한 '내 타임라인'에서는 예전에 방문한 장소들을 날짜/장소/도시/해외로 나누어 찾아볼 수 있다. 시간과 공간의 작용을 서비스 내에 녹인 것이다. 이러한 메뉴/기능들은 단지 지도만 제공했을 때보다 훨씬 더 유용함을 전달한다.

유용성은 기술과 밀접하게 관련되어 있다. 새로운 신기술이 이전의 경험을 좀 더 유용하게 바꿀 수 있기 때문이다.

다음 예시의 나이키 Fit 앱은 사용자가 카메라로 자신의 발을 찍으면 AR 변환 기술이 자동으로 신발 사이즈를 측정해준다. 이렇게 측정된 신발 사이즈는 앱에 저장되었다가 새로운 신발을 구매할 때 활용된다.

그림 1.3-3. 나이키 Fit 앱

1.3.2. 신뢰성 (Reliable)

신뢰성은 사용자가 서비스를 이용하는 과정에서 안심하게 만드는 것이다. 보안이나 인증과 같이 서비스 전체에 걸쳐진 신뢰성도 있지만, 콘텐츠의 최신성, 입력 화면에서 사용자 행동 지원, 믿을 수 있는 데이터 관리 등 세심한 부분에서 신뢰성은 더 빛을 발한다.

그림 1.3-4. 카드번호 입력 UX/UI

위 카드번호 입력 UX/UI는 사용자가 아래 키패드를 통해서 카드번호를 넣을 때마다 위 실물 카드에 입력한 번호가 동시에 표시된다. 만기일이나 CVC 번호 등도 입력할 때마다 실물 카드에 적힌 그대로 노출되어 사용자는 뭔가 배려받는다는 느낌을 받게 된다.

유용성과 마찬가지로 신뢰성에서도 시간과 공간의 작용을 고려한다. 기존의 이용이력(history)에 기반한 매칭도^{주: 얼마나 해당 정보가 사용자에게 맞는지를 알려주는 정보}나 다른 사람들의 평점/리뷰를 보여주는 것도 신뢰성을 높이는 데 큰 도움이 된다.

그림 1.3-5. 구글 지도의 업종 검색

구글 지도는 검색 결과에 평점, 매칭도, 리뷰를 노출해 해당 장소에 대해 사용자들이 안심하고 선택할 수 있게 돕는다. 서비스가 기존 이용이력에 기반해 제공하는 정보와 다른 사용자들의 평점, 리뷰가 결합되어 사용자들은 좀 더 신뢰성 높은 정보를 얻을 수 있다.

1.3.3. 사용성 (Usable)

사용성의 하위 영역인 Usable은 '쉽다, 직관적이다'로 대표되는 UX 영역이다. 유용성, 신뢰성과 더불어 UX의 기본 영역에 해당한다. 이러한 기본 영역은 좋은 UX를 위해서 필요하기는 하지만, 이 세 영역의 UX 품질이 높다고 해서 사용자들이 열광하거나 타사 대비 경쟁 우위를 차지할 수 있는 것은 아니다.

'기본'이라고 해서 중요하지 않다는 것은 아니다. '쉽고 직관적인' UX는 의외로 구현하기 어렵다. 사람들의 심리적 성향이나 몇 가지 디자인 원칙만을 따른다고 해서 달성될 수 있는 것이 아니기 때문이다. Usable의 사용성을 제대로 구현하기 위해서는 사람들의 머릿속에 담긴 서비스 이용 동기, 예상 결과, 행동 절차 등을 알고 있어야 한다. 이것을 심성 모형(Mental Model)이라고 부르는데, 심성 모형은 각 서비스의 특징과 맥락에 따라서 달라지기 때문에 일률적으로 뭐가 맞고 뭐는 틀리다고 말하기 어렵다.

카카오 페이는 가입이나 인증 단계에서 맥락을 벗어나는 화면(약관 동의, 비밀번호 확인)이 별도로 필요할 경우, 화면을 전환하는 대신, 원래 화면 하단에 모달 창(dimmed page) 형태로 그것을 표시해 흐름이 끊기지 않게 한다.

이것은 서비스 이용 중에 수시로 약관 동의나 비밀번호 확인을 반드시 거쳐야 하는 핀테크(Fintech) 서비스의 특성과 회원 가입이라는 맥락을 잘 고려한 좋은 UX다.

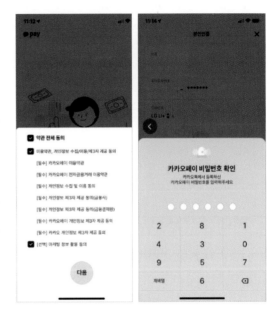

그림 1.3-6. 카카오 페이 가입 과정

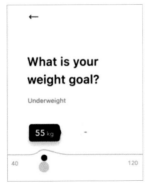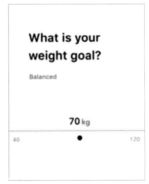

그림 1.3-7. UI Motion kit _ Jakub Antalik, UI Motion Kit

위의 몸무게 목표 설정 UX/UI는 사용자가 손가락 움직임(Sliding)을 통해서 목표 몸무게를 조정할 때마다 숫자와 위치가 같이 표시될 뿐만 아니라, 그 위에 저체중(Underweight), 균형(Balanced), 비만(Overweight)과 같이 지표가 나타나서 쉽고 직관적으로 경험할 수 있다.

그림 1.3-8. AR HUD vs 2D HUD _ (좌) BMW, (우) Sygic

BMW에서 선보인 위의 AR HUD[주: AR(증강현실) 기술을 HUD(Head up display)에 적용한 것]는 기존의 2차원적인 길 안내 정보보다 매우 쉽고 직관적이다. 사용자들은 몇 미터 앞에서 우회전을 해야 하는지를 머릿속에서 생각할 필요가 없다. 단지 HUD에 표시된 색상을 따라가기만 하면 되기 때문이다.

1.3.4. 편의성 (Convenient)

사용성의 상위 영역인 Convenient는 '쉽다, 직관적이다'를 넘어서는 편리함, 다시 말해 사용자가 예상했던 노력을 줄여주거나, 특정 맥락에서 '이런 게 있었으면'하는 기대를 충족시켜 주거나, 개인화/추천/즐겨찾기/소셜 기능 등을 통해서 원하는 정보나 기능을 빠르게 이용하고 관리하게 해주는 영역이다. 사용성(Usable)과 구분하기 위해서 Convenient를 편의성이라고 부르기도 한다.

이때부터는 좋은 UX를 구현하는 게 어려워진다. 고충(Pain point)을 해결하는 것만 가지고는 편의성을 제시하기가 어렵다. 사용자들이 막연히 기대하는 니즈(Tacit Need)를 찾아내거나 새로운 기술을 접목시켜 기존에 익숙한, 당연하다고 생각했던 방법을 대폭 개선하는 것이 필요하다.

편의성(Convenient)은 사용자들에게 놀라운 생산성, 이용의 즐거움, 획기적인 생활을 제시해 주지만, UXer 입장에서는 여기부터 진짜 어려운 UX 디자인이 시작된다고 볼 수 있다.

사용자들이 겪는 고충을 찾아서 해결하는 문제가 아니라, 그들의 서비스 이용동기를 이해하고, 막연하고 불확실한 기대를 새로운 아이디어로 연결해야 하기 때문이다.

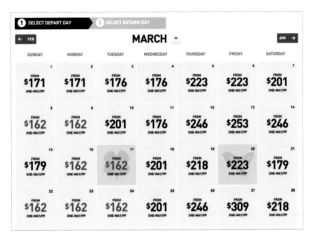

그림 1.3-9. JetBlue의 항공편 검색 스케줄

다시 미국의 항공사, JetBlue의 사례다. 위 화면은 특정 출/도착지에 대한 월별 스케줄 화면이다. Jet-Blue는 OTA(온라인 여행 대행사)가 아닌, 항공사를 통해서 항공편을 예약하려는 사용자들의 이용 동기를 먼저 이해하려고 노력했다. 보통 가격 경쟁력 면에서는 OTA가 항공사 서비스보다 더 높기 때문에 자사 서비스에서 하는 예약은 마일리지 소진과 관계되어 있으며, 마일리지 소진이 중요하기 때문에 날짜 선택은 상대적으로 자유로울 수 있다는 점에 착안했다. 그래서 항공편 검색 결과를 월별 스케줄 형태의 UX/UI로 제공했다.

이 화면은 사용자들에게 다음과 같이 말하고 있다. "자, 가장 항공권 가격이 저렴한 날짜를 찾아서 여행 계획을 세워보세요." 주: 이후에 다른 항공사들이나 스카이스캐너와 같은 OTA에서도 위의 UX/UI를 벤치마킹했다.

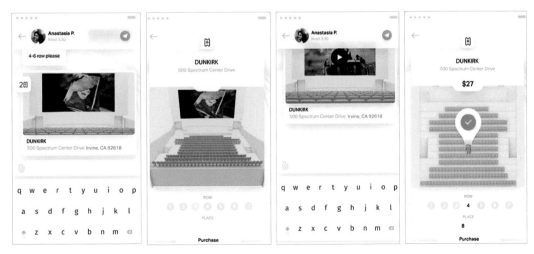

그림 1.3-10. 3D 좌석 선택 UI _ Gleb Kuznetsov, dribbble

극장 앱에서 영화 예매 시 좌석 선택은 무척 애매한 일이다. 실제 상영관마다 배치가 약간씩 다른데, 2차원으로 된 좌석 배치도를 통해서는 그것을 확인하기 어렵기 때문이다. 위 예시는 해당 상영관의 3차원 좌석 배치도를 통해서 사용자들이 좀 더 실제와 가까운 좌석 선택(스크린에서의 거리나 좌석에서 보는 스크린 각도 확인)을 할 수 있게 했다.

1.3.5. 감성 (Pleasurable)

유용성~편의성까지는 이성적인 영역이었다. 서비스를 이용하는 이유와 행동, 행동하면서 느끼는 고충과 니즈에 기반했다. 그에 비해 감성은 말 그대로 이성이 아닌 감성의 영역이다. 특별한 무언가를 제공하기보다는 지금 있는 것을 좀 더 매력적으로 만들고, 그로 인해서 사용자들이 재미를 느끼게 하는 게 목적이다.

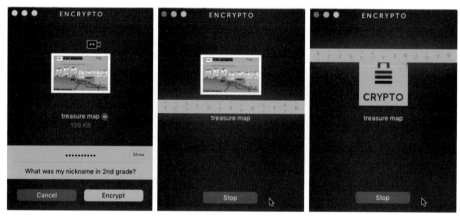

그림 1.3-11. Encrypto (Mac app)

파일을 암호화하는 맥 애플리케이션인 Encrypto는 암호화 과정에서 재미있는 애니메이션을 보여준다. 마치 종이 분쇄기 같이 생긴 노란색 바가 아래에서 위로 움직이면서 원래의 (암호화 안 된) 파일을 암호화된 파일로 바꿔준다. 이러한 애니메이션은 이성적으로 볼 때 굳이 필요 없지만, 딱딱한 암호화 과정을 좀 더 매력적이고 재미있는 과정으로 변화시켰다.

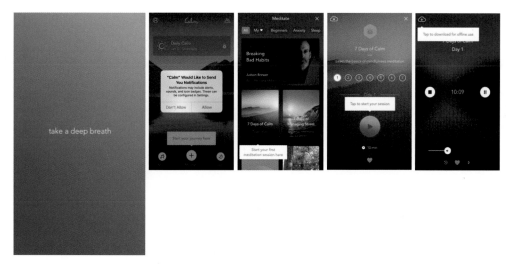

그림 1.3-12. Calm (mobile app)

그림 1.3-13. Adobe 'Running on Experience'

흥미를 자아내는 가장 중심적인 경험요소는 뭐니 뭐니 해도 말과 시각적 분위기다. 서비스의 콘셉트와 잘 어우러진 짧은 문구의 카피나 캐치프레이즈는 깊은 울림을 전달한다. 여기에 컬러, 서체, 그래픽, 이미지 등의 시각적 분위기가 추가되면 백 마디 설명을 대신하는, 그 서비스만의 느낌이 사용자에게 전달된다.

인터랙션을 통해서 과정의 재미, 이른바 '손맛'을 제공하는 것도 있다. 매끄러운 제스처와 흥미로운 상태 변화(Transition)는 컬러/캐릭터/이미지를 통해서 전달하는 것과는 다른, 색다른 재미를 제공한다.

스냅챗은 음성 인식 기능을 활용해 소리의 크기와 음성 명령을 인식하고 이에 맞춰 애니메이션이 나타남으로써 제스처의 재미를 주는 서비스를 선보였다.

그림 1.3-14. 스냅챗 AR 이모지

1.3.6. 의미성 (Meaningful)

앞서 살펴본 재미 위주의 감성(Pleasurable)과 달리 의미성(Meaningful)은 마음을 움직이는 경험을 제시한다. 서비스에 의해서 마음이 움직이면 사용자는 서비스를 더 자주 이용하고, 서비스에 더 적극적으로 참여(Engaging)하며, 해당 서비스는 일상생활 속에 자리매김하게 된다.

전체적으로는 평범한 서비스이지만, 하나의 기능이나 메뉴 때문에 의미 있는 서비스로 자리매김하는 경우도 있을까?

그림 1.3-15. (왼쪽부터) 카카오톡 생일인 친구 , 구글 렌즈 메뉴 번역, 삼성 페이 멤버십

카카오톡의 '생일인 친구' 알림은 지인들의 생일을 빠짐없이 챙길 수 있게 도와준다. 구글 렌즈는 낯선 외국 식당에서도 두려움 없이 메뉴를 선택할 수 있게 도와준다. 삼성페이는 결제 외의 쿠폰/멤버십 할인, 포인트 적립 등을 한 번에 할 수 있게 도와 긴 대기 줄에서도 뒷사람의 눈치를 보지 않게 해준다.

그러나 각 서비스의 이런 기능이나 메뉴는 의미성의 왕관을 차지하는 이유가 되지 못한다. 이들은 사실 편의성(Convenient)이라고 보는 게 더 맞기 때문이다.

그림 1.3-16. 구글 포토

글쓴이의 스마트폰에 깔린 258개의 앱 중에서 가장 의미성(Meaningful)이 높은 앱은 구글 포토다. 하루에 1번 이상 이용하고, 사진 관리를 위한 여러 활동에 참여하며, 1순위 사진 관리 도구로 쓰이기 때문이다. 가끔 구글 포토가 제시해주는 '추억 속 오늘'은 마음을 아주 강하게 흔든다. 구글 포토는 연대기 순으로 사진을 조회하는 기본 기능 외에 사람/사물/장소 별로 보고 싶은 사진만 찾아볼 수도 있고, 추천 메뉴에서는 AI가 기존에 올라간 사진들을 편집해주거나 애니메이션/동영상을 만들어 주기도 한다.

의미성은 사용자마다 조금씩 기준이 다른데, 의미성이라는 말 자체가 각 사용자의 라이프스타일, 성향, 선호도 등에 영향을 받을 수밖에 없기 때문이다.

의미성이라고 평가되기 위해서는 다음 4가지 조건을 모두 충족해야 한다.

마음을 움직임, 자주 이용함, 서비스에 적극적으로 참여함, 일상생활 속에서 중요하게 자리매김함

UX 구성 요소

UX는 동기에서부터 출발한다. 동기는 서비스를 이용하는 이유다. 모든 동기는 행동으로 이어진다. 행동은 일련의 연속된 단계를 거치면서 구체적인 행위로 나타난다. 행동하면서 사용자들은 고충을 겪기도 하고 니즈를 떠올리기도 한다. 경험이 반복되면서 사용자는 해당 서비스/브랜드/업종/생태계에 대해 고유한 태도를 형성한다.

지금 살펴본 동기, 행동, 고충, 니즈, 태도가 UX의 구성요소다. 실제 UX는 맥락(Context)이라는 배경에서 발현되므로 여기에 맥락을 포함시키면 UX 구성요소가 완성된다. UX 구성요소는 특히 필드 리서치를 할 때 중요하다.

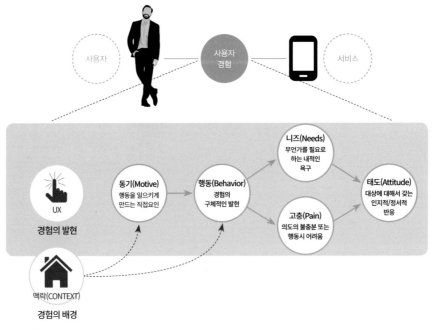

그림 1.4-1. UX 구성요소

전문가들은 일반인들보다 대상을 깊이 있게 이해해야 한다. 필드 리서치를 통해서 사용자들을 만나보면 본인이 겪고 있는 문제를 정확하게 표현하지 못하고 '불편하다, 어렵다' 등으로 두리뭉실하게 표현하는 것을 자주 보게 된다. 일반인들이 만족/불만족과 같이 표면적으로 이야기하는 것보다 더 깊이 있게 이해하고 디자인에 적용하는 것이 필요하다.

UX 구성요소를 알아야 하는 이유

- 사용자들이 겪는 고충을 찾아서 해결한다.
- 사용자들이 서비스 이용 시 갖는 니즈를 발견해 충족시킨다.
- 사용자들의 동기를 파악해 그것이 만족스럽게 전개되는지 확인하고 새로운 동기를 부여한다.
- 사용자들이 서비스 이용 시 보이는 구체적인 행동을 고려해 UX/UI를 설계한다.
- 사용자들이 서비스에 대해서 갖는 현재의 태도를 더 긍정적으로 변화시킨다.
- 사용자들이 서비스를 이용하는 맥락을 이해하고, UX/UI 설계 시 맥락을 고려한다.

1.4.1. 동기

어떨 때 모바일 뱅킹을 이용하는가? 잔액을 조회하기 위해서? 누군가에게 돈을 이체하려고? 적금 부은 돈을 확인하려고? 모바일 뱅킹을 '이용하는 이유'는 아마 저마다 다를 것이다.

이러한 내적 동기 외에 오늘 회사에서 보너스가 지급됐다는 메일을 받아서, 대출 금리가 변경됐다는 문자를 확인하기 위해서, 또는 주택담보 대출 기준이 까다로워졌다는 소식에 청약통장 만기일을 확인하기 위해서와 같이 외부 자극으로 인해 모바일 뱅킹을 이용한 적도 많을 것이다.

동기(Motive)는 서비스를 이용하는 이유를 말한다. 사용자들이 왜 우리 서비스를 이용하는지를 모른 채 그들의 행동을 분석하고 고충을 파악하는 것은 '입구도 모른 채 동굴을 탐험하겠다'는 얘기와 같다. 동기를 파악해야 행동을 이해할 수 있고, 행동을 분석해야 고충이나 니즈가 보인다. 사용자들이 직접 얘기하는 고충이나 니즈는 신뢰하기 어렵고 산만하기 때문에 실제 UX/UI 디자인에는 도움이 되지 않는 경우가 많다.

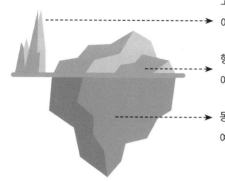

고충이나 니즈만 알고 있을 때 (빙산의 일각만 알고 있음)
예: 게시판에 올라온 불만, 앱스토어 리뷰

행동과 같이 고충/니즈를 알고 있을 때 (빙산의 수면 위만 알고 있음)
예: 통계 데이터 분석, 설문 조사

동기→행동 속에서 고충/니즈를 알고 있을 때 (수면 밑의 빙산 파악)
예: 심층 인터뷰, 관찰조사를 통한 포괄적인 UX 파악

그림 1.4-2. 동기를 고려한 UX의 중요성

모든 동기는 행동으로 이어진다. 동기라는 말 자체가 행동을 전제로 해서 만들어진 것이기 때문이다.

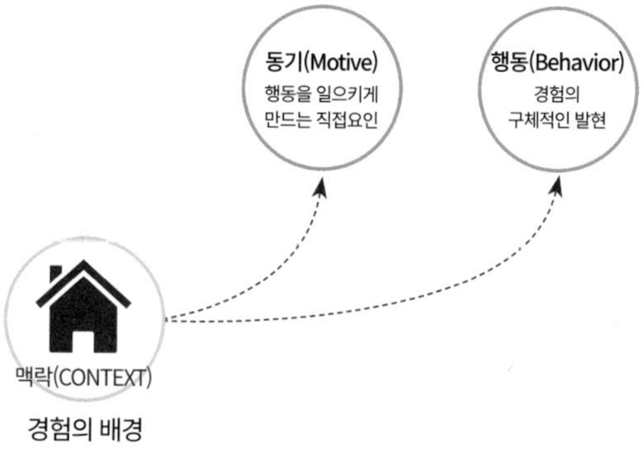

동기는 맥락에 영향을 받는다. 외부 환경이나 환경이 주는 자극에 의해서 동기가 부여되는 경우가 많다. 가령 대중교통에서 소음을 피하고자 음악을 듣게 되거나 아침에 빗소리를 듣고서 출근 시간을 알고자 지도 앱을 켜는 것처럼 말이다.

동기와는 별개로 행동도 맥락에 의해 영향을 받는다. 사용자들의 경험을 제대로 이해하기 위해서는 맥락 파악이 중요하다.

동기(Motive) 행동을 일으키게 만드는 직접요인

행동(Behavior) 경험의 구체적인 발현

맥락(CONTEXT) 경험의 배경

그림 1.4-3. 동기, 행동, 맥락 간의 관계

맥락(Context)은 UX 구성요소 중에서 동기와 행동에 큰 영향을 미친다.

동기는 크게 목적의식적 동기와 비 목적의식적 동기로 나뉜다. 목적의식적 동기는 사용자가 서비스를 찾는 목적이 분명하다. 금융이나 교육, 생산성, 업무, 도구 관련 서비스가 주로 여기에 해당한다.

비 목적의식적 동기는 딱히 어떤 목적이 있다기보다는 습관이나 심심함을 달래려는 이유와 관련되어 있다. 게임, 엔터테인먼트, SNS 관련 서비스가 주로 여기에 해당한다. 쇼핑, 여행, 뉴스, 미디어 관련 서비스는 둘 사이에 있다. 특정 상품을 구매하고자 들어갈 때도 있지만, 그냥 둘러보는 경우도 있는 것처럼 말이다.

목적의식적 동기에 비해 비 목적의식적 동기는 다양한 경우가 존재한다.

표 1.4-1. 동기 유형

맥락 영향	동기 유형	경험 진행	경험의 성격
적음	**목적의식적 동기** (월급날 통장 조회, 명절 열차편 예매)	즉시 또는 거의 즉시 반드시 진행됨	단선적. 방해나 요청을 싫어함. 효율성 중시 고충, 니즈가 중요.
높음	**외부 자극 → 수동적 동기** (날이 흐리네, 오늘 날씨 가?)	자극의 크기, 준비 상태, 태도, 이전(최근) 경험, 필연성에 결부됨	직접적 해결 방법 중시 → 그게 안 될 때 포 기 또는 간접적 대안 모색. 일시적으로 강한 동기 형성.
적음	**내부 자극 → 수동적 동기** (배가 아프네... 그러고 보니 요즘 건강이...)	위와 유사하지만 이후 경험은 개인 성향에 많이 좌우됨	내적 고민, 탐색을 반복. 거기에서 그치거나 알려진 일반적 방법을 찾음. (그것이 반드시 해결책은 아님)
보통	**습관적 동기** (저녁 먹을 시간이네)	감정에 휘둘리며 이미 패턴으로 자리 잡고 있는 경우가 많음. 반복적 성격	고정된 가치(관), 습관, 스스로 정해 놓은 패턴이 중요. 어지간해서는 정해 놓은 서비스를 이탈하지 않음.
높음	**이벤트 → 반응적 동기** (고객님을 위한 혜택 – 가입할까?)	개인 성향, 적합성, 비용 대비 결과가 주는 가치에 반응	자신만의 입장, 취향뿐만 아니라 사회적 반응에 편승. 모방하는 심리. 즉시적 가치가 중요.
보통	**복합 작용 → 우연적 동기** (시간이 남는데, 저기 매장이나 들를까?)	컨텍스트, 취향, 필요 등이 맞물렸을 때 우연적으로 전개됨	무의식적 반응. 마음속에 내재된 욕구가 주변 상황에 반응하여 전개됨.

그림 1.4-4. TikTok

TikTok은 비 목적의식적인 동기(습관적 동기)와 관련된 대표적인 서비스다. 사용자들은 심심하거나 기분전환이 필요하다고 느끼면 TikTok에 들어가서 다른 사람들이 올린 '불특정한' 동영상을 본다.

뭘 보겠다는 목적은 없다. 그냥 돌아다니다 보면 심심함을 달래고 기분이 전환된다는 이전 경험이 습관적으로 TikTok을 이용하게 만든다.

1.4.2. 행동

행동은 2가지로 구성된다. 일련의 연속된 단계와 각 단계에서 보이는 세부적인 행위가 그것이다. 우리가 사용자들의 행동을 UX적으로 알게 되었다는 것은 그들이 어떤 식으로 서비스를 돌아다니는지(연속된 이동 단계)는 물론, 각 단계에서 보이는 구체적인 행위까지 알게 되었다는 의미다.

> 행동(Behavior) = 연속된 이동 단계 + 단계별 구체적 행위

사용자늘의 서비스 이용 과성을 지켜보면 흥미로운 사실을 알 수 있다.

- 그들이 서비스를 돌아다니는 이동 경로를 파악할 수 있다. 시작을 앱 첫 화면에서 하는 경우도 있지만, 알림 메시지나 다른 외부의 검색 서비스나 모바일 웹의 링크를 통해 들어오는 경우도 있다. 앱 첫 화면에서 시작하는 경우에도 어떤 사용자는 검색을, 어떤 사용자는 추천 서비스/바로가기를, 어떤 사용자는 메뉴를 차례대로 선택하면서 탐색하는 등 각자 다른 경험을 보여준다.

- 맥락(Context)에 따라서 이용 패턴이 달라지는 것을 알 수 있다. 아침 출근할 때는 날씨나 헤드라인 위주로 뉴스를 보던 사람이 점심 이후 여가에는 경제, 스포츠와 같이 본인의 관심 분야 뉴스만 찾아보다가, 저녁에 퇴근할 때는 뉴스는 아예 보지 않고, 유튜브나 OTT 서비스[주: Over the Top. 넷플릭스와 같은 영상 스트리밍 서비스]에 들어가서 영상으로 새로운 정보를 보는 식으로 말이다.

- 단계별로 나타나는 구체적인 행위를 파악할 수 있다. 상품 목록 탐색 단계를 예로 들어보자. 목록상에서 어떤 정보에 주목하는지, 필터링이나 정렬 기능을 어떻게 사용하는지, 상단에 노출된 상품과 하단에 감춰져 있는 상품을 봤을 때 어떻게 다르게 반응하는지도 알 수 있다.

사용자들의 고충을 제대로 이해하려면 특정 단계/화면에서의 행위와 더불어 연속된 이동 단계도 같이 봐야 한다. 하나하나는 좋은 UX였지만, 그들의 연속된 이동 단계는 나쁜 UX인 경우도 종종 있다.

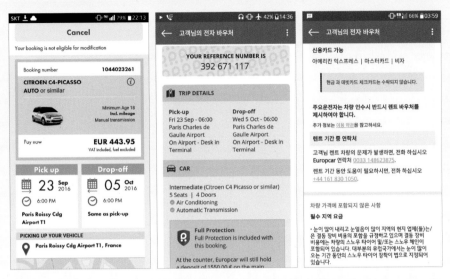

그림 1.4-5. Rentalcars.com

위 렌터카 서비스는 화면 하나하나만 봐서는 특별히 문제를 찾기 어렵다. 왼쪽의 첫 화면은 정보 디자인이 뛰어나다고 평할 수 있을 정도다. 하지만 연속된 이동 단계를 보면 동일한 속성의 정보가 화면마다 다른 방식으로 표현되어 있거나, 강조/주의 등의 정보 표현 방식이 상이하고, 안내문에 영어와 한국어가 번갈아 쓰이는 등의 문제를 찾을 수 있다. 이처럼 UX(사용자 경험)는 단편적으로 봐서는 제대로 문제를 찾을 수 없다.

행동은 동기로부터 비롯되기 때문에 동기 유형과 행동 유형은 밀접한 관련이 있다. '연속적 이동 단계'가 여기에 해당하며, '단계별 구체적인 행위'는 상대적으로 연관성이 적다.

표 1.4-2. 행동 유형

동기 유형	행동 유형	설명
목적의식적 동기	**단선적 흐름** $A \rightarrow B \rightarrow C \rightarrow D$	목적의식적 동기는 찾고자 하는 결과가 명확하기 때문에 시작부터 결과까지의 흐름이 단선적이다. 이때는 흐름 자체가 맥락이 된다. 사용자는 복잡성을 회피하고, 맥락이 방해받는 것을 매우 싫어한다.
외부 자극 → 수동적 동기	**동일 행동 반복** $A \rightarrow f \, B \, dt \, dc$	날씨나 교통변화와 같은 외부 자극에 의해서 수동적 동기가 형성된 경우, 관련 정보를 찾는 행동 자체는 매번 동일하다. 그러나 찾는 정보가 가변적이고, 그 결과에 따라서 사용자의 행동이 달라진다(예: 태풍 예보에 보이는 행동).

동기 유형	행동 유형	설명
내부 자극 → 수동적 동기	점진적 시도 or 체념 Ⓐ → Ⓑ → Ⓒ	신체/감정적인 상태 변화로 인해 발생하는 수동적 동기는 그 자극의 정도에 따라서 사용자가 스스로 해결책을 찾거나 혼자 해결할 수 없는 경우에는 외부 도움을 요청한다. 동일 자극이 반복되면 점진적으로 다른 시도를 거친다.
습관적 동기	반복적 되풀이 Ⓐ Ⓑ Ⓒ Ⓓ context	한번 습관이 형성되면 무의식적으로 특정 단계, 행위가 되풀이 된다. 그 가운데서 자신도 모르게 실수를 저지르거나 의도치 않은 결과를 만나게 된다. 습관적 동기는 끈기가 없고 작은 실망감에도 쉽게 서비스에서 나가게 만든다.
이벤트 → 반응적 동기	반응 or 무시 Ⓐ Ⓐ	알림, 이벤트, 혜택, 추천 등의 모습을 한 채 서비스가 본인을 찾아왔을 때 사용자는 성향마다 다소 다르지만 그것이 얼마나 본인에게 적합한지와 시간/돈/노력/데이터를 제공했을 때 오게 될 보상에 따라 반응하거나 또는 무시한다. 반응적 동기에 뒤따르는 행동은 매우 빠르고 순간적이다.
복합 작용 → 우연적 동기	선택 or 회피 Ⓐ Ⓐ	UX/UI에서 우연적 동기는 서비스 범위가 넓고, 제공하는 콘텐츠가 다양한 서비스에서 주로 발생한다. 의도치 않았고 내/외부 자극이나 습관, 이벤트와도 상관없지만, 현재의 맥락이 복합적으로 작용하여 우연히 관심을 갖게 된다.

1.4.3. 고충 (Pain points)

사용자들은 서비스를 이용하는 과정에서 고충(Pain points)을 느끼거나 '고충은 아니지만 이런 게 있으면 더 좋겠다'라는 니즈(Needs)를 갖게 된다. 일반인들은 UX라고 하면 사람들의 고충을 해결하는 일이라고 알고 있을 것이다. 그래서 더 편리하게, 쉽게, 즐겁게 만들어 달라고 말할 것이다.

고충이 UX의 전부는 아닐지라도 고충을 해결하는 것은 서비스의 만족도 유지를 위해서 매우 중요한 일이다. 고충은 크게 3가지로 구분된다.

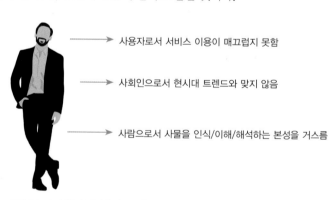

사용자로서 서비스 이용이 매끄럽지 못함

사회인으로서 현시대 트렌드와 맞지 않음

사람으로서 사물을 인식/이해/해석하는 본성을 거스름

그림 1.4-6. 사용자 관점에 따른 고충

고충의 정도에 따라 사용자들은 단순히 불만을 토로하는 것에서 그치지 않고, 서비스에 대해 반발심을 갖거나, 심지어는 적극적인 이탈 후 부정적인 입소문을 내는 데 앞장서기도 한다.

고충은 UX 피라미드 상에서 Usable 영역과 밀접하게 관련되어 있다. 일부 고충은 유용성이나 신뢰성과 관련되어 있기도 하지만, 대다수 고충은 사용성(Usability)의 문제로 직결된다.

고충은 다음과 같이 구성된다.

사용성 원칙	사용자 관점	고충 유형
쉬운, 직관적인		막연함, 이해불가, 혼동, 부주의
효율적인		비효율적 흐름, 불필요한 요청, 행동 제한, 잘못된 제한
일관된		기억/학습의 어려움, 실수 유발, 형태 상이, 보조 정보 미흡
자연스러운		기대 불일치, 구태의연함, 동기부여 실패, 갈등

그림 1.4-7. 고충 유형

위 이미지의 왼쪽은 기본적인 사용성 원칙이고, 가운데는 해당 원칙이 어떤 사용자 관점에 해당하는지, 오른쪽은 실제 사용자들이 겪는 고충을 표기한 것이다. 갑자기 작동이 중지되거나 수시로 앱 업데이트를 해달라거나 알림을 허용해달라고 사용자를 괴롭히는(?) 기본적인 고충들은 여기에 포함하지 않았다.

표 1.4-3. 고충 유형 설명

원칙	고충 유형	설명
쉬운, 직관적인	막연함	제시된 정보가 불완전해서 또 다른 궁금증을 자아내는 것
	이해 불가	제시된 정보/기능 자체가 무엇인지, 왜 나타났는지 알 수 없는 것
	혼동	제시된 정보가 일반적으로 알고 있던 상식과 달라서 당황하게 만드는 것
	부주의	서비스 제공자의 부주의한 실수로 인해 불편함을 초래하는 것
효율적인	비효율적 흐름	앞에서 했던 행동을 다시 하라고 요청하거나 사용자의 노력을 헛되이 만드는 것
	불필요한 요청	사용자가 예상했던 결과가 아니라 맥락을 벗어나는 다른 행동을 요구하는 것
	행동 제한	사용자의 행동을 서비스의 의도에 맞춰서 지나치게 제한하는 것
	잘못된 제한	해당 시점에 필요 범위 이상으로 사용자에게 권한을 허용하여 불필요한 실수를 유발하는 것

원칙	고충 유형	설명
일관된	기억/학습의 어려움	이용흐름 상에서 정보 제공 형식/방법이 달라지거나 사용자의 기억에 너무 많이 의존하는 것
	실수 유발	행동을 제대로 고려하지 않거나 예외를 엄격하게 적용한 탓에 실수가 자주 빚어지는 것
	형태 상이	사용자들이 보편적으로 알고 있던 정보 형태를 따르지 않고, 다르게 되어 있는 것
	보조 정보 미흡	결과만 제시하고 그 결과가 왜/어떻게 제공되는지에 대한 보조 정보는 제시하지 않는 것
자연스러운	기대 불일치	사용자가 예상했던 결과나 이동 경로와 다르게 서비스가 반응하는 것
	구태의연함	사용자가 당연히 있을 것이라 기대한 제공 방식이 아닌, 낡은 방식으로 정보를 제공하는 것
	동기부여 실패	사용자에게 전달될 혜택/가치에 대한 설명은 부족한 채 무조건 특정 행동을 요구하는 것
	갈등	의사결정 상황에서 다양한 경우의 수를 제시하여 선택을 머뭇거리게 만드는 것

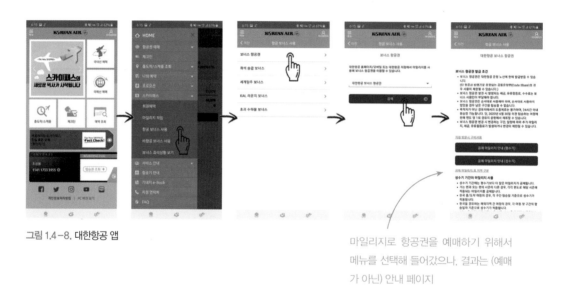

그림 1.4-8. 대한항공 앱

마일리지로 항공권을 예매하기 위해서 메뉴를 선택해 들어갔으나, 결과는 (예매가 아닌) 안내 페이지

1.4.4. 니즈 (Needs)

니즈는 고충이라는 동전의 반대쪽 면이 아니다. 다시 말해 고충을 뒤집으면 니즈가 되는 게 아니라는 얘기다. 니즈는 '고충은 아니지만 이런 게 있었으면 좋겠다', '지금도 좋지만 여기에 이런 정보가 있으면 더 좋을 텐데'와 같이 사용자의 불만을 줄이는 목적이 아닌, 만족을 높이는 것과 관련된 UX 구성요소다.

니즈는 UX 피라미드의 전 영역에 걸쳐 있다. 얼핏 생각하면 하위 영역인 유용성/신뢰성/사용성은 니즈보다는 고충에 해당할 것 같지만, 새로운 기술과 사회적 트렌드 변화로 인해서 더 유용하고 더 안심하게 만들며 더 쉽고 효율적인 경험을 향한 니즈는 계속 생겨나기 마련이다.

그림 1.4-9. Slyce Visual Search

Slyce Visual Search는 AI의 시각인식(Computer Vision) 기술을 이용해 바코드나 QR 태그는 물론 주변의 사물 무엇이든지 간에 카메라로 찍으면 곧바로 상품을 검색할 수 있다. 이 사례는 새로운 기술이 유용성과 사용성 측면에서 지금까지는 없었던 좋은 UX를 만들어 낼 수 있다는 점을 보여준다.

> 니즈는 새로운 기술과 사회적 트렌드 변화에 민감하다. 따라서 니즈를 제대로 파악하기 위해서는 서비스 내에서만 UX를 들여다봐서는 알 수 없다. 사용자들이 관심 있어 하는 신기술, 사용자들에게 영향을 주는 사회적 트렌드를 함께 봐야만 한다.

니즈에는 다음과 같은 유형이 있다.

니즈 유형은 단독으로 작동하기보다는 상호 조합을 통해 현실 속에서 발현된다. 예를 들어 '맥락에 맞는'과 '연결'이 묶여 구체적인 의미를 갖는 식이다.

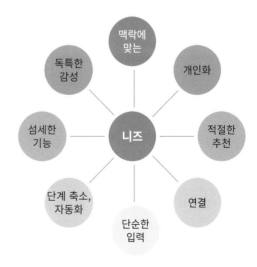

그림 1.4-10. 니즈 유형

1. 맥락에 맞는

맥락을 방해하는 경험요소가 고충의 요인이었던 것과 같이, 사용자들은 맥락에 맞는 무언가가 있기를 원한다. 날씨 정보가 아침과 저녁에 따라서 달라지거나 기상 상황(심각한 미세먼지, 폭염, 호우, 태풍 등)에 따라서 안전을 위협하는 정보를 먼저 확인하기를 원한다. 날씨뿐만 아니라 모든 서비스가 마찬가지다. 예약(구매)한 상품이 있다면 없었을 때와 다르게 홈 화면이나 개인화 메뉴가 시작되기를 바라고, 지도 앱에서는 현재 위치에 기반해서 이 시간대의 주 이동 경로를 기본으로 추천받기를 원한다.

2. 개인화

개인화는 두 가지 의미가 담겨 있다. 하나는 '나에게 맞춤화된' 서비스다. 모두를 위한 정보는 물론이거니와 특정 집단(30대 여성)을 겨냥한 정보조차도 '나에게는' 맞지 않는 경우가 많다. 남들과 다른 자신의 성향, 즐겨 찾는 메뉴, 이용 기록 등을 서비스가 반영해주기를 원한다. 자주 이용하는 서비스일수록 이런 니즈는 강해진다. 또 다른 하나는 '개인화된 설정'이다. 이 또한 이용 빈도가 높은 서비스일수록 니즈가 강해진다. 스마트폰 '바탕화면'이나 '설정'이 대표적이다. 이용 빈도가 높을수록 본인에게 최적화된 이용 환경을 만들려고 하기 때문이다.

3. 적절한 추천

추천은 앞에서 얘기한 두 가지 '맥락에 맞는' 및 '개인화'와 관련이 있다. 사용자들은 본인에게 제시된 추천이 맥락과 개인 성향에 맞았으면 하는 니즈를 가지고 있다. 추천이 더 정확하면 할수록 서비스에 대한 신뢰도는 그만큼 올라갈 수 있다. 그러나 추천이 지나치게 좁은 범위로 한정되는 것을 싫어하는 모순적인 니즈도 있다. 한정된 추천은 때로 지루하고 무미건조하게 느껴질 수 있기 때문이다. 그렇기 때문에 기본적으로 본인의 맥락과 개인 성향에 기반해 추천하되, 때로는 더 넓은 범위의 콘텐츠도 같이 추천되기를 원한다.

4. 연결

연결은 여러 의미를 갖는다. 일단 서비스와 연결되는 것을 원한다. 본인의 의견과 불만을 서비스에 남길 수 있게 말이다. 또한 다른 사용자와 연결되기를 원한다. 서비스를 들어오는 다른 사용자의 의견과 관심사에 주목하는 한편, 서비스를 계기로 알게 됐거나 이미 알고 지내던 지인들과도 서비스 내용을 연결시키기를 원한다. 또 한편으로는 다른 서비스, 주로 자주 이용하는 SNS, 클라우드, 기록/저장과 관련된 서비스에 연결되기를 원하기도 한다.

5. 단순한 입력

입력은 기술의 발전에 따라서 서서히 변해 왔다. 손으로 쓰던 글씨가 키보드나 마우스 입력으로 대체되었다가 터치 방식의 NUI(Natural User Interface0)가 등장하고 최근에는 동작인식, 음성인식, 생체인식 기술이 결합해 Zero UI^{주:사용자가 눈으로 확인할 필요 없이 말과 동작만으로 서비스를 이용하는 방식}가 등장했다. 정해진 형식(Form)에 맞게 정보를 입력하거나 인증을 위해서 비밀번호를 떠올리는 것이 지금까지는 어쩔 수 없는 행동이었지만, 새로운 인식 기술이 등장했기 때문에 사용자들은 자연스럽게 지금보다 더 단순한 입력을 원하게 되었다.

6. 단계 축소, 자동화

서비스가 제공하는 결과는 동일한데, 거기까지 가는 단계가 줄어들거나 아예 사용자의 손길을 거칠 필요 없이 자동으로 무언가가 진행되는 것을 마다할 사용자는 없을 것이다. 물리적인 화면이나 이용흐름의 축소도 있지만, 법 제도적, 기술적 한계로 그것이 불가능한 경우에는 인지적 단계 축소를 통해서 사용자들의 니즈를 충족시키는 경우도 있다. 다음 단계 버튼과 같은 뻔한 행동을 줄이거나 해당 화면에서 취할 수밖에 없는 행동을 선택 없이도 바로 제시하고, 중요하지 않은 수정/삭제에서는 확인 없이 바로 처리하는 것 등이다.

'단계 축소, 자동화' 측면에서 카카오뱅크는 좋은 UX를 보여준다. 다음에 할 행동의 결과가 자동으로 제시되는 식으로 사용지의 입력 수고를 줄여준다.

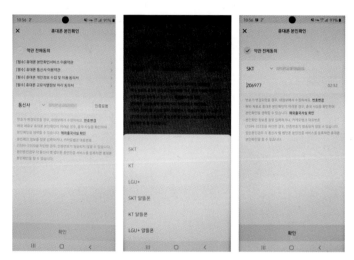

그림 1.4-11. 카카오 뱅크, 휴대폰 본인 확인

7. 섬세한 기능

목적의식적 동기에 의해서 서비스를 이용하는 경우에는 섬세한 기능이 꼭 필요할 때가 존재한다. 해당 상품군(Category)이나 메뉴/정보 특성에 맞게 필터링이나 편집, 저장, 연관된 콘텐츠 안내 등이 제공되면 사용자들은 좀 더 원활하게 경험을 진행할 수 있다.

8. 독특한 감성

서비스는 이성적 필요뿐만 아니라 감성적인 면에서도 사용자의 니즈와 맞물려 있다. 독특한 감성이 없는 서비스는 쉽게 잊히거나 대체된다. 그 서비스만의 정체성이 시각적 분위기나 상호작용에서의 동적 변화, 말 등을 통해서 전달되어야 한다.

1.4.5. 태도

태도는 UX 구성요소 중 가장 어려운 부분이다. 다른 UX 구성요소에 비해 태도는 직접 확인하기가 어렵기 때문이다. 태도가 사용자들의 경험에 얼마나 지대한 영향을 미치는지를 모르는 UXer도 많이 있다. 그러나 태도를 변화시키는 것은 서비스의 성공을 위해 매우 중요하다.

> UX 디자인 미션 중 하나: 사용자들이 서비스에 갖는 태도를 밝혀서 그것을 변화시키거나 강화한다.

서비스를 이용하면서 사용자들은 서비스 전체 또는 일부분에 대해서 하나의 태도를 형성한다. 태도는 UX 피라미드의 신뢰성 및 감성과 연관되어 있다.

태도는 서비스에 대한 긍정/부정과 같은 선호도뿐만 아니라 서비스에 갖는 개방성과 관심, 믿음, 부담감을 반영한다. 태도는 경험을 통해서 형성되고 지속적으로 고착화되지만,

긍정적	↔	부정적
수용적	↔	배타적
흥미로운	↔	관심없는
믿음	↔	불안
편안한	↔	부담되는

그림 1.4-12. 태도 유형

거꾸로 동기에 영향을 미치기도 하고 서비스 선택이나 이용 방법(행동)에도 크게 작용한다. 태도는 매우 주관적이지만, 사용자들이 서비스에 대해서 갖는 태도를 분석해보면 일정한 분포를 보이거나 패턴이 발견될 때도 있다.

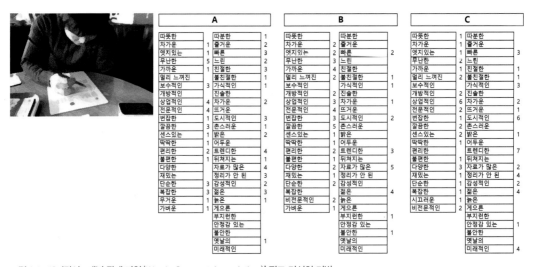

A

단어	수	단어	수
따뜻한		따분한	1
차가운	1	즐거운	2
엣지있는		빠른	3
무난한	5	느린	
가까운		친절한	3
멀리 느껴진		불친절한	1
보수적인	3	가식적인	1
개방적인		진솔한	
상업적인	4	차가운	2
전문적인	4	뜨거운	
번잡한	1	도시적인	3
깔끔한	3	촌스러운	1
센스있는		밝은	2
딱딱한	1	어두운	
편리한	2	트렌디한	4
불편한	1	뒤처지는	1
다양한		자료가 많은	4
재밌는		정리가 안 된	
단순한	3	감성적인	2
복잡한		젊은	3
무거운	1	늙은	
가벼운		게으른	
		부지런한	
		안정감 있는	
		불안한	
		옛날의	1
		미래적인	

B

단어	수	단어	수
따뜻한		따분한	
차가운	2	즐거운	
엣지있는		빠른	2
무난한	3	느린	
가까운	4	친절한	
멀리 느껴진		불친절한	1
보수적인		가식적인	1
개방적인	2	진솔한	
상업적인	3	차가운	1
전문적인	2	뜨거운	
번잡한	3	도시적인	2
깔끔한		촌스러운	
센스있는		밝은	
딱딱한	1	어두운	
편리한	2	트렌디한	3
불편한		뒤처지는	
다양한		자료가 많은	5
재밌는	1	정리가 안 된	
단순한	2	감성적인	
복잡한		젊은	4
비전문적인	2	늙은	
가벼운		게으른	
		부지런한	
		안정감 있는	
		불안한	1
		옛날의	
		미래적인	

C

단어	수	단어	수
따뜻한	1	따분한	
차가운	1	즐거운	
엣지있는	1	빠른	3
무난한	2	느린	
가까운		친절한	
멀리 느껴진	1	불친절한	1
보수적인		가식적인	3
개방적인	2	진솔한	
상업적인	6	차가운	2
전문적인	1	뜨거운	1
번잡한	1	도시적인	6
깔끔한		촌스러운	
센스있는		밝은	1
딱딱한	1	어두운	
편리한		트렌디한	7
불편한		뒤처지는	
다양한	3	자료가 많은	
재밌는		정리가 안 된	4
단순한	1	감성적인	2
복잡한		젊은	4
시끄러운	1	늙은	
비전문적인	2	게으른	
		부지런한	
		안정감 있는	1
		불안한	
		옛날의	
		미래적인	4

그림 1.4-13. '단어-개념 관계 파악(Word-Concept Association)' 필드 리서치 기법

필드 리서치에는 사용자의 태도를 밝히는 기법이 여러 가지 있는데, 이 이미지는 그중 '단어-개념 관계 파악(Word-Concept Association)'이라는 기법이다. 사용자에게 특정 서비스를 연상시키는 단어 3개를 선택하게 한 다음 해당 단어를 선택한 이유를 듣는다. 그 가운데에는 해당 서비스가 가진 좋은 점도 있겠지만, '오래된 느낌'이라든가, '진부하다', '트렌디하지 않다', '지나치게 폐쇄적이다'와 같은 부정적인 태도도 드러나기 마련이다. 그러면 앞으로 해당 서비스가 어떤 이미지를 연상시켰으면 좋을지 다시 3가지 단어를 선택하게 하고, 각 단어가 의미하는 바를 말하게 한다.

이 과정을 여러 사람을 대상으로 진행하면 사람마다 느끼는 태도가 제각각이라기보다는 일정한 패턴을 가진다는 점을 발견하게 된다. 현재의 서비스 이미지가 어떻게 개선되어야 하는지, 개선한다면 구체적으로 어떤 부분에서 그것이 이루어져야 하는지도 알 수 있다.

글쓴이가 속한 회사에서 모 방송국의 디지털 전략 수립을 위해서 이 방법으로 태도를 조사한 적이 있는데, 그 결과가 감성적인 UX 전략 수립과 GUI 디자인 콘셉트를 세우는 데 크게 기여했다.

이렇게 태도는 서비스의 UX 개선에서 중요한 의미를 갖는다.

아래 각 미디어 스트리밍 서비스에 대한 글쓴이의 태도를 예시로 들어 보겠다.

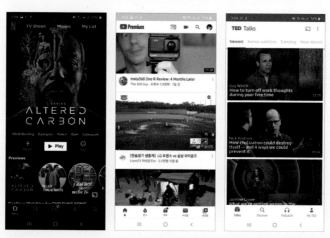

그림 1.4-14. 넷플릭스, 유튜브, TED

넷플릭스는 콘텐츠 측면에서 긍정과 부정적인 태도가 공존한다. 마음을 열기 어렵거나 흥미로운 것은 몇몇 콘텐츠에 국한된다. 추천 결과에 대해 항상 의구심을 갖고 있으나, 부담 없이 접근한다. 유튜브는 서비스 자체에 대해서 매우 긍정적이며 수용적인 태도를 지니고 있다. (아닌 것도 있지만) 대체로 흥미로우며 추천 방식이 믿음이 간다. 그러나 가짜 뉴스 등에 대해서 경계하는 편이다. 부담 없이 즐긴다. TED는 신뢰는 높은 반면 부담감이 크다. 좋은 콘텐츠가 많다는 점을 알고 있지만, 부담감이 크기 때문에 자주 접근하지는 않는다.

1.5. UX 여정

UX 이해를 위한 3가지 중 체계, 구성에 이어 마지막으로 여정을 살펴보자. UX 여정은 사용자가 서비스를 이용하는 과정을 뜻한다. 서비스나 기기, 채널에 따라서 다소 차이가 있으나, 보편적으로 UX 여정은 다음과 같이 전개된다.

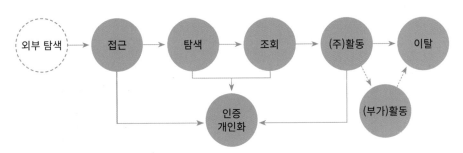

그림 1.5-1. 일반적인 UX 여정

각 UX 여정을 사례와 함께 살펴보겠다.

1.5.1. 외부 탐색

사용자들은 서비스에 접근하기 전에 포털이나 가격 비교 사이트에서 검색하거나, SNS나 카카오톡에서 링크를 선택해서 서비스로 접근하는 경우가 있다. 이처럼 서비스 접근 전에 외부에서 이루어지는 탐색과 이를 통해 서비스에 접근하기 전까지의 과정을 외부 탐색이라고 부른다.

외부 탐색은 서비스 밖에서 이루어지는 경험이지만, 사용자들의 서비스 접근 동기에 큰 영향을 미치기 때문에 매우 중요하다. 따라서 UX/UI 디자인에서는 연관 검색어, 포털에 게시할 콘텐츠, 배너 광고, 메시지 문구, 링크/버튼 배치와 같이 서비스 밖에서 이뤄지는 경험에도 관심을 갖고, 좋은 UX를 제공할 방안을 마련해야 한다.

최근에는 QR 태그나 이미지 검색, 음성인식을 통한 서비스 접근, 다른 서비스 앱과의 연동, 같은 서비스의 모바일 웹과 앱 간의 연동을 통한 접근도 빈번하게 이루어진다.

그림 1.5-2. (좌) 네이버 11번가 검색 → 11번가 앱, (우) 카카오톡 → 요기요 앱

위 예시를 보면 '11번가'는 네이버에서 서비스명으로 검색 시 검색 결과 최상단에 이벤트 정보를 보여줌으로써 사용자들의 접근 동기를 강화하고 있다. '요기요'는 가입이나 주문 시마다 카카오톡으로 메시지를 보내 간단한 정보를 알려줌과 동시에 앱으로 접근할 수 있는 링크를 보여줘서 사용자가 쉽게 앱을 실행할 수 있게 한다.

1.5.2. 접근

서비스에 들어와서 탐색을 시작하기 전까지의 과정이 접근이다. 접근은 간단해 보이지만, 의외로 많은 변수가 숨어 있다. 진입한 사용자들에게 처음에 무엇을 먼저 보여줄 것인가? 어떤 서비스는 스플래시(Splash) 화면을 별도로 노출해 서비스의 정체성을 나타내기도 하고, 어떤 서비스에서는 접근하자마자 로그인을 먼저 요청하기도 한다.

스플래시 화면은 서비스의 정체성을 짧게 알리는 데는 효과적이지만, 방문이 잦은 사용자들에게는 다소 귀찮게 여겨질 수 있다. 로그인을 먼저 요청하는 것은 서비스 특성상 멤버십이 전제돼 있기 때문이지만, 간단한 정보를 조회하려는 사용자들에게 불친절하게 느껴질 수 있다. 이러한 문제를 해결하기 위해서 스플래시 화면은 1초 내외로 짧게 보여주고, 로그인이 전제된 서비스에서는 자동 로그인이나 생체인증과 같은 간편 로그인 방법을 제공한다.

그림 1.5-3. (왼쪽부터) 인터파크 쇼핑, 넷플릭스, T멤버십

인터파크 쇼핑 앱은 스플래시 화면을 지나 바로 홈 화면이 뜨는 전형적인 접근 방식을 취하고 있다. 그와 달리, 넷플릭스는 스플래시 화면 다음에 계정 선택 화면이 뜬다. T멤버십은 반드시 로그인을 거쳐야만 서비스에 접근할 수 있다.

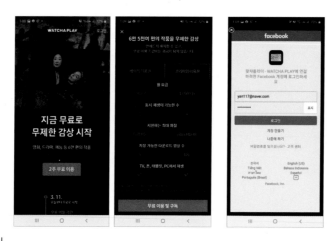

그림 1.5-4. 왓챠플레이

구독형(Subscription) 서비스는 특성상 멤버십이 전제돼야 이용이 가능하기 때문에 처음 앱을 설치한 다음에는 무료 구독과 요금제를 안내하거나 로그인을 통해서 곧바로 구독 중인 서비스를 이용하게 유도한다.

그림 1.5-5. (왼쪽부터) 미래에셋생명, 인터파크 티켓, CGV의 스플래시 화면과 초기 팝업창

스플래시 화면은 해당 서비스만의 감성과 정체성을 알리는 데 좋은 도구가 될 수 있다. 그러나 너무 길거나 매번 똑같은 이미지만 나올 경우에는 지루한 느낌을 자아낼 수 있다. 스플래시 화면 다음에 팝업창이나 이용안내가 바로 뜨는 것은 사용자를 성가시게 만들기 때문에 체감하기 쉬운 혜택 안내나 중요한 공지가 아니라면 처음부터 홈 화면을 가리는 것은 가급적 삼가는 게 좋다.

로그인/인증/계정 선택은 서비스마다 기준이 달라지는데, 넷플릭스와 같은 구독형 서비스는 초기 접근 시에 나타날 수밖에 없다. 접근할 때마다 같은 절차를 반복해야 하는 불편함을 줄이기 위해서 자동 로그인이나 간편한 생체 로그인을 제공하는 것이 좋다.

앱을 처음 실행하거나 주요 업데이트를 하고 나면 이용안내(onboarding)를 먼저 보여주거나 앱 접근 권한을 먼저 확인받고, 서비스 가입 여부를 선택하는 경우도 있다.

그림 1.5-6. (왼쪽부터) 위비뱅크, ISP/페이북, 신한페이판

이용안내(onboarding) 화면에는 반드시 건너뛰기(skip) 버튼이 있어야 한다. 이용안내가 5개 화면으로 구성되어 있다면 5개 화면 모두에 있는 편이 좋다. 대부분의 사용자는 이용안내를 읽지 않고 빠르게 홈 화면으로 이동하고 싶어 한다.

서비스 가입 여부는 굳이 처음부터 물어보기보다는 비회원용 홈 화면을 기본으로 보여준 상태에서 로그인을 배치하는 것이 더 바람직하다. 계정이나 비밀번호가 생각나지 않는 사용자들은 서비스 접근부터 그것을 생각하게 만드는 것이 까다롭게 느껴질 수 있다. 비회원용 홈 화면에 서비스의 주요 메뉴나 기능을 나타내고 사용자가 그중 하나를 선택했을 때 로그인/가입 화면으로 이동시키는 게 UX적으로 더 바람직하다.

안드로이드 OS는 정책상 앱 접근 권한을 미리 알리고 사용자로부터 확인을 받는 데 '사용 추적 허용'이나 '다른 앱 위에 쓰기'와 같은 권한은 평소에 잘 쓰지 않을뿐더러 왜 그것이 필요한지를 이해하기 힘들기 때문에 일반적으로 물어보는 전화, 위치, 카메라 같은 권한보다 사용자를 더 성가시게 만든다.

1.5.3. 탐색

탐색은 조회와 더불어 서비스에서 제일 중요한 단계로서 대부분의 고충이 이 과정에서 나타난다고 해도 과언이 아니다.

탐색은 크게 다음과 같은 4가지로 나뉜다.

1. 홈 화면 콘텐츠 탐색   2. 메뉴를 통한 탐색(Browsing)

3. 검색을 통한 탐색(Searching)   4. 추천에 의한 탐색

실제 사용자들이 서비스를 탐색할 때는 이 4가지가 조합되는 경우가 많다.

그림 1.5-7. (왼쪽부터) 에어비앤비, 네이버, 코레일, 알리익스프레스, 유튜브

검색 위주 서비스였던 에어비앤비는 홈 화면 콘텐츠 탐색을 강화하는 방향으로 UX/UI 디자인을 변경했다. 반대로 네이버 모바일 앱은 기존 UX/UI가 홈 화면 콘텐츠 탐색 위주였다가 검색을 강화하는 방향으로 변경했다. 에어비앤비가 검색 중심에서 홈 화면 콘텐츠 탐색으로 전환한 것은 판매 상품을 다양화하기 위해서였으나, 오히려 메인 상품인 숙소 검색이 더 어려워졌다. 좋은 UX를 제공하기 위해서는 탐색 방법에 있어서 희생과 선택(Trade-off)이 신중하게 디자인되어야 한다.

코레일 앱은 서비스 특성상 첫 화면 자체가 검색 화면이다. 사용자들은 서비스에 접근하자마자 바로 열차 편을 검색할 수 있다. 그러나 이미 열차를 예매한 사용자들에게는 검색 위주 첫 화면이 다소 이질적으로 느껴질 수 있다. 본인의 서비스 이용 동기가 예매한 열차 편 조회와 관련되어 있기 때문이다.

알리익스프레스나 유튜브는 홈 화면 탐색과 추천이 결합되어 있다. 메뉴 탐색을 원할 경우에는 별도의 메뉴 카테고리를 찾아서 선택해야 한다. 홈 화면에 노출되는 콘텐츠들은 사용자의 행동이나 관심사에 따라서 실시간으로 변경된다.

모바일 UX/UI에서는 뒤로가기(Back key) 탐색도 매우 중요하다. 사용자들은 홈이나 이전 화면으로 돌아가려고 할 때 특정 메뉴나 버튼을 클릭하기보다는 단순히 뒤로가기 버튼을 누르는 데 익숙하다.

그림 1.5-8. 네이버 모바일 쇼핑 판의 뒤로가기 설계

네이버 모바일 쇼핑 판에서 마음에 드는 상품에 들어가서 리뷰를 보다가 뒤로가기를 누르면 상품 정보가 아닌 목록으로 건너뛴다. 사용자 입장에서는 상품 목록에서 특정 상품을 선택해 상품 정보를 보다가 리뷰 탭을 선택해서 리뷰를 봤기 때문에 뒤로가기 했을 때 이동해야 하는 위치가 목록보다는 상품 정보라고 인식하는 게 더 보편적이다.

서비스 내부가 아닌, 외부의 다른 서비스로 연계되는 탐색도 중요하다. 검색을 하거나 정보를 저장, 공유하는 경험이 여기에 해당한다.

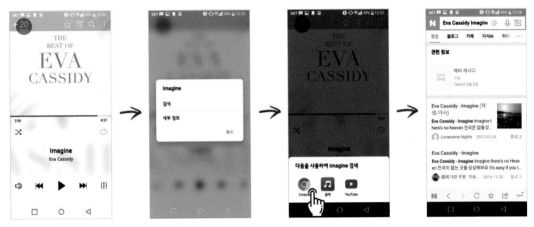

그림 1.5-9. 음악 플레이 중 외부 서비스를 이용한 곡명 검색

위 사례는 모르는 음악을 듣다가 자세한 정보를 알고 싶은 마음에 검색을 누르자 외부 검색 서비스를 통해서 정확한 정보를 조회하는 과정을 보여준다. 외부 검색 서비스인 네이버에 곡명(Imagine)만 전달한 게 아니라, 가수와 곡명을 함께 전달했기 때문에 더 정확한 정보 조회가 가능한 것이다.

서비스 특성에 따라서 불가피하게 탐색의 맥락이 끊길 때도 있다. 탐색 과정 중에 인증이나 비밀번호 재설정을 요구할 때도 있고, 다음 예시와 같이 서비스 제공 방식을 선택하라고 요구할 때도 있다.

그림 1.5-10. 해피오더 앱

위 예시는 홈 화면에서 특정 브랜드를 선택했을 때 메뉴 선택을 바로 보여주는 것이 아니라, 주문 방식을 묻는 과정이 중간에 끼어든 것을 보여준다. 사용자는 브랜드 선택 → 메뉴 선택 → 주문으로 이어지는 흐름을 기대했을 텐데 중간에 주문 방식이 끼어드는 바람에 탐색의 맥락이 끊어진 것이다. 서비스 특성상 불가피하다고 할 수도 있지만, 이보다 더 좋은 UX/UI 설계는 과연 없는 것일까?

모바일에서 사용되는 7가지 주요 제스처들

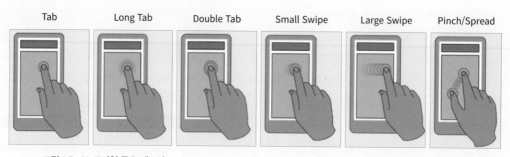

그림 1.5-11. 모바일 주요 제스처

탐색 및 조회 과정에서는 단순히 탭 하는 것뿐만 아니라 롱탭, 더블탭, 작은 스와이프, 큰 스와이프, 핀치&스프레드와 같이 여러 가지 제스처가 맥락에 맞게 사용된다. 특정 목록을 저장하기 위해서 롱탭을 했는데, 아무 일도 일어나지 않는 경우 사용자는 기대와 다른 인터랙션으로 인해 껄끄러움을 느낄 것이다.

1.5.4. 조회

대부분의 디지털 서비스에서 조회는 최종 목적지 또는 최종 목적지까지 갈지 말지를 고민하게 만드는 교차로 같은 역할을 한다. 정보 조회가 목적인 경우에는 조회에서 경험이 종료되며, 구매/예약 등으로 이어지는 경우에는 주 활동 진행 여부가 조회에서 갈라지기 때문이다.

조회에서는 원래의 정보 외에도 그것을 가공한 큐레이션 정보, 통계 정보, 사용자 리뷰 등이 사용된다. 이러한 가공된 정보는 사용자가 정보를 더 풍부하게 보고 의사결정하는 데 도움을 준다.

정보 조회 시에는 여러 가지 인터랙션이나 저장/공유 등의 기능이 결합되어 사용자가 본인 의도에 따라 정보를 쉽게 조작할 수 있는 여지를 부여해야 한다.

그림 1.5-12. (왼쪽부터) 파이낸셜뉴스, 구글 뉴스, 마켓컬리, CGV, 클룩

뉴스와 같이 사실 위주의 갱신 주기가 빠른 정보는 원본 위주로 제공된다. 형식에 따라서 보여주는 방식은 차이가 있으나, 원본 위주로 제공된다는 점 자체는 비슷하다. 마켓컬리는 원본 외에 편집된 정보를 추가로 제공해서 원본 정보만으로는 얻기 힘든 신뢰성을 전달한다. CGV는 영화에 대한 통계정보를 노출하여 사용자들이 사회적 검증(Social Validation)을 스스로 할 수 있게 했으며, 여행상품 서비스인 클룩은 후기를 통해서 구매 의사결정을 돕고 있다.

다음의 넷플릭스와 FLO의 검색 화면은 추천 콘텐츠(You Might Like)와 급상승 키워드를 기본으로 보여주지만, 그 추천/인기 근거를 확인할 수 있는 지표는 보여주지 않아 신뢰성이 떨어진다.

추천이나 인기 순위를 보여줄 경우에는 사용자들이 쉽게 납득할 수 있는 보조적인 지표를 제공하면 정보에 대한 신뢰를 형성하는 데 유리하다.

그림 1.5-13. 넷플릭스, FLO의 검색창

일부 서비스들은 탐색과 조회가 일체화되어 있다. 보여주는 정보가 단순하고, 체계나 구분이 따로 필요하지 않으며, 하나의 정보에 주목하는 경험보다 여러 정보를 오가는 경험이 중요한 서비스에서는 탐색과 조회를 의도적으로 구분하지 않기도 한다. 물리적인 구분이 있다고 하더라도 사용자들은 군이 조회 화면에 들어가지 않아도 탐색 과정에서도 정보를 충분히 조회할 수 있다.

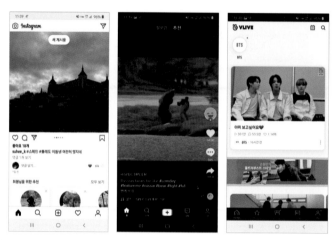

그림 1.5-14. (왼쪽부터) 인스타그램, 틱톡, V LIVE

위에 예시로 든 인스타그램, 틱톡, V LIVE 서비스는 목록 화면에서 바로 조회를 할 수 있게 되어 있다. 조회 화면이 별도로 구성되어 있는 경우에도 목록과 큰 차이를 보이지 않는다.

사용자 조작이 풍부해야 하는 조회 화면에서는 사용자 의도에 맞게 인터랙션이 설계돼야 한다.

그림 1.5-15. 네이버 지도, 디즈니스토어

네이버 지도에서는 특정 장소를 선택할 때 기존에 보고 있던 지도 화면에 비해 확대된 척도(Scale)로 화면이 재설정되어 방향/위치 감각이 상실된다. 디즈니스토어의 캐릭터 샵은 캐릭터 이미지를 2D로만 제공해 360도로 돌려보고 싶어 하는 사용자의 니즈를 충족시키지 못한다.

조회 과정에서 부주의한 UX/UI 디자인으로 인해서 사용자들이 정보를 확인하지 못하거나 입력이 방해받는 것은 매우 조심해야 할 사안이다. 부주의하고 무성의하게 느껴지는 것은 사용자의 큰 반발심을 자아낼 수 있기 때문이다.

인터파크 항공에서는 발급받은 전자항공권이 일부 영역만 노출된다. 심지어는 화면을 밀거나 세로 보기로 전환해도 노출되지 않은 부분을 확인할 수 없다.

입력 필요 자릿수 대비 자동등록
방지숫자를 넣는 입력상자가 작
아서 입력한 코드 6자리 중 일부
가 가려지는 사례.

그림 1.5-16. 인터파크 항공, 자동등록방지숫자 입력 화면

1.5.5. 주 활동

주 활동이란 탐색, 조회 단계를 거친 다음 구매나 예약, 거래와 같이 사용자가 서비스의 핵심 기능을 실행하는 단계를 말한다. 주 활동은 보통 하나 이상의 화면으로 구성되며 정보 입력, 동의, 확인, 인증 등이 이용흐름 상에서 하나의 과정으로 포함된다.

그림 1.5-17. 네이버쇼핑에서의 구매 (조회 → 쿠폰 → 옵션, 배송방법 선택 → 결제(배송배송지 → 할인/포인트 → 결제정보 → 동의) → 인증 → 완료)

주 활동은 복잡한 과정을 거치는 일이 많으므로 경험요소들이 복잡하게 느껴지지 않게 해야 한다.

주 활동 단계에서 복잡함을 최소화하기 위한 UX Tip

1. 사용자가 예상하는 활동 순서를 그대로 따른다.

2. 이용흐름 상에서 맥락을 벗어나게 만드는 일을 최소화한다.

3. 불가피하게 맥락을 벗어나야 하는 일이 생기면 이용흐름의 앞이나 뒤에 배치하여 진행 과정 중에는 주의가 산만해지지 않도록 한다.

4. 서로 다른 정보는 시각적으로 영역을 구분하여 직관적으로 다르다는 점을 인지시킨다.

5. 이용흐름이 뒤로 갈수록 선택지를 제한해 목적에 집중하게 만든다.

6. 선택, 입력, 확인, 동의와 같은 인터랙션을 할 때마다 관련된 UI가 매끄럽게 맞물리게 한다.

주 활동은 서비스 분야마다 UX/UI가 어느 정도 평준화되어 있어서 탐색이나 조회보다 문제가 적은 편이다. 그러나 아주 작은 사소한 것이라도 주 활동에서의 고충은 서비스 이탈을 초래할 수 있다.

주 활동에서 사용자 고충의 대다수는 UI나 기능보다는 이용흐름 영역에 존재한다.

그림 1.5-18. 위메프

상품 구매를 위해서 로그인 이후 비밀번호 변경 화면을 거치자 (상품 구매가 아닌) 홈 화면으로 이동한다. 사용자의 이용 맥락이 완전히 끊긴 것이다.

그림 1.5-19. 롯데시네마

특정 영화를 예매하려는 목적으로 영화관까지 선택했지만, (예매가 아닌) 다시 영화를 선택하라는 화면으로 이동했다.

이처럼 주 활동 단계의 문제는 이용흐름이 사용자의 실제 경험과 달라서 발생하는 것이 가장 많다. 위 영화 예매 사례는 번거롭기는 해도 다시 영화를 선택하면 되지만, 첫 번째 사례는 아예 선택한 상품 정보를 벗어나 버리기 때문에 사용자의 고충이 심각해질 수 있다.

사용자들의 정보를 입력받기 위한 양식(Form) 디자인도 주 활동 단계에서 큰 비중을 차지한다. 입력 양식에는 직접 입력, 옵션 선택, 동의, 불러오기, 확인 등 다양한 행위가 반영된다.

그림 1.5-20. (왼쪽부터) SRT 예매, 우리은행 상품 가입, Kkday 여행상품 구매, SK 렌터카 예약

위 예시는 다양한 입력 양식을 보여준다. 직접 입력이 필요한 경우(SRT 예매)와 입력 없이 옵션 선택만 하는 경우(우리은행 상품 가입), 여러 유형의 정보를 한 화면에서 받는 경우(Kkday 여행상품 구매)와 단일 유형 정보만 입력받는 경우(SK 렌터카 예약)가 존재한다.

애초에 필요 이상의 많은 정보를 사용자에게 요구해서는 안 되겠지만, 반드시 입력해야 한다면 최대한 그것을 간편하게 하면서 사용자의 실수에 관대하게 대응하고, 중요한 경험요소는 강조하면서 정보 영역 간 구분을 명확하게 하는 것이 좋다.

입력 양식(Form) 디자인에서 지켜야 할 원칙

1. 현재 적용 가능한 가장 간편한 방식을 제시한다. (예: 공인인증서를 대신하는 생체인증)

2. 기본값을 제시하되 사용자가 다른 대안도 선택할 수 있게 한다.

3. 각 입력 영역을 구분하고 짧고 명확한 레이블(Label)과 입력 예시를 보여준다.

4. 입력 시 사용자의 실수가 있었다면 정확한 위치와 원인을 알려준다.

5. 반드시 해야 하는 것과 그렇지 않아도 되는 것을 구분한다.

그림 1.5-21. 현대카드 카드 신청, 티월드

위에서 왼쪽 2개의 이미지는 대다수 사용자들의 휴대폰번호 국번인 010을 기본값으로 제시한 사례와 사용자가 직접 선택해야 하는 사례이며, 오른쪽 이미지는 카메라 촬영을 통해서 카드를 자동으로 인식하는 것을 보여준다.

인터랙션과 UI가 매끄럽게 맞물리는 것도 중요하다. 인터랙션은 사용자가 수행하고자 하는 구체적인 행위를 나타낸다. 시점별로 사용자가 하는 구체적인 행위들이 UI 상에서 적절하게 맞물려 나타날 경우, 사용자는 더 쉽고 편리하다고 생각하는 경향이 있다.

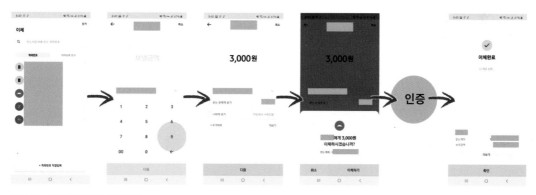

그림 1.5-22. 카카오뱅크 이체하기

위 사례는 카카오뱅크를 통해서 누군가에게 이체하는 흐름을 보여준다. 받는사람을 선택하면 바로 보낼 금액을 입력하라고 노출된다. 보낼금액을 확인하고 다음 버튼을 누르면 다음 단계인 이체 확인은 부분 팝업으로 노출된다. 여기서 이체하기를 누르면 인증을 거쳐서 최종적으로 이체가 완료된다. 카카오뱅크는 군더더기 없는 행위와 필요한 정보만 보여주는 UI 흐름이 매끄럽게 잘 맞물려 있다.

주 활동 중에는 사용자의 실수 또는 서비스의 문제로 여러 가지 에러나 변수가 발생한다. 이러한 예외처리 상황에서는 사용자들이 상황을 빠르게 파악하고 적절하게 대처할 방법을 알려주는 것이 중요하다.

예외처리 시 좋은 UX = 상황에 대한 정확한 이해 + 적절한 대처 방법 안내

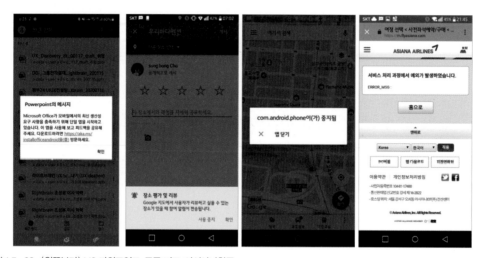

그림 1.5-23. (왼쪽부터) MS 파워포인트, 구글 지도, 아시아나항공

위 예시들은 이해하기 어려운 메시지로 인해 상황 파악도 어렵고 대처 방법도 알 수 없는 잘못된 예외처리 UX들을 보여준다.

1.5.6. 부가 활동

부가 활동이란 서비스의 핵심 기능은 아니지만, 사용자 편의를 위해서 배치된 기능을 수행하는 활동을 말한다. 저장, 즐겨찾기, 공유, 상담, 올리기, 내려받기 등이 대표적인 부가 활동이다. 서비스에 따라서 어떤 기능은 그 의미가 달라진다(예: 저장이 다운로드를 의미, 저장이 즐겨찾기를 의미).

구글 드라이브에서 파일을 선택하면 다운로드, 공유 등의 부가 활동 기능이 나타난다.

그림 1.5-24. 구글 드라이브

콘텐츠를 선택하지 않고도 상시로 부가 활동 기능을 이용할 수 있는 서비스도 있다.

오른쪽의 에버노트 사례는 왼쪽 하단에 (+) 모양의 플로팅 버튼(Floating Button)이 상시 노출되어 언제 어디서든지 부가 활동 기능에 접근할 수 있다.

그림 1.5-25. 에버노트

그림 1.5-26. 티켓몬스터 주문 상세정보

또한 주 활동이 끝난 단계에서 부가 활동 기능이 나타나는 서비스들도 많다.

왼쪽 쇼핑몰은 주문이 끝나면 주문 상세정보를 통해서 배송이나 리뷰, 반품 등의 부가 활동 기능을 만날 수 있다.

부가 활동은 그 특성상 하나의 메뉴나 이용흐름이 아닌, 서비스 전체에 흩어져 있으므로 정책이 중요하다. 네이버의 경우 저장과 관련된 기능은 북마크 외에도 Keep이 별도로 있으며, 포스트 하위에도 '좋아요'라는 기능이 있어서 사용자들은 본인이 저장한 콘텐츠가 어디에 있는지 찾기 힘들 수 있다.

그림 1.5-27. 네이버 콘텐츠 저장 기능들

1.5.7. 인증

인증은 로그인과 같이 단독으로 존재하는 경우도 있지만, 대부분은 다른 UX 흐름에 포함되어 있는 경우가 많다. AI와 스마트폰 기술의 발전과 더불어 얼굴, 지문, 홍채, 목소리와 같은 생체인증 방법이 늘어나면서 모바일에서의 인증 방법은 이전보다 다양해졌다. 국내 특성상 공인인증서나 아이핀 인증이 존재하고, 금융 거래에서는 신분증이나 금융계좌 인증을 요구할 때도 있다.

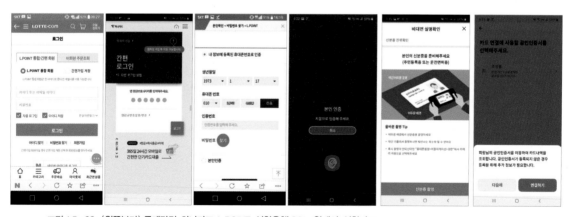

그림 1.5-28. (왼쪽부터) 롯데닷컴, 하나카드, L.POINT, 신한은행 SOL, 원페이, 신한카드

모든 서비스의 가장 기본적인 인증 절차는 아이디/비밀번호를 통한 것이다. 그러나 아이디/비밀번호는 해킹의 염려도 있고 보안상 이차적인 인증이 필요한 경우에 공인인증서나 PIN 번호, OTP 카드, 휴대폰 인증 등을 배치하는데, 생체인증은 1차 인증을 완전히 대체하고 2차 인증은 대체가 불가능한 경우도 많다.

인증은 그 특성상 사용자의 정보 입력이나 동의 과정이 수반된다.

그림 1.5-29. 11번가, 현대카드 프리비아

인증의 목적은 디지털 서비스 이용 시 발생할 수 있는 보안상의 문제를 원천적으로 제거하고, 사용자의 중요한 정보를 주 활동 과정에 이용하기 위해서다. 인증은 때에 따라서 귀찮은 절차일 수도 있으나, 보안을 위해서는 꼭 필요한 절차다. 그러나 다음과 같은 UX적인 문제로 인해 불만을 자아내기도 한다.

인증과 관련된 UX 문제들

1. 지나치게 까다로운 비밀번호 체계나 암호화 표시로 인해서 사용자가 기억하기 어렵게 만든다.

2. 하나의 주 활동 흐름에서 여러 차례에 걸쳐서 인증을 요구한다.

3. 동일한 맥락인데도 각각 다른 인증 방법을 요구하여 사용자를 혼동시킨다.

4. 인증 신규/갱신 과정에서 현재 채널이 아닌 다른 채널로 이동했다가 돌아와야 한다.

5. 인증을 거치면서 이전의 맥락이 단절된다.

인증 과정 중에 UX/UI 경험요소들이 사용자의 구체적인 행위를 뒷받침하는 것도 중요하다. 사용자 행위를 공감하지 못하는 잘못된 디자인은 심각한 문제를 만들어낼 수 있다.

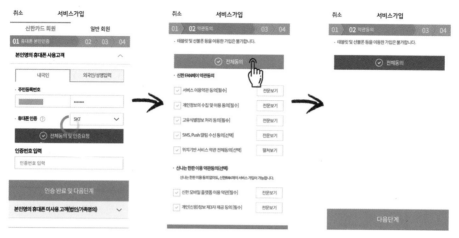

그림 1.5-30. 신한카드

위 신한카드 사례는 약관 동의 과정에서 상단의 전체동의를 누를 경우, 개별 약관 동의가 자동으로 닫힌다. 전체 동의는 7개의 약관을 일일이 누르지 않아도 돼서 편한 기능이지만, 선택 후 모든 약관이 닫혀버리는 바람에 선택 약관을 해제할 수 없다. 푸시 알림이나 위치 기반 서비스 제공에 거부감을 지닌 사용자들은 다시 전체 동의를 해제해야만 약관 해제가 가능하다.

왼쪽 사례는 입력한 카드번호 12자리가 모두 '*' 기호로 처리되어 입력 과정에서 사용자의 실수를 유발할 소지가 있다. 12자리 카드번호를 몇 자리까지 입력했는지를 잊어버릴 경우 확인할 방법이 없기 때문이다.

이처럼 사용자의 행위를 공감하지 못한 인증 UX/UI 디자인은 불필요한 고충을 만들어낸다.

그림 1.5-31. 현대카드

1.5.8. 개인화

개인화는 바로가기나 추천을 통해서 정보 접근성을 높이고, 이용 환경을 의도대로 설정하는 활동을 말한다.

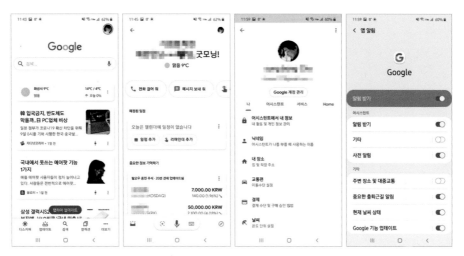

그림 1.5-32. 구글 앱

위 구글 앱의 예시를 보면 다음과 같은 개인화가 제공된다.

1. **추천**: 홈 화면을 통해서 사용자가 선호하는 콘텐츠 유형(날씨, 뉴스)과 유형별 콘텐츠(예: 뉴스 주제, 섹션)가 제공된다.

2. **바로가기**: 음성명령, 일정, 주식 시세, 음악, 앱 등에 대한 바로가기를 제공한다. 바로가기는 사용자가 직접 등록하거나 최근 검색을 기준으로 제시되는 것도 있고, 서비스가 추천하는 것도 있다.

3. **계정관리**: 내 정보, 내 장소, 교통편, 기타 관심사항 등을 등록해 놓으면 홈 화면이나 다른 구글 앱을 통해서 추천이 제공된다.

4. **알림**: 사용자가 받고 싶어 하는 알림을 미리 설정할 수 있다.

단순히 인증된 계정에 근거하여 사용자의 활동 내역을 보여주는 것도 개인화의 범주에 포함되지만, 서비스가 복잡하고 제공하는 정보가 많을수록, 개인화는 탐색의 수고를 덜어주고 사용자의 취향과 관심사가 서비스에 반영되어 좀 더 몰입된 경험을 제공한다.

사용자의 활동/보유 내역을 확인할 수 있는 것만으로도 개인화는 중요한 의미를 지닌다.

이전 활동/보유 내역을 직접 찾으러 다니거나 서비스 상담원에게 문의해야 할 일을 대체하기 때문이다.

그림 1.5-33. 쿠팡 주문 티켓 확인, 현대카드 프리비아 할인 가능 카드 확인

개인화는 목적의식이 약할 때 더 효과가 있지만, 대시보드나 이전 활동 기록 등은 목적의식직인 동기에서도 사용자에게 큰 도움이 된다.

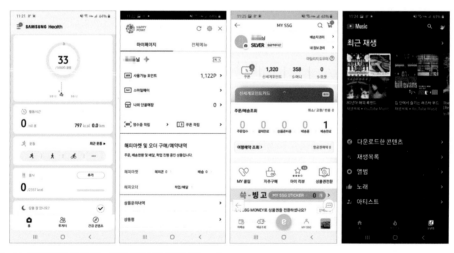

그림 1.5-34. (왼쪽부터) 삼성헬스, 해피포인트, 이마트몰, YTmusic

삼성헬스와 같이 동일 행동이 반복적으로 이뤄지는 서비스에서는 대시보드 형태로 그날그날의 정보를 보여준다. 서비스 전체가 개인화와 깊이 맞물려 있다. 위 사례 중 나머지 3가지는 해당 서비스에서의 활동 기록과 설정, 혜택/포인트/쿠폰과 같은 보유자산을 보여준다.

추천은 비 목적의식적인 동기, 그중에서도 습관적인 동기에서 큰 효과를 발휘한다. 예를 들어 무료함이나 배고픔을 해소하고자 하지만 특별히 어떻게 하는 게 좋을지는 모를 때, 서비스가 적절한 추천을 제시해주면 사용자는 고민할 필요 없이 바로 행동을 할 수 있기 때문에 편리함(Convenience)은 물론 감성(Pleasurable, Meaningful)이 강화되어 서비스에 대한 애착을 더 높일 수 있다.

그림 1.5-35. (왼쪽부터) 유튜브, 네이버쇼핑, 알리익스프레스

위 예시들은 AI 기술을 이용하여 추천을 제공한다. 검색이나 조회와 같은 사용자 행위는 물론, 사용자와 유사한 프로파일^{주: 사용자 유형}을 갖는 다른 사용자의 관심사를 참조해 추천을 제공한다.

마지막으로 검색에서의 개인화를 살펴보자.

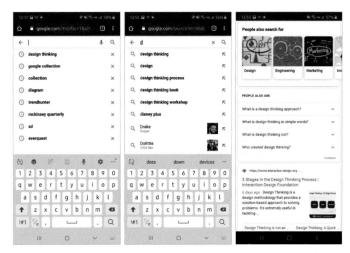

그림 1.5-36. 구글 검색

처음 검색창을 탭 했을 때는 최근 검색어들이 나타난다. 아직 검색어를 치기 전이므로 이전 행동이 현재의 경험에 영향을 미친다는 'UX 작용' 면에서 좋은 UX라고 볼 수 있다. 사용자가 d라고 입력하자 이전에 검색한 기록을 토대로 design으로 시작하는 키워드들이 추천된다. design이 아닌 drift에 관심이 많은 사용자라면 다른 키워드가 추천되었을 것이다. 마지막으로 design thinking이라고 검색한 결과 화면을 보면 design thinking을 검색했던 다른 사용자들이 이용한 추가 검색어들을 보여준다.

1.5.9. 이탈

모바일 앱, 특히 안드로이드 운영체제에서의 앱들은 뒤로가기 버튼 연속 탭 등을 통해서 사용자가 서비스를 이탈하려는 것을 미리 파악할 수 있다. 사용자가 서비스를 이탈할 때 앱이 그대로 종료될 수도 있으나, 간단한 정보를 제공하는 서비스들도 종종 찾아볼 수 있다.

> 애플 iOS에서 운영 중인 앱이나 안드로이드라도 앱이 아닌 모바일 웹에서는 이탈을 감지할 방법이 마땅히 없다.

이탈 시 앱 종료 여부를 물어보는 서비스

그림 1.5-37. T멤버십, T월드

위 SK텔레콤의 서비스들은 뒤로가기 버튼을 눌러 이탈하려고 하는 사용자에게 종료 여부를 팝업으로 물어본다.

그러나 단순하게 종료 여부를 묻는 것에 그치지 않고, 다음 예시처럼 배너를 통해서 사용자의 발길을 붙잡는 경우도 있다.

그림 1.5-38. (왼쪽부터) 삼성카드, 인터파크 쇼핑, 하나카드

서비스 이탈 시 단순히 종료 여부를 묻기보다는 혜택이나 이벤트를 알리는 것이 더 유용할 수 있지만, 사용자는 이미 서비스 종료 의사를 가지고 있기 때문에 지나치게 복잡한 디자인은 발길을 붙잡지 못한다. 위 3가지 사례에서 삼성카드의 배너는 지나치게 복잡하고 하나카드의 배너는 구체적인 혜택이 잘 느껴지지 않는다. 인터파크 쇼핑은 이미지가 다소 복잡한 감이 있지만, 혜택을 강렬하게 알린다는 면에서는 이탈하려는 발길을 붙잡는 데 적합해 보인다.

안드로이드와 iOS의 차이

1. 안드로이드 운영체제에서는 물리 버튼(Real Buttons)이 있지만, IOS는 없음.

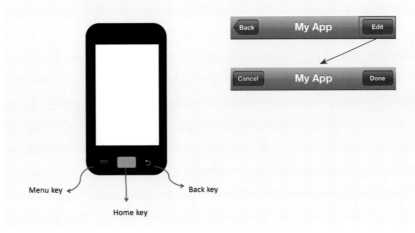

2. 상단 상태 표시줄에 차이가 있음(안드로이드 = 전체메뉴, iOS = 단계적 접근(Progressive Disclosure)).

3. 안드로이드는 전체 메뉴에, IOS에서는 탭 메뉴에 더 많이 의존.

4. 액션시트(Action Sheets)의 차이

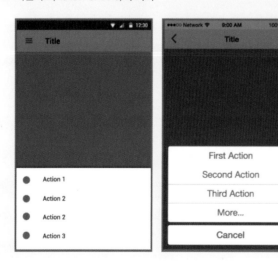

2

—

UX/UI
디자인 프로세스

2.1. 기본 프로세스

발견 (Discover)	도출 (Define)	구체화 (Develop)	산출 (Deliver)
• 목표 수립	• 키파인딩	• UX 전략	• IA 및 User Flow 설계
• 관련 UX 분석	• UX 모델링	• 아이디어 도출	• Interaction 설계
• 이슈 제기	• 인사이트	• 아이디어 평가	• 프로토타이핑
• 데스크 리서치		• 시나리오 설계	• UX 테스트
• 필드 리서치			• UX 가이드라인

그림 2.1-1. UX/UI 디자인 프로세스

UX/UI 디자인의 기본 프로세스는 발견(Discover)→도출(Define)→구체화(Develop)→산출(Deliver)의 4단계를 거친다. 이는 '1.1.3. UX 방법론'에서 언급했던 '그림 1.1-21. 더블 다이아몬드 모델'과 일맥상통한다.

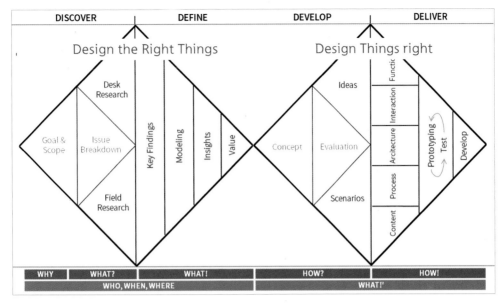

그림 2.1-2. 더블 다이아몬드 모델

2010년대 초반부터는 정통 UX 방법론을 벗어나 좀 더 빠른 속도를 추구하거나 순서를 바꾸어 먼저 만들고 검증하는 방법론도 등장했다.

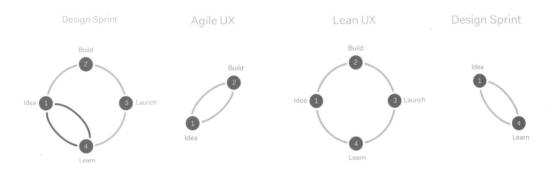

그림 2.1-3. 정통 UX 방법론에서 탈피한 방법론들 (Marcin Treder, UXPin)

이 방법론들은 3장에서 자세하게 살펴볼 예정이다.

2.2. 발견(Discover) 단계

UX/UI 디자인은 미리 문제를 정의하고 그것을 어떻게 풀 것인가를 프로세스 내내 고민하는 방법론이 아니다. 발견(Discover) 단계에서 여러 가지 이슈별로 트렌드와 경쟁 현황을 분석하고, 무엇보다 사용자들의 실제 경험을 관찰해 문제 정의에 필요한 단서들을 찾는 작업을 한다.

발견 단계는 디자인씽킹 방법론들이 갖는 가장 중요한 특징이다. 선험적으로 문제를 정의하고 그 해결책을 찾는 것이 아니라, 상향식(Bottom-up)으로 문제를 점차 찾아 나가기 때문이다. 이러한 특징으로 인해서 UX/UI 디자인에는 디자인 영역별 전문가 외에 리서치 전문가(Researcher)라는 역할이 존재한다.

2.2.1. 목표 수립

현재 당면한 문제와 비즈니스적으로 가능한 해결책, 서비스의 구조적 취약점 등을 검토하고 그 해결방안을 가설로 수립하는 활동이다. 체계적인 검토 과정을 거쳐서 목표를 수립하는 경우도 있지만, 위협적인 경쟁자가 새롭게 등장했거나 시장 판도가 달라지고 있다는 것을 체감할 때, 또는 새로운 신기술 도입이 필요하다는 문제의식에 의해서 UX/UI 프로젝트가 시작되는 경우도 많다.

시장 변화에 민감하고 고객 불만에 발 빠르게 대응하는 기업들은 상시로 'UX 팀'을 꾸리기도 한다.

국내 주요 기업/조직들의 UX 조직 구성

글쓴이가 최근 5년간 만난 400여 개의 국내 주요 기업/조직들을 살펴보면 다음과 같은 유형이 존재한다.

1. **기존 조직 전환**: 직원들에게 UX 교육을 하거나 경력직 Uxer를 채용해 기존 GUI 디자인, UI 기획, 서비스 기획, 마케팅 조직에 UX 역량을 추가하는 유형. 실제 하는 업무는 예전과 동일하고 이름만 'UX'로 바꾸는 경우도 많다.

2. **테스트 전담**: 별도의 팀(주로 UT, 사용성테스트팀이라고 명명)을 꾸려서 상시로 테스트나 운영 모니터링을 맡기는 유형. 사용성테스트 외에 통계분석, 설문조사, 표적그룹인터뷰(FGI) 등도 수행함. UX 구성요소 중 '고충'에 초점을 맞추고 있다고 볼 수 있음.

3. **조직 외부 별동대**: 기존 기업 조직 구성이나 서비스 운영 프로세스는 그대로 유지한 채 별동대처럼 UX 조직을 운영하면서 신규 사업 아이디어나 시장 기회 발견 등의 업무를 맡기는 유형.

4. **기존 조직 내 선도자(Frontier)**: 기존 조직 구성이나 서비스 운영 프로세스의 앞단에 위치하면서 서비스의 전략이나 운영방침, 경쟁사/트렌드/신기술 대응 방안 등을 마련한다. 기업의 문화 자체에 UX적인 사고가 완전히 스며든 경우에 해당한다. 북미권에는 이런 기업이 많이 존재하나, 국내에는 아직 많지 않다.

2.2.2. 관련 UX 분석

대상 서비스의 경험요소, 맥락, 예상되는 고충을 미리 파악한다. 실제 사용자들이 어떤 환경에서 어떤 식으로 서비스를 이용하며 그 가운데서 어떤 것들이 영향을 미치는지를 분석하는 것은 UX 관점에서 서비스를 이해하는 데 큰 도움이 된다.

사용자의 사용 맥락에 따르면, 서있거나 이동 중 사용하는 경우가 많기 때문에
빠르게 정보를 찾을 수 있는 단축성과 정보의 연결성이 중요하다고 판단됨

Flow가 길고, Depth가 깊은 문제 발생   지도상에서 바로 도착지로   스와이핑을 통해 다른
                                                        지정할 수 있는 인터랙션   경로를 바로 탐색할 수 있음

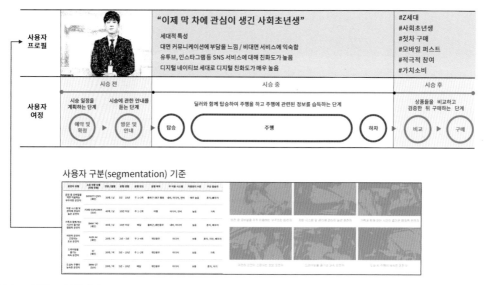

그림 2.2-1. 관련 UX 분석 예시

위쪽 예시는 현 서비스의 이용흐름(User Flow)이 사용자들의 이용 동기와 맞물리지 않는다는 점을 지적하고 있다. 아래쪽 예시는 차량을 처음 시승하는 사회초년생들이 어떻게 시승 경험을 하게 될지를 미리 시뮬레이션해 본 것이다.

관련 UX 분석의 목적

1. 서비스의 경험요소 및 이용 맥락 파악이 가장 중요

2. 경험요소, 이용 맥락, 실제 UX 간의 관계 시뮬레이션 → 필드 리서치로 이어짐

3. 시장, 경쟁사, 트렌드, 기술 등에서 주목해야 할 부분 파악 → 데스크 리서치로 이어짐

2.2.3. 이슈 제기

관련 UX 분석 내용을 토대로 서비스에서 파악하고자 하는 UX 이슈들을 정의한다. 예를 들어 홈 화면의 구성이 지나치게 복잡하다고 분석되었다면 '그것을 어떻게 해결하면 좋을지' 이슈를 제기한다. 좋은 질문이 좋은 디자인을 낳기 때문에 이슈 제기는 매우 중요한 활동이다.

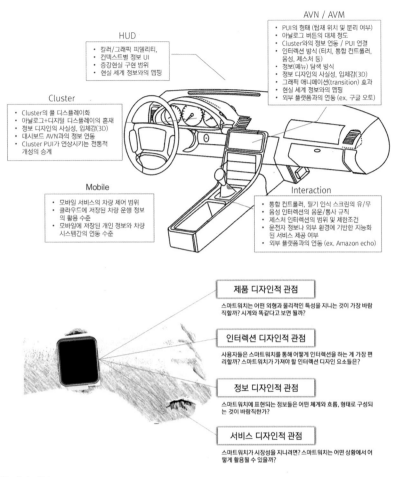

HUD
- 칼러/그래픽 피델리티,
- 컨텍스트별 정보 UI
- 증강현실 구현 범위
- 현실 세계 정보와의 맵핑

AVN / AVM
- PUI의 형태 (탑재 위치 및 분리 여부)
- 아날로그 버튼의 대체 정도
- Cluster와의 정보 연동 / PUI 연결
- 인터렉션 방식 (터치, 통합 컨트롤러, 음성, 제스처 등)
- 정보(메뉴) 탐색 방식
- 정보 디자인의 사실성, 입체감(3D)
- 그래픽 애니메이션(transition) 효과
- 현실 세계 정보와의 맵핑
- 외부 플랫폼과의 연동 (ex. 구글 오토)

Cluster
- Cluster의 풀 디스플레이화
- 아날로그+디지털 디스플레이의 혼재
- 정보 디자인의 사실성, 입체감(3D)
- 대시보드 AVN과의 정보 연동
- Cluster PUI가 연상시키는 전통적 개성의 승계

Mobile
- 모바일 서비스의 차량 제어 범위
- 클라우드에 저장된 차량 운행 정보의 활용 수준
- 모바일에 저장된 개인 정보와 차량 시스템간의 연동 수준

Interaction
- 통합 컨트롤러, 필기 인식 스크린의 유/무
- 음성 인터렉션의 음운/통사 규칙
- 제스처 인터렉션의 범위 및 제한조건
- 운전자 정보나 외부 환경에 기반한 지능화된 서비스 제공 여부
- 외부 플랫폼과의 연동 (ex. Amazon echo)

제품 디자인적 관점
스마트워치는 어떤 외형과 물리적인 특성을 지니는 것이 가장 바람직할까? 시계와 똑같다고 보면 될까?

인터렉션 디자인적 관점
사용자들은 스마트워치를 통해 어떻게 인터렉션을 하는 게 가장 편리할까? 스마트워치가 가져야 할 인터렉션 디자인 요소은?

정보 디자인적 관점
스마트워치에 표현되는 정보들은 어떤 체계와 흐름, 형태로 구성되는 것이 바람직한가?

서비스 디자인적 관점
스마트워치가 시장성을 지니려면? 스마트워치는 어떤 상황에서 어떻게 활용될 수 있을까?

그림 2.2-2. 이슈 제기 예시

위쪽 예시는 차량 내의 각종 디지털 표시장치에 대해 이슈를 제기한 예시다. HUD에서 컬러/그래픽 피델리티^{주: 얼마나 실제에 가깝게 구현하느냐를 의미}에 대한 이슈를 예로 들어보자. 너무 사실적인 그래픽이 앞 유리창에 뜨면 운전에 방해가 되고, 그렇다고 너무 단순화된 그래픽을 띄우는 것은 시대에 뒤떨어진다. 과연 어느 정도로 구현하는 게 가장 적합할까? 아래쪽 그림은 스마트워치 UX/UI 디자인에 대한 이슈 예시다.

이슈 제기의 목적

1. 서비스에 내재된 여러 가지 UX 문제를 '어떻게 해결/디자인하면 좋을까?'라는 관점에서 질문을 제기하는 것.

2. 여기서 제기한 이슈는 데스크/필드 리서치의 조사 항목이 된다.

3. 모든 이슈를 성공적으로 해결했을 때 최종 결과가 우리가 원하는 것일지를 고민한다.

2.2.4. 데스크 리서치

시장, 경쟁사, 트렌드, 기술과 관련된 이슈들을 조사하기 위해서 수행하는 활동을 데스크 리서치라고 부른다. 현장을 돌아다니면서 실제 사용자들을 만나러 다니는 필드 리서치와 대비시키기 위해 '책상에서 하는 작업'이라는 점에서 데스크 리서치라고 이름 지었다. 데스크 리서치는 디자인 리서치 활동 가운데 하나이며, 보통 다음과 같이 4가지로 구분한다.

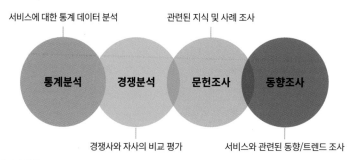

그림 2.2-3. 데스크 리서치 유형

리서치의 종류

모든 조사 활동은 '리서치'다. 숙제를 위해서든, 공공 업무를 위해서든 어떤 목표를 위해서 거기에 필요한 조사를 하는 활동은 리서치라고 할 수 있다.

이 중에서 기본적인 이론을 현장에 적용하여 검증하는 것을 응용연구(Applied Research)라고 하며, 그중 디자인 목적으로 진행하는 것이 디자인 리서치다.

실제 사용자를 대상으로 진행하는 리서치를 필드 리서치, 또는 사용자 리서치(User Research)라고 하며, 그중에서도 테스트 형태로 진행하는 것이 사용성 테스트(Usability Test)다.

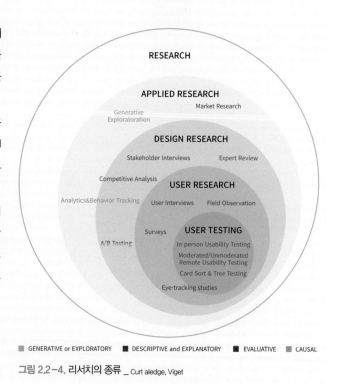

그림 2.2-4. 리서치의 종류 _ Curt aledge, Viget

통계분석

UX/UI 디자인에서의 통계분석은 사용자들이 웹이나 모바일 앱을 이용하면서 남기는 이용 로그 데이터를 가지고 진행한다. 이용 로그 데이터로 세션별 방문 수, 페이지뷰, 체류 시간, 이동 경로, 유입/유출경로를 파악할 수 있으며, 이를 가공하면 선호하는 메뉴/콘텐츠, 특정 화면까지의 이동 경로, 이동 경로별 서비스 이탈 비율 등을 추가로 알 수 있다.

User#	성별	나이	요금제	세션시작시간	세션#	소요단계수	마이비디오	그외	시청횟수	체류시간	체류시간(s)				
1	M	43	2	2015-07-17T20:07:19.000+09:00	1	61			1	0:23:17	1397		2,989		15,548
1	M	43	2	2015-07-18T17:56:52.000+09:00	2	12			1	0:13:40	820		6,366		10.77
1	M	43	2	2015-07-18T20:36:07.000+09:00	3	14			2	0:13:46	826		2,764		7.408
1	M	43	2	2015-07-19T22:33:20.000+09:00	4	8			1	0:18:36	1116		3.527		12.73
1	M	43	2	2015-07-20T07:06:49.000+09:00	5	15			2	0:13:30	810		4.746		9.041

그림 2.2-5. 이용 로그 데이터 원본

그림 2.2-6. 통계분석 결과 _ 구글

통계분석을 하면 서비스를 이용하는 사용자들의 행동을 더 세부적으로 파악할 수 있다. 위 예시에서 보듯이 사용자들이 서비스 이용 시 남기는 흔적은 이용 로그 데이터로 기록되는데, 위쪽 이미지와 같이 각 이동 경로별 서비스 이탈 비율(어디에서 앱을 종료하는지)을 알 수도 있고, 아래쪽과 같이 사용자들이 어느 경로를 통해서 특정화면으로 접근하는지도 알 수 있다.

> 통계분석은 사용자들이 서비스를 이용하는 행동을 파악할 수 있게 해준다. 주로 연속적인 이동 단계를 파악하며, 별도의 솔루션을 이용하면 단계별 구체적 행위를 파악하는 것도 가능하다. 그러나 통계분석은 사용자들이 왜 그렇게 행동하는지에 대한 이유를 알려주지는 못한다.

경쟁분석

경쟁분석은 UX 품질 측면에서 자사와 경쟁사의 수준을 상호 비교 분석하는 활동이다. 보통 자사 서비스의 UX 품질은 세밀하게 분석하고, 타사는 주요 장/단점만 참고하는 식으로 진행한다.

출/퇴근 경로 즐겨찾기 확인

- 출/퇴근 경로 등록 과정은 직관적인 편으로 어렵지 않았음. 복수의 경로를 비교해 볼 수 있는 것도 좋은 UX라고 판단됨
- 다만 적극적인 출/퇴근 경로 추천이 필요해 보임. agony, near future prediction. 예를 들어 비가 많이 내릴 경우, 예상되는 정체를 감안하여 조금 더 걸리더라도 버스 대신 지하철을 추천
- 또한 출/퇴근과 같은 반복적인 경로 이용 시 사용자가 중요시 여기는 대중교통 내 혼잡도 정보를 제공하는 것도 필요해 보임 (서울시 BIT 참조)

Transit_길찾기 상세

- 다수 Modal 비교를 타임 라인으로 표현하여 도착시간, 경유시간, 도보시간 등을 직관적으로 파악할 수 있음
- Modal의 분류 기준이 아닌, 짧은 시간 순으로 제공함으로써 직관성이 높음
- 그러나 시간 외에 노선명, 정류장명, 기타 부가정보는 표시하기 어려운 구조임

City mapper_길찾기 상세

- 버스, 지하철 이외의 수단을 상단에 간략하게 제공
- 추천경로, 더위 피하기, 버스만 이용, 지하철만 이용 등 카테고리로 제공함으로 선택 지가 많아 유용성은 높으나, 일부 사용자들에게 다소 혼란스러울 수 있음

- Transit과 같은 시간 기준 길 찾기 상세 정보는 다른 정보들을 표시하기 어렵게 만들어서 호불호가 명확하게 갈림
- 인터랙션의 도움이나 별도의 UX적인 장치 없이 UI 상에 다양한 정보를 나열할 경우, 유용성이 높아지는 만큼 이용 복잡도도 올라감 (trade-off)
- 교통 수단별 요약 정보를 제공하여 각 Modal간 비교를 먼저 하고 특정 교통 수단 내에서 구체적인 정보를 조회하도록 유도

그림 2.2-7. 경쟁분석 예시

사용성 평가는 경쟁분석에서 많이 활용하는 방법이다. 그러나 굳이 사용성에 한정하지 않고 UX 디자인 영역별로 어림 평가(Heuristic Evaluation)를 하거나 이슈별로 비교 분석하는 경우도 있다.

사용성 평가

사용성 평가는 정해진 사용성의 원칙을 가지고 진행하기 때문에 체계적으로 평가를 진행할 수 있다는 장점이 있다.

반면 프로젝트 이슈나 서비스 경험요소와 그다지 상관없는 부분까지 다룰 수 있고, 시간과 노력이 다소 많이 소요된다는 단점이 있다.

상품 상세

사용자가 선택한 옵션, 찜에 대한 시각적인 피드백이 없어 사용자가 기억해야 할 요소 증가,
사용자 편의 기능을 다방면으로 제공하지만 인지하기 어렵고 페이지 이탈 발생

E 유연성 > 대체성	F 정확성 > 오류발생감지성	G 의미성 > 이해가능성	H 효율성 > 단축성
[옵션 바에서 품절 상품 선택 시] [재입고 알림신청 취소 후]	[품절상품 바로주문 Tab후]	[장바구니]	
• 품절 상품 선택 시, 재입고 알림 신청 권유 pop up 열림 -> 취소 Tab시, 선택했던 품절상품이 옵션 선택창에 선택됨 -> 그 상태로 바로 주문 선택 시, 옵션을 선택하라는 pop up 열림 • 품절상품에 대한 2가지 대안을 제시하지만, 옵션바 내의 재입고 알림신청은 인지하기 미미함	• 품절된 상품을 선택 후 바로 주문 선택 시, pop up 제공하지만 해당 상품이 품절 상품임을 알리는 팝업이 아님 • 상세 옵션 선택 창에서 품절된 상품이라는 것을 인지하기 어려움 -> 해당 상품을 구매할 수 없다는 것을 인지하기 어려움	• 재입고 알림 신청 완료 후 장바구니 > 찜 목록으로 이동 • 상품상세에서 구매로 이어질 수 있는 flow에서 페이지 이탈 발생	• 다양한 옵션을 가진 상품의 경우 상품 상세 정보를 전면 팝업으로 제공하여 긴 세로 스크롤 방지

그림 2.2-8. 사용성 평가 예시

어림 평가(Heuristic Evaluation)

IA부터 GUI에 이르는 UX 디자인 영역별로 평가를 진행하기 때문에 프로젝트 이슈나 서비스의 특징적인 경험요소들을 반영할 수 있고, 평가 수위를 상황에 맞게 조절할 수 있으며, 정량적인 결과(점수)로도 산출이 가능하다는 장점이 있다.

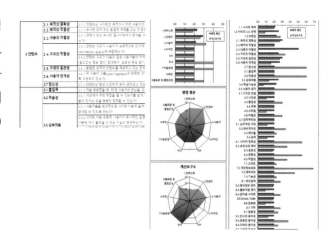

그림 2.2-9. 어림 평가 예시

반면 신뢰할 수 있는 전문가들을 참여시켜야 하고, 평가 양식을 만드는 데 많은 시간이 소요된다는 것이 단점이다. 한편, 평가 양식을 한 번 만들어 놓으면 주기적으로 이용할 수 있다는 장점도 있다.

이슈별 비교 분석

프로젝트 이슈에 따라서 보고 싶은 부분만 분석할 수 있는 방법이다. 분석 항목을 임의로 선택할 수 있으며, 형식이나 내용 조절이 자유롭다는 장점이 있다.

단점은 주로 정성적인 장/단점을 비교 분석하기 때문에 분석자의 능력에 많이 의존하고 근거를 명확하게 제시해야 한다는 점이다.

정보 디자인
- 다양한 화면에서 동일한 정보의 네이블, 위치, 표현 방식을 통일하여 기억에 의존하지 않고도 정보를 비교할 수 있도록 정보 재정의가 필요
- 많은 양의 정보를 노출할 경우, 사용자의 Flow 단계에 따라 꼭 필요한 정보를 정보의 속성에 맞는 형태로 노출하여 정보를 기억할 필요가 없도록 해야 함

예시

[메인 화면 > 차량 매물 상세 화면
> 성능·상태 점검 기록부]　[메인 화면 > 차량 매물 상세 화면 >
SK엔카 직영 진단결과]

분석내용

1. 동일한 차량에 대하여 제공되는 정보가 일관되지 않으며, 용어와 이미지 또한 일치하지 않아 기록부를 비교하여 볼 때 사용자의 기억에 의존해야 하며, 혼란을 야기할 수 있음
2. Bold 처리된(선택) 영역이 많아질 경우 이미지로 정확하게 파악하기 힘들며, 상·하 영역에 출력되는 정보를 사용자가 계속해서 파악해야 하는 불편함이 있음

Good IS

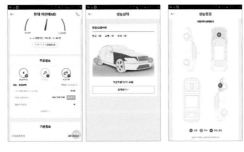

1. 각 단계별로 정보의 Depth를 달리 제공
2. 3D 형태의 정보 제공
3. 상세 정보 제공
   → 정보의 양과 형태가 다르기 때문에 정보를 기억하기보다는 필요한 정보를 취사선택해서 확인할 수 있음

[KB 차차차]

그림 2.2-10. 이슈별 비교 분석 예시

문헌조사

UX/UI 프로젝트에서는 서비스와 관련된 지식이나 사례를 조사해야 할 때가 있다. 디자인 영역이 아닌, 서비스 내용과 가까운 조사가 이루어지는 것이다. 지식은 해당 산업의 비즈니스적인 특성이나 당면한 이슈, 사회경제적 현안 등을 다룰 때도 있지만, 대부분의 경우에는 기술과 관련된 문헌들을 조사한다.

언어학과 관련된 문헌 연구	타사 제품 분석	기존 VUI 문헌 연구

| | Q보이스 | 에코 | 코타나 | 뷰앵스 | 시리 | | |

그림 2.2-11. 문헌조사 예시

위 예시는 '음성인식 스피커' 프로젝트 진행 시 라이트브레인에서 수행했던 문헌조사를 보여준다. 이 프로젝트를 진행했던 2015년 당시는 아마존 에코를 제외하고는 아직 '음성인식 스피커'라는 것이 대중화되기 전이었으므로 스마트폰 음성비서를 제외하고는 참조할 만한 게 없었다. 그 때문에 언어학을 조사하고, 콜센터 자동응답기를 기준으로 쓰인 책이나 논문들도 살펴봤다.

그 결과 점차 '음성인식'의 UX에 다가갈 수 있었다. 다음은 문헌조사를 통한 내부 논의 과정의 하나이며, 이 내용은 후에 구체적인 음성인식 UX[주: VUX(Voice User Experience)라고 한다.]로 발전했다.

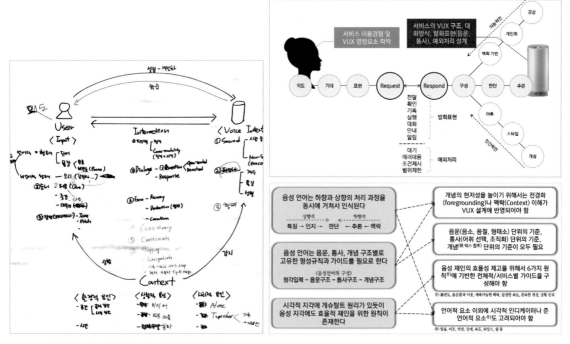

그림 2.2-12. 음성인식 UX를 위한 문헌조사 결과

사례 분석은 서비스와 관련된 특허, 논문, 기술 요소 등을 찾는 작업을 말한다. SF 영화에 나온 미래 생활 환경이나 UI, 인터랙션 방식을 참고하는 방법도 있다. ^{주: 이를 Diegetic Prototyping이라고 한다.}

제목	Google Translate	Woebot	Samsung Simband를 이용한 감정 인식
대표 이미지			
소개	해당 언어에 대한 학습을 별도로 하지 않아도, 다른 언어 간 연결점을 이용해 번역이 가능함. 예를 들어, A-B, A-C 번역이 가능하면 B-C 번역이 가능함	페이스북 메신저를 통해 인터랙티브한 인지행동치료를 교육하고 진행함으로써 우울한 사람들을 도움	문자 내역과 대화 톤(음정/음 높이/음 강도), 심박 수, 혈압, 혈류 등의 신체 신호를 활용하여 감정 파악
관련 기술	언어이해 기술(자연어 처리, 음성처리, 자동통번역), 학습 및 추론 기술(지식베이스)	언어이해 기술(자연어 처리, 질의응답, 음성처리), 상황이해 기술(감정이해)	상황이해 기술(감정이해)
착안점	증폭 AI 기술이 발달하며, 새로운 학습을 하지 않아도, 기존 학습을 통해 새로운 언어의 번역 서비스를 제공할 수 있게 됨. 이러한 학습 방식은 사람의 학습 방식과 많이 닮아있어 발전 가능성이 높으며, 이를 통해 빅스비 번역 서비스 외에도 사용자에게 필요한 전문 지식 서비스(의학, 약학 등)를 제공할 수 있을 것임	증폭 음성대화 방식으로 더 실제적인 인지행동치료를 시행할 수 있어 약간의 우울감을 가진 사람들에게 도움이 될 수 있음. 현재 삼성 헬스가 제공하고 있는 신체건강 케어와 기본적인 스트레스 측정 외에 정신건강 관리 측면으로까지 헬스케어 서비스를 넓힐 수 있음. 특히 Hearable Device의 경우 즉각적인 음성 피드백이 가능하므로 효과가 더 클 것으로 예상됨	확장 증폭 Wrist Wearable 형태보다 생체 데이터 외에 음성 데이터의 수집이 더 원활한 Hearable Device/Clip Accessory 형태가 목소리 톤을 이용한 감정 인지가 더 수월할 것이며, Hearable Device의 경우 즉각적인 피드백이 가능하여 사용자의 감정 케어에 도움을 줄 수 있음

Total Recall(1990)

IoT 역할	가전기기 작동의 자동화
제어방식	디스플레이 터치 조작 및 음성입력을 통해 가전 기기 제어 및 자동화(온도, 냉장고 식재료 관리)
외부제어	차량 내 제어 가능

Equals(2015)

IoT 역할	집안 환경 관리
제어방식	정해진 시간, 거주자의 일상에 따라 가구 배치 자동 변경
외부제어	사용자 직접 제어 지원하지 않음(관리자 중앙통제)

A Day Made of Glass(2011)

IoT 역할	생활 편의 및 구성원 간의 커뮤니케이션 보조 도구
제어방식	가전기기의 외부를 디스플레이로 활용, 터치 인터랙션을 통해 조작
외부제어	모바일 기기를 이용한 정보 전송(공유) 및 스위치 제어

그림 2.2-13. 사례 분석 예시

동향조사

동향조사는 두 가지가 있다. 첫 번째는 디자인 영역에 대해 경쟁사나 시장의 동향을 조사하는 활동을 말한다. 다음은 라이트브레인이 매해 1~2차례 발간하는 UX Discovery 중 '2020 UX/UI Trend' 내용의 일부다. 최근의 모바일 검색 방법으로 사진을 직접 찍어서 검색하는 'Visual Search'가 뜨고 있다는 내용과 넷플릭스의 새로운 AI 추천 방법을 소개하고 있다.

텍스트는 필요 없다. Visual Search

RightBrain

Visual Search가 하나의 경험으로 유행되기 시작한 데에는 Pinterest의 공이 컸다. Pinterest는 사진을 불러오면 유사한 아이템을 찾아주었다. 그러다가 AI 시각 인식 기술의 발달과 더불어 Naver나 Google과 같은 포털 업체들이 Visual Search만을 전문적으로 수행하는 서비스를 선보이기 시작했다. Naver 스마트 렌즈, Google Lens가 그것이다. Microsoft의 Bing은 Visual Search를 통해서 관련된 Skill들을 연결해 준다. 개를 잘 키우거나 화분을 관리하는 방법, 저렴하게 항공권을 구매하는 방법 등이 그 예이다.

Pinterest Lens
유사한 상품 이미지를 찾아준다

Google Lens
카메라를 갖다 대면 곧바로 검색이 된다

Bing Visual Search
사진을 통해서 사용자의 의도를 파악한 다음, skill로 연결해 준다

SOURCE : YOAST

사용자 취향에 따라 다른 썸네일을 노출하는 Netflix 콘텐츠 추천

RightBrain

넷플릭스 UX 팀의 조사에 따르면, 사용자들이 무엇을 볼 것인지 결정할 때 썸네일이 가장 큰 영향을 미치며, 검색하는 동안 그들 집중력의 82% 이상을 이미지가 차지한다고 밝혀졌다. 이를 근거로 넷플릭스는 AI, Data Science와 머신러닝을 활용해 누구에게 어떤 썸네일을 제공해야 할지 선별하여 제공한다.
사용자가 로맨스를 좋아하는 사람인지, 액션을 좋아하는 사람인지 또는 특정 배우의 팬인지에 따라 다른 썸네일을 노출하는 것이다. 넷플릭스가 추천해주는 콘텐츠가
유독 내 취향과 잘 맞는다고 느낀 사용자들은 괜히 그렇게 느낀 것이 아닐지도 모른다.

Data Source
-1시간 짜리 에피소드당 86,000개의 정지된 이미지 프레임
-영화시청 횟수, 시청 시간, 끝까지 본 시리즈, 추천, 좋아요 등

AI 알고리즘 모델
-AVA(Aesthetic Visual Analysis): 좋은 퀄리티의 이미지 선별
-T-SNE Plot: 1-10까지 각 장르, 배우, 영화주제 등이 맵핑된 숫자 카드를 넷플릭스가 레이블링한 사용자 프로파일과 맵핑

개인화된 썸네일
-호러물을 좋아하는 사용자, 로맨스물을 좋아하는 사용자 등 사용자의 취향에 따라 맵핑된 다른 썸네일 이미지를 선별해서 노출

SOURCE : NETFLIX, MEDIUM, SLIDESHARE

그림 2.2-14. 라이트브레인 발간 UX Discovery 8호 내용주: 라이트브레인 홈페이지에 들어가면 누구나 내려받을 수 있다.

동향조사는 조사 대상을 굳이 경쟁사로 한정 짓지 않는다는 특징이 있다. 최근의 모바일 GUI 디자인 트렌드, 검색 트렌드 등과 같이 디자인 영역에 초점을 맞춰서 참고할 만한 내용을 찾는 것이다.

두 번째 동향조사 방법은 사회적 트렌드를 조사하는 것이다. 특히 서비스가 특정 세대를 대상으로 하거나 사회적 트렌드와 민감하게 반응하는 경우에는 사회적 트렌드를 조사하는 것이 매우 중요하다.

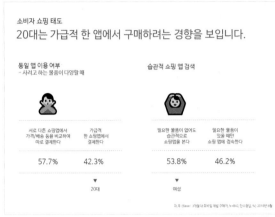

다양한 카테고리 구매 40대
vs 단순한 쇼핑 가능 20대

소비자 쇼핑 태도
20대는 가급적 한 앱에서 구매하려는 경향을 보입니다.

동일 앱 이용 여부
- 사려고 하는 물품이 다양할 때

습관적 쇼핑 앱 검색

서로 다른 쇼핑앱에서 가격/배송 등을 비교하여 따로 결제한다	가급적 한 쇼핑앱에서 결제한다	필요한 물품이 없어도 습관적으로 쇼핑앱을 본다	필요한 물품이 있을 때만 쇼핑 앱에 접속한다
57.7%	42.3%	53.8%	46.2%

▼ 20대   ▼ 여성

자: 유오 (Base : 3개월 내 모바일 채널 구매자, N=842, 단수응답 %, %신) 2018년 8월

직접 보고 만져봐야
vs 어디서든 편하고 싸게 (가성비 & 가심비)

온라인이 오프라인을 따라잡을 수 있을까요?
오프라인과 온라인, 각각 존재의 이유가 명확합니다.

오프라인 구매 이유		온라인 (모바일 포함) 구매 이유	
상품을 직접 확인할 수 있어서	72.7%	편리해서 (언제어디서나 구매)	54.5%
배송/운반이 빨라서/편리해서	27.0%	가격/가치가 좋아서	51.2%
편리해서	25.0%	결제가 편리해서	24.9%
쇼핑 경험이 좋아서	18.7%	배송이 빨라서/편리해서	23.6%
상품 구성이 좋아서	8.9%	멤버십 혜택이 좋아서	15.2%
고객서비스가 좋아서	8.8%	쇼핑 경험이 좋아서	11.6%

자: 유오 (Base : 3개월내 오프라인 채널 구매자, N=851, 복수응답 %, %신) 2018년 8월
(Base : 3개월 내 모바일 채널 구매자, N=843, 복수응답 %, %신) 2018년 8월

'소확행(작지만 확실한 행복)'이 소비 트렌드로 떠오르면서 '셀프 네일' 제품이 인기

네일샵 : 기본 2만원 ~ 디자인에 따라 20만원까지
셀프 네일 세트 : 평균 8만원 선

Soucre : 머니투데이

"네일 스티커 가격이 대부분 1만원 미만" 이라며 "일상에서 적은 돈과 시간을 들여 네일샵에서 관리받은 것 같은 만족감을 얻을 수 있어 '셀프 네일'이 트렌드로 자리잡았다"

'가심비(가격대비 만족)'로 인해 저렴한 가격으로 자신이 원하는 스타일로 직접 꾸미려는 경향

Soucre : 버즈니

"불황이 계속되면서 3만~5만원이 드는 네일샵을 찾기보다 네일 셀프 제품을 구매해 자신이 원하는 스타일로 직접 꾸미려는 여성이 늘고 있다"면서 "손재주가 없는 사람도 혼자서 전문가 수준의 네일아트를 꾸밀 수 있다"

'셀피(Selfie) 세대의 '나만의' 특별함을 충족시켜주길 원하는 욕구가 미용 제품과 서비스를 변화

Source : Brunch

SNS에 셀피족이 늘어나면서 손 모양을 부각시킨 사진이 인기를 끌었고, 악세서리의 중요성도 높아졌다. 차별성으로 포지셔닝 한 다양한 셀피 액세서리들이 판매되고 있고, 네일아트 또한 디테일한 하나의 액세서리로서 소비되고 있다.

소확행, 가심비, 셀피로 인해 셀프 네일은 더 저렴하고, 더 개성을 살릴 수 있고, 더 빠르게 트렌드를 반영할 수 있는 형태로 변화되고 있음

그림 2.2-15. 사회적 트렌드 조사

사회적 트렌드 조사는 특정 서비스 군으로 한정되는 경우도 있고, 전체적인 사회적 변화나 특정 세대층의 문화적인 동향을 겨냥해서 조사할 때도 있다.

요즘 가장 관심을 끄는 것은 Z세대에 대해 분석하는 것이다. Z세대는 그 이전 세대인 밀레니얼 세대와 비슷하면서도 다른 면이 많다. 밀레니얼 세대가 오프라인보다 온라인을 선호하는 디지털 원주민(Digital

Native)이라고 불린다면, Z세대는 아예 온/오프라인 경계가 모호한 포노사피엔스라고 불린다. 가치 기준이 다면적이고 SNS 채널마다 다른 모습을 보이며, 유튜브나 틱톡, 라인을 통해서 전 세계와 소통하는 파워 신인류라고 불린다.

2.2.5. 필드 리서치

불과 10년 전만 해도 기업의 IT 담당 임원들에게 '왜 필드 리서치를 해야 하는가?'를 열심히 부르짖어야만 하는 때가 있었다. 최근에는 오히려 '필드 리서치를 어떻게 할지 알려달라'는 얘기를 자주 듣는다. 그만큼 UX/UI 프로젝트에서 필드 리서치가 중요하다는 점을 인식하고 있는 것으로 보인다.

필드 리서치는 제기된 이슈들에 대해서 실제 사용자들의 경험을 UX 경험요소 단위로 파악하는 작업이라고 할 수 있다. 데스크 리서치를 통해서 아직 해결되지 못한 이슈들은 설문조사, 심층 인터뷰, 관찰조사 등을 통해서 파악하고 그 결과가 이슈에 대한 해답인 키파인딩으로 연결된다.

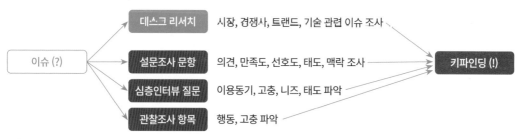

그림 2.2-16. 필드 리서치와 전후 활동 간의 관계

좋은 키파인딩을 얻기 위해서는 필드 리서치가 잘 진행돼야 한다. 이미 알고 있던 뻔한 사실만 확인할 거라면 굳이 필드 리서치를 할 필요가 없지 않는가? 그러기 위해서 명심해야 할 것은 사용자의 경험을 공감하는 것이다. 진심으로 그들 입장에서 서비스를 바라봐야 한다.

> **UX/UI 디자인의 목적은 '리서치'가 아닌 '디자인'**
>
> UX/UI 디자인의 목적은 당연히 좋은 디자인에 있다. 우리는 '좋은 디자인 = 좋은 UX'라고 믿고 있을 뿐이다. 디자인 리서치는 학문을 위한 리서치나 조사 자체가 목적인 리서치와는 달라야 한다. UX가 전 세계적으로 붐을 일으키면서 우후죽순처럼 UX 리서치 업체가 생겨나고 있는데, 디자인적인 고민을 담지 않은 리서치는 공감 능력이 떨어질 수밖에 없다. 따라서 실제 UX/UI를 디자인할 사람이 리서치도 진행하는 것이 가장 좋다.

필드 리서치는 제기된 이슈를 가지고 '누구(Who)를 만나서 어떤 방식(How)을 사용해 언제까지(When) 관련된 사용자경험(What)을 수집할지'를 계획하고 실행하는 것을 말한다.

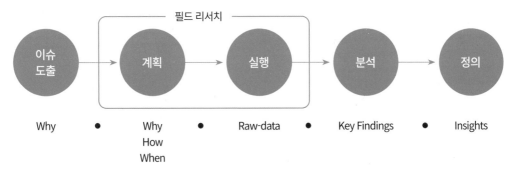

그림 2.2-17. 필드 리서치와 그 전후의 진행 절차

필드 리서치의 계획, 실행 활동에 대해 하나씩 살펴보자.

필드 리서치 계획

좋은 질문이 좋은 답변을 얻는다는 말이 있다. 이것은 필드 리서치에서도 마찬가지다. '뭐가 불편하세요?', '어떤 것을 고치면 좋을까요?'와 같은 피상적인 질문은 '글쎄요, 생각해본 적이 없어서, 그냥 편리하게 해주세요'와 같은 뻔한 대답을 얻을 뿐이다. 앞에서 제기한 이슈에 대해서 실제 사용자들의 경험(맥락, 동기, 행동, 고충, 니즈, 태도)을 수집할 수 있는 구체적인 계획을 수립해야 한다.

필드 리서치는 대상자 선정, 진행 방식 정의, 내용 설계, 리쿠르팅 및 일정 계획 순으로 전개된다.

표 2.2-1. 필드 리서치 계획 단계의 진행 절차

1. 리서치 대상자 선정 WHO	2. 리서치 진행 방식 정의 HOW	3. 리서치 내용 설계 HOW	4. 리쿠르팅 및 일정 계획 WHEN
• 사용자 분류 기준 정의 • 사용자 표본 선정 • 참여자 선정	• 필드리서치 기법 정의 • 진행 방식 계획 • 사전 서베이 실시	• 이슈 리스트 협의 • 구체적인 질의 내용 설계 • 필드리서치 가이드 작성	• 필드리서치 참여 요청 • 필드리서치 진행 방식 설명 • 구체적인 대상자 선정 • 필드리서치 일정 계획
1~2일	1~2일	4~5일	7~10일
• 사용자 분류 테이블	• 진행 시 필요한 여러 가지 보조도구	• 리서치 질의 내용 • 필드리서치 가이드	• 리서치 계획서 • 필드리서치 참여 요청서 • 필드리서치 사전 교육자료

먼저 대상자를 선정하는 것으로부터 시작된다. 대상자 선정이 먼저 진행되는 이유는 실제 사용자를 찾는 데(리쿠르팅) 시간이 많이 소요되기 때문이기도 하고, 선정된 대상자에 따라 리서치 진행 방식이나 내용이 달라질 수 있기 때문이다.

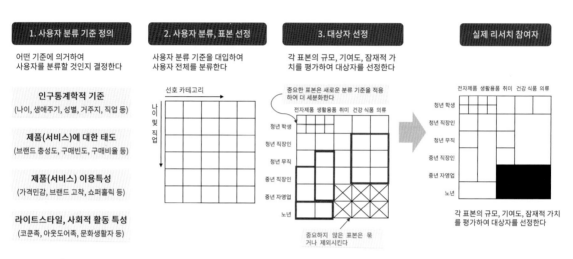

그림 2.2-18. 필드 리서치와 참여자 선정 방법

위 예시를 보면 여러 가지 사용자 분류 기준 중에 '나이 및 직업'과 '선호하는 쇼핑 카테고리'로 사용자를 분류했다. 분류하면 여러 개의 표본이 만들어지는데, 그중에서 중요한 표본은 더 나누고, 중요하지 않은 표본을 묶거나 제외하고 나니 마지막에 보는 것과 같은 리서치 대상자 선정 결과가 나왔다. 리서치 대상자 선정은 꽤 까다로운 일이며, 리서치 결과의 신뢰도를 가르는 중요한 작업이기도 하다.

리서치 대상자를 선정했다면 실제 사용자를 찾기 위해서 리쿠르팅을 시작한다. 예를 들어 '전자제품을 좋아하는 청년 직장인'이 대상자 중 하나라면 실제 그런 사람을 찾아야 하는 것이다.

대상자 선정 다음에는 사용자를 대상으로 어떻게 경험을 수집할 것인지 진행 방식을 정해야 한다.

사용자들을 1:1로 대면해서 심층 인터뷰(In-depth Interview)를 하거나 서비스 이용 과정을 지켜보는 관찰조사(Observation), 서비스의 메뉴나 주요 기능을 카드로 제시하고 사용자가 직접 분류하게 해보는 카드소팅(Card Sorting)이 가장 중요한 진행 방식이라고 할 수 있다.

필드 리서치에는 설문조사나 표적그룹인터뷰(FGI)도 포함되지만, 이 둘은 보조적인 도움은 받을 수 있어도 구체적이며 심층적인 UX를 조사하는 데는 터무니없이 부족하다. 방법이 쉬운 만큼 얻을 수 있는 것도 한계가 있다. 의견이나 전체적인 서비스 만족도를 파악하는 데는 나름대로 유용하지만, 구체적으로 어떻게 사용하고, 왜 그런 행동을 보이는지를 심층적으로 파악하기 위해서는 의견이나 만족도가 아닌, 경험을 수집할 방법을 동원해야 한다.

이를 위한 필드 리서치 기법은 수십 가지가 넘는다. 크게 현 서비스 평가용 기법, 콘셉트 만들기용 기법, 선행연구용 기법이 있는데, 대부분 심리학이나 사회 과학, 문화인류학의 조사방법론들을 응용해서 만든 것들이다.

기법 자체가 중요한 것은 아니지만, 사용자들의 일상생활이 전보다 더 디지털에 편중된 요즘에는 그에 맞는 새로운 리서치 기법이 나오고 있다. 빅데이터 분석이나 AI를 활용하는 리서치 기법도 있다. 1년에 대소 2~30여 차례의 필드 리서치를 수행하는 글쓴이의 회사도 아직 못해 본 기법이 있을 정도다.

현 서비스 평가	콘셉트 만들기	선행 연구
Cognitive Mapping	Card Sorting	Critical Incident Technique
A/B Test	Design Charette	Crowdsourcing
Artifact Analysis	Experience Prototyping	Cultural Probes
Remote Research	Flexible Modeling	Ethnography
Cognitive Walkthough	Generative Research	Diary Studies
Desirability Testing	Collage	Directed Storytelling
Time-aware Research	Design the Box	Experience Sampling
Usability Testing	Role Playing	Fly-on-the-Wall Observation
Guided Tour	Simulation Exercises	Graffiti Walls
	Speed Dating	Laddering
	Triangulation	Personal Inventories
	Word-Concept Association	Semantic Differential
	UnFocus Group Interview	Shadowing
	Extreme User Interview	Triading
	Social Network Mapping	Long-range Forecast
		Wizard of Oz

그림 2.2-19. 필드 리서치 기법들

아무리 최신 기법이 등장했다고 하더라도 앞서 말한 3가지 기본 진행 방식인 심층 인터뷰, 관찰조사, 카드소팅이 제일 중요하고 많이 활용된다.

오즈의 마법사(Wizard of Oz) 기법

가짜 제품/서비스를 가지고 사용자에게 진짜처럼 속인 다음 사용자가 어떻게 반응하는지를 관찰하는 기법. 주로 선행연구에 쓰인다.

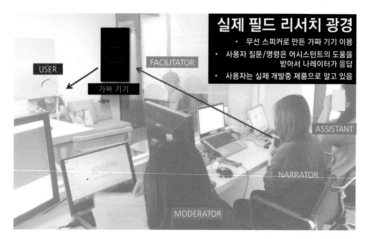

그림 2.2-20. 오즈의 마법사를 활용한 필드 리서치 장면

서비스 이미지 조사 기법

서비스 이미지를 구성하는 여러 기준을 제시하고 사용자에게 해당 서비스와 경쟁 서비스들의 이미지를 조사하는 기법.

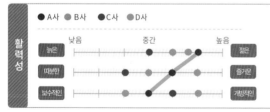

- D사가 갖는 젊다는 이미지는 최근 진행중인 광고와 연결돼서 연상된다.
- 밴드라는 단어에서 즐겁고 빠르고 젊은 느낌이 있음
- 젊다는 것과 반대로 따분하다, 올드하다는 의견(특히 경쟁사 고객)
- 아주 나쁘지도 않고 좋지도 않고 평범함
- 경쾌하고 무겁지 않다는 이미지도 강함
- 다른 경쟁사들에 비해서 활력성은 있는 편이나 개방성은 떨어짐

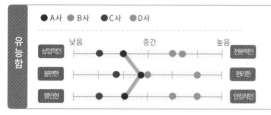

- 공격적인 마케팅 때문에 상업적으로 느껴짐
- 브랜드 명이 상업적이고, 오래된 느낌
- 유능한 면에 있어서 A사에 대한 이미지는 평균보다 뒤떨어진다는 의견이 대체적으로 많았음
- 경쟁사인 C사보다는 나은 편이지만, B사에 비해서는 전문성이나 다양성, 안정성 면에서 뒤쳐진다는 이미지를 줌

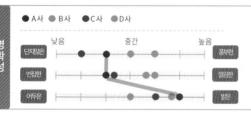

- 부가적으로 해야 할 게 많아서 번잡하다는 이미지가 있다
- 자주 바뀌는 것 같고 고정적으로 가는 느낌이 없음
- 너무 많은 정보를 주려고 하기 때문에 복잡하게 느껴짐
- 밝다, 발랄하다는 이미지만은 다른 경쟁사에 비해 압도적으로 높은 응답을 보였음
- 그러나 복잡하고 어렵다는 이미지는 극복해야 할 과제로 보임

그림 2.2-21. 서비스 이미지 조사 예시

리서치 대상자와 진행 방식이 정해진 다음에는 실제 사용자들에게 물어보거나 확인할 리서치 내용 설계가 필요하다. 구체적인 질문 리스트를 만드는 경우도 있지만, 더 좋은 것은 이슈 영역별로 어떤 것을 조사할지 조사포인트를 작성하는 것이 더 효과적이다. 실제 리서치 시에는 여러 가지 변수가 발생할 수 있기 때문에 지나치게 상세한 질문보다는 대략적인 조사포인트가 오히려 도움이 될 수 있기 때문이다.

이슈	세부이유	질문
컨디션체크	– 신체적/정신적 피로도 느끼는 상황 및 대처 방법 – 자신의 신체적 / 정신적 피로도를 표현 or 숨김	회사에서 신체적 피로도를 언제 느끼시나요? 신체적 피로를 느끼신다면 대처방법은 무엇인가요? 회사에서 정신적 스트레스를 언제 느끼시나요? 정신적 스트레스를 어떻게 극복하시나요? 자신의 신체적/감정적 컨디션을 다른사람에게 겉으로 표현하고 싶으신가요?, 혹은 숨기고 싶으신가요?
업무 스케줄	– 출근 직후 업무에 들어갈 때까지의 행동 – 출근 후 드는 생각 – 업무 효율을 위한 스마트기기/소프트웨어 활용 여부 – 스케줄 기록 방법 – 스케줄에 차질이 생겼을 때 대처행동 – 다시 스케줄을 짤 때 하는 태도/행동	**Cognitive Maps** – 출근을 한 직후부터 일을 본격적으로 시작할때 까지의 구체적인 행동을 그려주세요. (예: 메신저 접속 – 이메일 확인– 주간회의록 작성) **Five whys** – 출근을 했을 때 어떤 생각을 하시나요? 혹은 어떻게 하루가 진행됐으면 좋겠나요? (예: 오늘은 몇시까지 ~를 끝내겠다 등.) – 업무 효율을 위해 사용하는 스마트기기(pc, 모바일 등)의 소프트웨어가 있으신가요? – 사용하신다면 보통 어느 상황에서, 어떻게 사용하시나요? – 스케줄을 어떻게 기록하시나요? (수첩에 직접 기록, 메모장, 엑셀 등) – 스케줄을 빠뜨리신적이 있나요? 있다면 왜 빠뜨린 것 같나요? (예: 적어놔야지 하고 깜빡함) – 스케줄에 차질이 생겼을 때 어떻게 하시나요? **Cognitive Maps** – 리스케줄링을 하신다면 어떤 방법으로 하시나요? 구체적인 과정/방법을 설명해주십시오. (예: 수첩에 볼펜으로 여러번 그어서 수정, 상사와 협의 등)
업무 컨펌	업무 컨펌 방법과 이유 – 컨펌이 늦어질 때 태도/행동 – 업무 우선순위 판단 방법 – 바쁜 상황에서 추가업무요청이 들어올 때 태도/행동 – 커뮤니케이션 협업 툴? – 현재 이용하는 협업툴에 대한 장/단점 – 커뮤니케이션시 발생하는 문제점/태도/행동 – 문제 대처 방법과 행동	업무 컨펌 시 주로 이용하는 방법이 무엇이 있나요? (예: 대면, 메신저, 카카오톡,전화 등) – 가장 선호하는 방법이 있으신가요? 이유는 무엇인가요? – 업무 컨펌이 늦어질 때는 어떻게 하시나요? 대처 행동은? (예: 상사에게 바로 요구, 기다림, 다른 일부터 처리 등) – 업무의 우선순위를 어떻게 판단하시나요? (예: 상사에게 질문, 스스로 판단 등) – 바쁜 스케줄인데도 불구하고 추가 업무 요청을 받을 때 어떻게 대처하시나요? (예: 자신의 의견 표현, 그냥 묵묵히 수행함 등) ◆ 다른 부서와의 커뮤니케이션 시 – 커뮤니케이션 시 사용하는 협업툴이 있으신가요? 장단점? (예: 잔디, 트렐로) – 커뮤니케이션 시 발생하는 문제점이 무엇인가요? (예: 작업이 까다로운 업무인데, 10분만에 완성될 것이라고 생각한다.) – 문제가 있다면 어떻게 해결하시나요? (예: 서로의 업무 과정에 대해 잘 모른다.)

그림 2.2-22. 구체적인 질문으로 작성한 리서치 내용 _ 라이트브레인 UX 아카데미 6기 CERA조

구분	이슈	조사포인트
영화 상세 정보 탐색	• 현재 메가박스 앱은 영화 관련 정보들 간의 위계에 따른 적절한 배치와 표현방법을 사용하고 있는가? 영화 예매 전 사용자가 관심있어할 만한 가장 주요한 정보들은 무엇인가?	• 영화 상세정보 탐색 단계에서, 사용자가 주요하게 보는 영화 상세 정보들은(예매율, 평점, 한줄평, 감독/출연자, 줄거리 등) 간의 우선순위는?
		• 줄거리, 누적관객수, 감독/출연자, 스틸컷, 예고편, 리뷰, 예매율, 평점 등 영화정보 내용이 가독성 좋게 구성되어 있는가?
	• 영화 관객수 등의 정보 제공이 사용자에게 신뢰를 줄 수 있을까?	• 현재 누적관객수, 일별 관객 수, 성별분포도, 연령별 분포도의 정보가 신뢰도를 주는지? 그렇지 않다면 신뢰도를 높여주는 기준은 무엇일지?
	• 영화 예매 전 평점과 한줄평은 사용자들의 영화 선택에 얼마나 많은 영향을 미치고 있는가? 영화 선택에 도움이 되는 다른 사전 정보나 더 나은 정보 제공방식은 없을까?	• 평점/한줄평의 척도가 예매에 영향을 미치는 이유와 원인
		• 영화 선택시 평점/한줄평이 영화선택에 어떠한 영향을 미치는가?
		• 영화 예매시 평점/한줄평에 영향을 많이 받는 사용자-> 주로 확인하는 사항은? 어떤 기준으로 영화 예매를 할지 안할지 정하는지와 그 이유
영화관별 상영 시간대 선택	• 마케팅 정보, 연령제한 안내가 제공되는 시점이 적절한가? 적절하지 않다면 언제 어떻게 제공하는 것이 좋을까? 그리고 팝업의 형태가 가장 적절한 방법인가?	• 연령제한 안내 팝업을 자세히 보는지 유무. 해당정보가 그 시점에 제공되어 유용한지?
		• 광고(마케팅)제공 팝업을 자세히 보는지 유무. 해당 정보가 그 시점에 제공되어 유용한지?
	• 위치, 교통, 주차 등 장소와 관련된 부가정보는 영화관 예매에 있어 얼마만큼 영향을 주는가? 해당 정보는 언제 사용자에게 제공하는 것이 적절할까?	• 위치, 교통, 주차 등의 부가 정보는 각각 예매 플로우 중 언제(시점)확인하는지?
		• 위치, 교통, 주차정보를 보통 어느 플랫폼에서 확인하는지?
		• 어떤 형태로, 어느 영역에 제공되길 바라는지? (ex. 주차권-> 영화 예매 내역에 함
인원/좌석 선택	• 정보(info)와 버튼(button)이 혼동되지 않기 위한 UI구성 방법은?	• 인원선택 후 좌석선택 화면으로 진입하여 선택 중 인원 변경 가능함을 쉽게 인지 가능한지? 아니라면, 그 이유와 어떤 UI를 기대하는지
	• 좌석 선택시 사용자가 고려하는점은 무엇일까?	• 어떤 상황에서 선택하는 좌석이 달라지는가?
	• 좌석 선택 시 어느 좌석에 앉을지 고민하는 시간을 줄여주고 원하는 좌석선택 실패를 방지하는 방안은 무엇인가?	• 예매 후 영화관 실제 방문시 생각했던 좌석환경과 달랐던 경험이 있는지? 그 이유는 무엇인지.
		• 좌석선택시 사용자가 필요한 유용한 정보는 무엇인지?

그림 2.2-23. 이슈와 조사포인트 위주로 작성한 리서치 내용 _ 라이트브레인 UX 아카데미 10기 메가박스조

필드 리서치 실행

심층 인터뷰는 필드 리서치에서 가장 많이 하는 활동으로 사용자의 경험을 면밀하게 파악하기 위해서 리서치 대상자들을 개별적으로 만나서 질문과 답변을 주고받는 방법이다. 처음에는 열려 있는 질문(Open question)으로 시작해서 점차 구체적이고 세부적인 질문(Closed question)으로 나아가는 것이 좋다.

심층 인터뷰는 보통 50분가량 진행되는데, 처음 5분은 잡담을 통해서 친밀한 관계(Rapport)를 어느 정도 형성한 다음 Q&A를 진행한다. 처음 만나는 사람에게 매끄럽게 자신의 경험을 전달할 수 있는 사람은 많지 않다. 대부분의 리서치 참여자들은 모르는 사람과의 분위기를 서먹해하고 괜히 잘못 말하면 어떡하지 하는 걱정도 하기 마련이다. 진행자는 이 점을 잘 이해하여 처음 얼마간은 답변이 늦게 나오더라도 인내심을 갖고 기다려주고, 사용자가 하는 이야기를 귀담아들으면서 '말씀 잘하시네요'와 같은 가벼운 칭찬이나 '저런. 그런 일이 있으셨군요'와 같이 공감을 표시한다. 그렇게 10여 분이 지나면 점차 본격적인 이야기가 나오기 시작하는데, 이때부터는 인터뷰의 주도권이 사용자에게 있다는 인상을 심어 주면서 템포를 점점 빠르게 가져가는 것이 좋다.

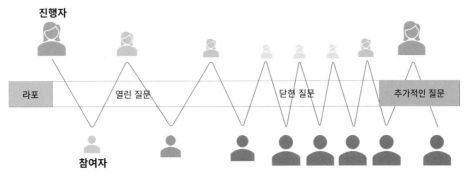

그림 2.2-24. 심층 인터뷰 진행 패턴

열린 질문에서 닫힌 질문으로 넘어가는 것은 대부분의 사람이 그러한 사고방식에 익숙하기 때문이다. 세부적인 것을 먼저 생각했다가 큰 그림으로 나아가는 것은 무척 어려운 일이다.

열린 질문
- 전체적인 만족도
- 서비스에 대한 태도
- 서비스에 갖는 가치
- 주요 이용 동기
- 주요 이용 맥락
- 본인의 특성

닫힌 질문
- 구체적인 행동
- 니즈/문제점
- 판단, 비교 평가
- 세부 이슈별 Q&A
- 세부 경험요소별 Q&A

그림 2.2-25. 열린 질문에서 닫힌 질문으로 전개

심층 인터뷰에서 가장 중요한 것은 5 Whys라고 불리는 재질문 기법과 생각하게 만드는 질문(Thick question)을 던지는 것이다. 글쓴이가 20여 년 동안 이 일을 해오면서 느끼는 것이지만, 이 둘보다 더 중요한 인터뷰 기법은 없는 것 같다. 필드 리서치뿐만 아니라 비즈니스 인터뷰 어디에서나 활용될 수 있다.

5 Whys는 리서치 참여자들이 간단한 답변이나 의견, 느낌, 만족도를 이야기했을 때 왜 그렇게 얘기했는지를 연속해서 물어봄으로써 근본적인 사용자 니즈나 태도를 밝히는 기법이다. 무조건 '왜요?'라고 물어보기보다는 다음과 같은 유형을 참고하여 어떤 유형의 '왜요?'를 물어보는 게 좋을지 판단하기 바란다.

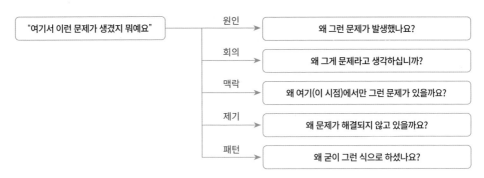

그림 2.2-26. 5 Whys 유형들

생각하게 만드는 질문(Thick question)은 단답식으로 답변할 수 있는 질문(Thin question)의 반대다. 5W1H라고 불리는 질문들은 단답식 답변이 가능하다. 그와 달리, 다음과 같은 질문은 리서치 참여자를 생각하게 만든다.

'만약 그렇다면 어떻게 할 것인가요?', '당신이라면 어떻게 다르게 했을까요?', '운영자들은 왜 이런 실수를 범하고 있을까요?', '왜 그렇게 생각하시죠?', '이게 다르게 바뀐다면 기분이 어떨 것 같으세요?'

관찰조사는 말이 아닌 행동을 통해서 사용자 경험을 파악하는 방법으로 사용자가 서비스를 이용하면서 자연스럽게 몸에 밴 습관과 암묵적인 기억을 끄집어내는 데 유리하다.

그림 2.2-27. 대표적인 관찰조사 기법들

위 이미지는 대표적인 관찰조사 기법들을 '자유로운 분위기에서 진행되는지, 통제 가운데 진행되는지'에 따라 구분한 것이다. 민속지학이라는 뜻의 에스노그라피는 '오랜 기간 다른 문화 속에서 같이 살면서 해당 문화를 관찰한다'는 것이 원래 뜻이지만, UX에서는 사용자의 일상생활 전반을 끼어들지 않으면서 묵묵히 관찰한다는 뜻으로 쓰고 있다. 에스노그라피와 사용자를 조용히 뒤따르면서 어떤 행동을 하는지 관찰하는 섀도잉은 매우 자유로운 진행 방식이다.

그림 2.2-28. 섀도잉 예시

서비스 가이드 되기(Guided Tour)나 내레이션 기법은 사용자가 리서치 진행자에게 본인이 서비스를 이용하는 경로와 행동을 주도적으로 설명하게 하는 기법이다. 진행자는 처음에 자신에게 서비스를 하나씩 알려준다고 생각하고 말해달라고 요청한다. 이 기법은 사용자가 평소에 가까운 상황을 떠올림으로써 인터뷰보다 맥락에 따른 이용흐름과 고충, 니즈를 더 구체적으로 설명하게 해준다.

에러/행동 분석이나 사용성 테스트는 사용자가 범하는 실수를 미묘한 이상 행동이나 표정 변화, 불편한 듯한 제스처 등으로 읽어서 그것이 무엇 때문인지를 파악하는 기법이다(사용성 테스트는 2.5.6. 'UX 테스트'에서 자세히 설명한다).

자유로운 관찰조사 기법들은 사용자의 자연스러운 일상생활이나 서비스 이용 과정을 아무런 조건 없이 관찰하지만, 통제적인 관찰조사 기법들은 사용자에게 이런저런 요청을 하는데, 예를 들어 '최근에 내비게이션 앱을 통해서 대중교통 길 찾기를 한 적이 있다면 그 과정을 보여 달라', 'OTT 서비스에서 A라는 영화를 찾아서 댓글을 달아라'라는 식으로 어떤 시나리오를 제시하거나 작업(Task)을 요청한다.

통제적인 관찰조사는 진행자(Moderator)가 리서치 참여자의 옆에 있기 마련이다. 관찰조사는 심층 인터뷰보다 지켜야 할 원칙이 많지 않은 편이다. 기록에 치중하라, 작은 뉘앙스도 놓치지 마라 등의 여러 가지 조언이 있지만, '말로 생각 표현하기(Think Aloud)'만큼 중요한 원칙은 없다.

- 생각, 감정, 행동을 모두 말하게 한다
- 처음에는 사용자가 어색해하지만 예시를 들어주고 가볍게 지적을 하다 보면 쉽게 익숙해진다

  - 현재의 행동
  - 앞으로 하려고 하는 행동
  - 행동 시 겪는 문제점
  - 결과에 대한 본인의 생각/감정

- Think Aloud를 통해서 사용자의 갈망, 우려, 습관, 사회적인 태도 등을 파악하는 것도 가능하다

그림 2.2-29. 말로 생각 표현하기 기법

카드소팅은 사용자의 머릿속에 든 서비스에 대한 생각을 끄집어내는 방법이다. 사용자들의 머릿속에는 서비스에 대한 심성 모형(Mental model)이 담겨 있다. 서비스의 구조나 이용흐름, 주요 기능들이 각자 나름대로 담겨 있는 것이다. 이것을 끄집어내기만 하면 매우 유리한 위치에 서게 된다. 사용자들이 생각하는 서비스 구조, 흐름, 가치를 알면 많은 디자인 영감이 나올 수 있기 때문이다.

그림 2.2-30. 카드 소팅의 3가지 방법

❶ **구조**: 서비스 메뉴나 기능들을 카드로 만들어서 섞어 놓고 유사하다고 생각하는 대로 묶은 다음에 이름을 붙이는 카드소팅 방법. 구조적인 심성 모형과 관련이 있다.

❷ **흐름**: 서비스 메뉴나 이용 여정을 카드로 만들어서 섞어 놓고 본인이 이용하는 순서대로 나열하라고 하는 카드소팅 방법. 맥락별로 순서를 다르게 구성해도 좋다. 기능적인 심성 모형과 관련 있다.

❸ **가치**: 서비스의 특징적인 정보, 기능들을 카드로 만들어서 섞어 놓고 선호하는 것과 그렇지 않은 것을 분류한 다음에 선호하는 것들은 다시 3단계로 구분하라고 하는 카드소팅 방법. 가치적인 심성 모형과 관련 있다.

카드소팅은 심층 인터뷰와 함께 사용할 경우 더 큰 효과를 발휘할 수 있는 방법이다.

도출(Define) 단계는 발견(Discover) 단계에서 찾은 경험이나 단서를 가지고 서비스의 문제를 정의하는 작업을 수행한다. 또한 정의된 문제들을 분류하고 우선순위를 결정하거나 사용자에게 제공할 핵심 가치를 찾는 일도 수행한다. 도출 단계는 크게 3부분으로 나뉜다.

2.3.1. 키파인딩

키파인딩은 리서치에서 얻은 데이터 중에서 이후 진행될 디자인에 의미 있는 발견만 간추린 것이다. 리서치에서는 불가피하게 의미가 적거나 신뢰하기 어려운 데이터도 수집되는데, 그런 것들을 제거하고 명확하게 문제로 정의할 수 있는 것들만 정리한 것이 키파인딩이다.

그림 2.3-1. 리서치 데이터를 제거하는 기준

중요한 리서치 결과가 키파인딩이 되기도 하지만, 리서치 결과를 유추/재해석하거나 여러 가지 리서치 결과를 종합, UX 이용흐름 속에서 리서치 결과를 조망해야지만 키파인딩이 도출되는 경우도 많다.

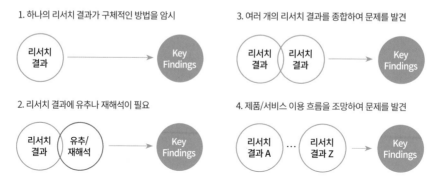

그림 2.3-2. 키파인딩 도출 유형

1. 수집된 단서에 기반해 서비스의 문제를 정의한다.

2. 정의된 문제들을 분류, 유형화하면서 서비스가 취해야 할 변화를 찾는다.

3. 앞으로 사용자에게 어떤 가치를 제공해야 하는지, 시장에서는 어떻게 경쟁우위를 차지할 것인지, 사용자들에게 서비스를 어떻게 인식시킬 것인지를 정의한다.

다음은 이용/흐름을 조망하여 키파인딩을 도출한 예시다.

#2. 카테고리 탐색

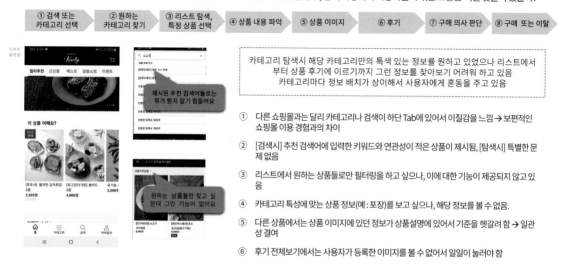

그림 2.3-3. 이용흐름을 조망해 키파인딩을 도출한 예시

'마켓컬리에서 원하는 카테고리(예: 육류)를 탐색할 때 어떤 고충을 겪을까?'하는 게 이슈였는데, 리서치 결과를 이용흐름 측면에서 조망하니까 '카테고리만의 특색을 찾기 어렵다, 카테고리마다 정보 배치가 상이해서 혼돈을 겪는다'와 같은 키파인딩을 얻을 수 있었다.

다음은 미국 최대의 핀테크 서비스의 하나인 Venmo에서 필드 리서치 후 정리한 키파인딩 예시다.

그림 2.3-4. Venmo 키파인딩

'Venmo를 사용해 개인 간 돈을 거래하는 데 어떤 문제가 있을까?'라는 이슈에 기반해 필드 리서치를 진행한 뒤, 위 예시와 같이 이용흐름이 사용자 기대와 다르다는 점과 중간에 체크 과정이 없어서 실수가 종종 일어나고, 실수를 돌이키는 게 매우 힘들다는 키파인딩을 찾았다.

> **키파인딩이 UX/UI에서 중요한 이유**
>
> UX는 문제해결의 방법론이라는 점을 앞에서 얘기했다. 여기서 얘기하는 '문제'가 바로 키파인딩이다. 키파인딩 이후 단계부터는 '문제를 어떻게 해결할지' 찾는 과정이라고 보면 된다.

UX/UI 디자인에서 이렇게 중요한 키파인딩을 잘 도출하기 위해서는 UX에 대한 이해가 높아야 하고 사용자들의 경험을 충분히 공감해야 한다. 거듭 이야기하지만, 피상적인 의견, 반응, 만족도를 놓고서 '문제를 찾아냈다'고 얘기하는 것은 실패로 가는 지름길이다.

2.3.2. UX 모델링

모델링은 대부분의 방법론, 프로젝트에 존재하는 절차다. 데이터나 프로세스, 업무, 기능과 같은 현상들을 최대한 구체적으로 밝히고 그것을 목적에 따라 분류, 유형화하는 작업이 모델링이다.

일반인들에게 가장 잘 알려진 UX 모델링 기법은 페르소나(Persona)다. 사용자들을 나이나 성별로 구분하지 않고 경험의 공통성으로 유형화하는 방법으로, 실제 UX/UI 프로젝트에서도 빈번하게 쓰인다.

페르소나 다음으로는 여정지도(Journey Map)나 친화도법(Affinity Diagram)이 유명한데, 2010년대 중반에는 공감모델(Empathy model)이나 가치제안캔버스(Value proposition canvas)가 미국에서 잠깐 인기를 끌기도 했다. 이 외에도 20가지 정도 되는 UX 모델링 기법이 있는데, 이들은 다음과 같이 구분된다.

공감 및 유형화
(Empathy model)

시스템적 표현
(Mental model)

본질 밝히기
(Means-End model)

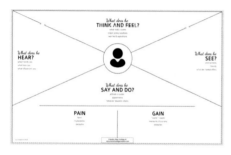
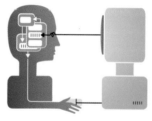

사용자를 공감하고 유형화

Persona
Issue Card
Motivation Matrix

사용자의 경험을 도식화 표현

Journey Map
Concept Mapping
Value proposition canvas

흩어진 단서들에서 해답 찾기

Affinity diagram
Elito Method
Means-End Model

그림 2.3-5. UX 모델링 기법 분류

앞에서 말했듯이 '모델링'이란 현상을 유형화하는 작업이다. UX 모델링은 특정 서비스에 대한 사용자 경험을 유형화하는 것이다. 다시 말해 경험을 공감 및 유형화하거나 시스템적으로 도식화하거나 현상 뒤에 숨겨진 진짜 본질을 찾음으로써 한눈에 좀 더 명확하게 이해하려는 것이다.

LISS(Linearly Independent Spanning Set)적인 분석

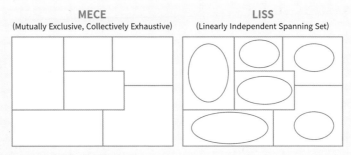

그림 2.3-6. MECE적 분석과 LISS적 분석의 차이

MECE가 모든 현상을 겹치지 않으면서도 빠짐없이 수용하는 게 목적인 분석 방법이라면, LISS는 다소 빠지는 게 발생하더라도 중요한 부분을 명확하게 하는 게 목적인 분석 방법이다. UX 방법론에서 LISS적인 분석 방법을 취하는 이유는 사용자 경험이 지나치게 복잡할뿐더러 실제 중요한 사용자 경험을 밝히는 것만으로도 문제해결이 가능하고, 복잡한 현상들을 담으면 담을수록 완성도는 올라갈 수 있어도 반대로 이해도 및 활용도는 더 떨어지게 된다는 역설^{주: 이를} 복잡함의 역설, Bonini's Paradox라고 한다. 때문이다.

UX 모델링의 목적 (모델링 방법마다 약간씩 다름)

- 사용자들을 경험이 유사한 사람끼리 묶자 그들을 이렇게 구분할 수 있었다: 페르소나

- 사용자들의 UX 여정을 순차적으로 살펴보니 문제는 여기에 있었다: 여정지도

- 사용자들의 경험을 유사한 것끼리 묶자 하나하나에는 보이지 않던 이런 인사이트를 찾을 수 있었다: 친화도법

- 사용자들이 서비스에서 지각하는 것(SEE), 주목하는 것(HEAR), 느끼고 바라는 것(THINK AND FEEL), 말하고 행동하는 것(SAY AND DO)을 공감하고 이를 고충(PAIN)과 니즈(GAIN)로 다시 정리했다: 공감모델

- 사용자들의 특성(ATTRIBUTE), 고충(PAIN)과 니즈(GAIN)로부터 고충 해결방안, 니즈 충족방안을 도출하고 서비스의 새로운 특징을 찾자: 가치제안캔버스

위에서 언급한 UX 모델링 기법들은 UX 프로젝트에서 가장 자주 쓰인다. 그러나 최근 들어서는 사용자 타기팅이나 여정 지도를 통한 문제점 파악 등의 특별한 목적이 없는 한 UX 모델링을 생략하고, '리서치 결과〉키파인딩〉인사이트'로 빠르게 프로젝트를 전개하는 경우가 더 많다.

2.3.3. 인사이트

인사이트란 앞으로 서비스가 취해야 할 변화를 자각하는 것을 말한다. 키파인딩이 현재의 문제를 자각하는 것이었다면 인사이트는 앞으로 취해야 할 변화를 자각하는 것이다. 그래서 인사이트에는 'So What?'이란 말이 자주 쓰인다. 인사이트는 모델링 과정에서 자연스럽게 도출되는 경우도 많지만, 모델링 이후 또는 모델링과 관계없이 키파인딩으로부터 바로 도출되는 경우도 많다.

그림 2.3-7. 키파인딩, 인사이트, 가치 간의 관계

인사이트부터 본격적으로 서비스에 대한 UX/UI 디자인 고민이 시작된다. 따라서 각 디자인 영역은 물론 UX 여정, UX 피라미드를 계속 염두에 두면서 작업을 진행해야 한다. 인사이트는 아이디어와 달라서 세부적인 구현 방법을 상세하게 검토할 필요는 없으나, 무엇을 어떤 식으로 해야 하는지에 대한 방향은 명확하게 드러나야 한다.

그림 2.3-8은 어느 사내 인트라넷 서비스의 예시다. 왼쪽은 키파인딩, 오른쪽은 인사이트를 각각 나타낸다.

'한 화면, 다양한 기능 혼재로 불필요한 정보 노출'이라는 키파인딩에 대해 '상세, 입력/수정, 삭제 등 기능별 화면 분리'라는 인사이트를 도출했다. 이런 식으로 키파인딩은 현재의 문제를, 인사이트는 그 문제에 대한 해결책(변화)을 명확하게 나타내야 한다.

Analysis	TO-BE Direction
01	**축소**
• 한 화면, 다양한 기능 혼재로 불필요한 정보 노출	• 상세, 입력/수정, 삭제 등 기능별 화면 분리
• 기능에 따라 화면 분리 및 취합 필요	• 코드 등록, 의뢰 등록 등 유사 기능 통합
• 업무 Flow에 따른 메뉴 통합	• 다중 입력, 다중 선택 등 일괄처리 기능
• 간단한 작업을 여러 절차를 거쳐 수행	• Pre-View 기능으로 Flow 축소
02	**재배치**
• Flow와 일치하지 않는 화면 구성	• Task 순서에 따라 조회→목록→상세 순으로 Layout 재배치
• 업무 Flow에 맞는 Layout/사용 Pattern 반영	
• 우선순위가 없는 정보	• Hierarchy에 따른 정보 및 기능의 재구성
• 빠른 판단을 위한 기능	• 업무별 가장 중요한 정보를 Floating UI를 적용하여 항상 확인 가능하도록 함
03	**가변**
• 업무에 따른 주요 기능의 차별화	• 업무에 가장 중요한 기능의 취사선택(통계: 엑셀 다운로드, 전송: 메일 기능 등)
• 많은 정보, 고정된 좁은 영역으로 확인 불편	• Folding UI를 통한 가변적 Layout
• 영역, 미활용, 정보 인지 불가 영역 발생	• 모니터를 100% 활용할 수 있는 Layout
• 실수를 막는 Validation Check	• 권한별 사용 가능/불가능 항목 구분 노출

그림 2.3-8. 키파인딩 및 인사이트 예시

UX 여정을 조망하면서 인사이트를 도출해야 할 때도 있다. 연속된 맥락 속에서 키파인딩을 보는 게 인사이트를 도출하는 데 유리하기 때문이다.

	접근	탐색	조회	구
키파인딩	• 주로 식품을 구매하기 위해 방문함 • 필요로 하는 상품, 자주 구매하는 상품의 특가 행사 소식을 기대함 • 포인트, 마일리지 등의 회원혜택이 쇼핑몰 초기 접근 시 가장 큰 관심사임	• 자주 구매 상품을 탐색하는 경우가 잦음 • 행사 상품, 추가 증정 상품에 대한 탐색 니즈가 큼 • 리스트에서 상품명, 가격 등 간단한 정보만으로 상품 파악이 가능함 • 계획한 물품을 장바구니에 담은 후 추가로 구매할 상품을 브라우징함 • 상품 품절 시 대체 상품을 구매하거나 구매를 다음으로 미룸	• 유통기한, 원산지, 성분, 이미지 등 상품의 품질 정보 외에는 콘텐츠에 대한 기대가 적음 • 단위별 가격 표시를 통해 상품을 비교 • 재탐색을 위해 자주 구매하는 상품을 보관함 • 한 번에 여러 상품을 보관하고 구매함 • 품질 정보와 함께 상품의 효용과 내력 등의 부가적인 콘텐츠를 통해 구매를 결정함	
인사이트	할인보다는 자주구매 상품 추천 접근시 회원별 혜택 바로 제시	추천을 통한 손쉬운 상품 접근 리스트에서 기본적인 상품 이해 도움	식품 품질에 대한 상세한 정보 제공 메타포를 통한 손쉬운 상품 정보 접근 문의, 요청에 대한 피드백	적절한 손쉬운

그림 2.3-9. UX 여정별 인사이트 예시

위 예시는 UX 여정별로 키파인딩을 살펴보고 인사이트를 도출한 것이다. 각 키파인딩을 별개로 보기보다는 각 단계의 특징과 전후 과정을 같이 살펴봄으로써 더 효과적으로 인사이트를 도출할 수 있다.

인사이트와 아이디어의 차이

인사이트 = 서비스가 나아가야 할 대략적인 방향. 구체적인 디자인 방법을 고민하지 않는다.

아이디어 = 인사이트가 UX 전략을 거치면 옥석이 가려지는데, 그 과정 후에 구체적인 기능이나 디자인 방법(How-To)을 고민하는 것이 아이디어다.

앞서 UX 모델링을 진행했다면 인사이트 도출은 그 결과와 긴밀하게 맞물린다.

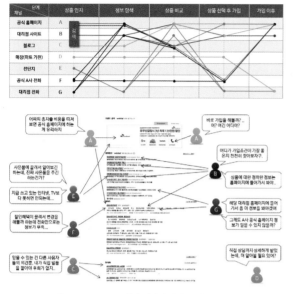

- B나 G, F와 같은 페르소나들에게는 상품을 좀 더 쉽게 찾아볼 수 있는 접근성을, A, E와 같은 페르소나들에게는 가입한 상품과 요금조회의 편의성을 제공해야 한다.
- 서비스 외부에서 정보를 찾는 B, G, F들을 위해서 고객 커뮤니케이션은 외부의 블로그, SNS, 유튜브 등을 활용해서 지금보다 활성화할 필요가 있다.
- 외부 채널을 거쳐서 서비스로 진입하는 사용자들을 위해서 이용 목적에 맞게 메뉴를 구성하고, 최종 화면(Destination Page)까지의 이동 단계를 최소화시킨다.
- 기존에 오프라인 채널 의존도가 높은 E, F, G들을 위해서 간단 명료한 배너광고로 주목성을 강화하고, 디지털 채널에서만 가능한 서비스 연계성을 홍보한다.
- 외부 SNS 채널과의 연계를 강화하여 SNS에 올라오는 이벤트나 고객과의 커뮤니케이션 내역들이 홈페이지에 활력을 불어넣고 사용자들에게 추가적인 정보를 제공하도록 한다.
- 상품 간 비교가 쉽고 이용 흐름을 끊김없이 이어주거나 현재의 경험을 보완할 수 있는 서비스를 제시하는 IA 방식이 필요하다.
- 이해하기 어려운 고유명사 위주의 메뉴 레이블들을 쉽게 연상이 가능한 일반명사 위주로 변경.

그림 2.3-10. UX 모델링 결과에 기반한 인사이트 예시

위 예시는 각 페르소나의 경험 특성에 따라 서비스가 어떻게 대응해야 하는지를 인사이트로 얘기하고 있다. 여정지도나 친화도법의 결과를 가지고 했다면 아마 다른 방식으로 인사이트가 도출됐을 것이다.

인사이트는 IA, 이용흐름, 인터랙션, UI, GUI와 같은 기본적인 UX/UI 디자인 영역 이외에도 서비스, 콘텐츠, 기능, 데이터, 채널 및 디바이스 연계방안까지 나오기도 한다.

인사이트 단계에서 구체적인 아이디어가 나오는 경우도 흔하지만, 가급적 UX 전략을 먼저 거치고 난 다음에 아이디어로 넘어가는 게 좋다. UX/UI에 대한 기준이나 사용자에게 제공할 핵심가치, 시장 대응 방안 등을 세우고 아이디어를 도출하는 게 더 효과적이기 때문이다.

구체화(Develop) 단계 2.4.

구체화(Develop) 단계부터는 본격적인 UX/UI 디자인이 시작된다. 서비스의 UX 전략에서 콘셉트와 서비스 모델을 정의하는 것에서 출발하여 아이디어 도출(Ideation) 및 평가, 시나리오 설계가 진행된다. 서비스의 전체적인 윤곽이 드러나며 이후 이어질 상세설계(Deliver) 단계에서의 IA 설계, 이용흐름 설계, 인터랙션 설계, UI/GUI 프로토타이핑에 대한 필요조건을 갖추게 된다.

2.4.1. UX 전략

두 개의 인사이트가 서로 다른 방향을 제시한다면 어떤 것을 선택해야 할까? 인사이트가 너무 많다면 뭘 먼저 해야 할까? 시장에서 우리 서비스는 어떻게 차별화돼야 할까? 앞으로 우리 서비스는 사용자들에게 어떻게 인식돼야 할까? 이 질문들에 답을 하기 위해서는 전략이 필요하다.

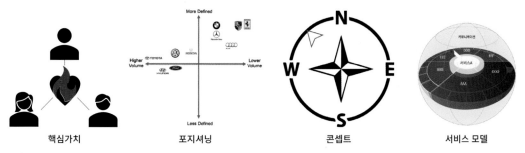

핵심가치   포지셔닝   콘셉트   서비스 모델

그림 2.4-1. UX 전략의 4가지 조건

전략은 4가지 조건이 갖춰져야 한다. 첫째, 서비스를 통해서 사용자들에게 어떤 핵심가치를 전달할 것인가? 둘째, 시장 내에서 다른 경쟁자들과는 어떤 차별화된 위치를 차지할 것인가? 셋째, 새로운 서비스 모델은 무엇인가? 마지막으로, 앞으로 서비스가 지향하는 방향은 어디인가?

UX 전략의 순서

- 인사이트를 기반으로 가치를 도출한다.

- 현재 서비스와 관련된 비즈니스 목표와 기술적인 타당성을 검토한다.

- 가치들의 우선순위를 정하고, 그중에서 가장 중심이 되는 핵심가치를 선정한다.

- 다른 경쟁사들과의 차별화 방안을 찾고 그에 따른 포지셔닝을 새롭게 정한다.

- 새로운 방향을 따라 콘셉트를 정한다.

- 새로운 서비스 모델을 정의하고 관련된 실행방안(set of activities)을 마련한다.

- 이후 서비스 모델 및 실행방안에 기초해 상세화된 아이디어 단계가 전개된다.

실제 UX 프로젝트에서는 위와 같이 4가지 조건을 모두 만족하는 전략을 수립하는 경우는 별로 없다. 현재 추진 중인 전략의 연속성 면에서 UX/UI를 개선하는 경우가 많기 때문이기도 하고, 시간에 쫓겨 서비스 모델이나 방향 정도만 겨우 내놓는 경우도 많기 때문이다.

가치 도출

가치란 서비스가 사용자에게 제공할 유무형의 결과다. 사용자는 서비스로부터 가치를 얻기 위해서 돈, 시간, 정보를 투자한다. 결국 사용자에게 가치 있다고 느껴지려면 사용자가 투자한 돈, 시간, 정보보다 서비스가 제공하는 효익이 더 높아야 한다.

가치 = 서비스가 사용자에게 제공하는 결과와 그로부터 사용자가 체감하는 효익(Benefit)

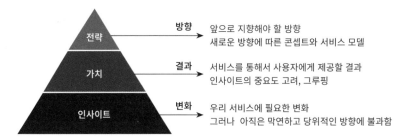

그림 2.4-2. 인사이트, 가치, 전략 간의 관계

서비스 규모가 작고 이슈가 한정적인 경우에는 인사이트에서 바로 아이디어 도출로 넘어가도 큰 무리는 없다. 큰 이슈가 없는 한 가치나 전략 단계를 생략해도 서비스를 개선하는 데 전혀 어려움이 없기 때문이다. 그러나 이슈가 많고 서비스 규모도 어느 정도 있을 경우에는 인사이트만 가지고 바로 아이디어나 UX/UI 디자인 단계로 넘어가기가 어렵다. 앞장에서 얘기했듯이, 인사이트는 당위성에 의해서만 주장된 가공되지 않은 원석이기 때문이다.

새로운 서비스가 사용자에게 제공할 결과인 가치는 인사이트들을 내용의 유사성이나 내용 밑에 감춰져 있는 패턴에 기반해 묶음으로써 도출하게 된다.

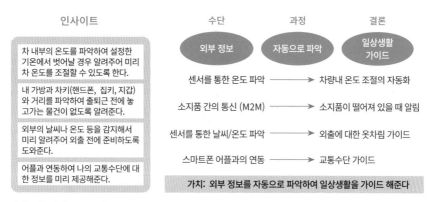

그림 2.4-3. 가치 도출 예시

위 예시는 유사한 수단, 방법, 결론을 가진 인사이트를 묶어서 가치를 도출하는 것을 보여준다.

이와 다르게 하나의 인사이트가 하나의 가치로 치환되는 경우도 있다. 이럴 때는 인사이트 내용에 사용자에게 제공할 결과를 포함해 내용을 교정하는 게 필요하다.

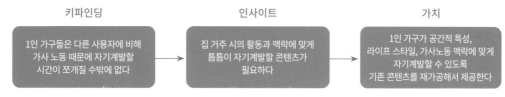

그림 2.4-4. 가치 도출 예시 2

핵심가치

가치 가운데서 비즈니스 목표나 기술적인 타당성을 고려했을 때 가장 우선순위가 높은 가치를 핵심가치로 선정한다. 핵심 가치는 최우선으로 달성해야 할 서비스의 중요한 목표이며, UX 전략의 중요한 출발점이 된다.

다음 그림은 어떤 B2B 솔루션에 대한 가치 도출 사례다. 여러 가지 가치가 있지만, 가운데에 적혀 있는 '유기적인 정보 연동을 통한 선제 이슈 대응'을 핵심가치로 정했다.

이렇게 핵심가치를 정하고 나면 나머지 가치들은 핵심가치에 기반해 재해석되고 우선순위도 조정된다.

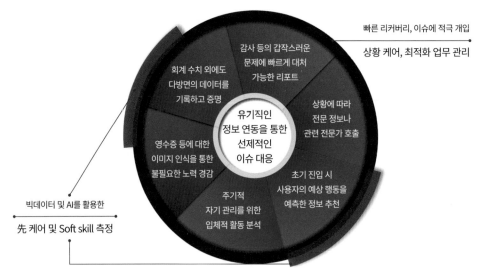

그림 2.4-5. 핵심가치 예시

포지셔닝

모든 서비스는 시장 내에서 경쟁한다. 설령 경쟁이 필요 없는 서비스라도 업종 내 다른 서비스들을 참고하지 않는 경우는 거의 없다. 따라서 '우리 서비스가 현재 시장 내에서 어떤 위치에 있고, 앞으로는 어떤 위치로 나아가야 하는지'를 정의하는 포지셔닝은 시장 경쟁을 고려할 때 꼭 필요한 일이다.

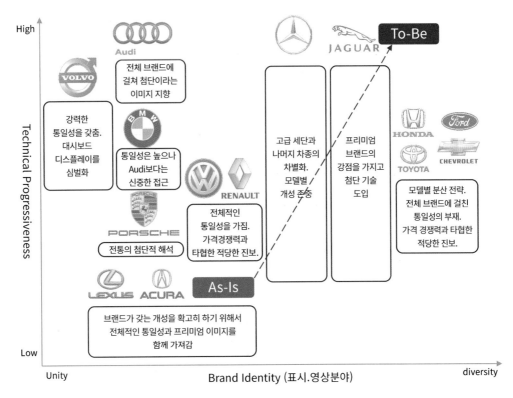

그림 2.4-6. 포지셔닝 예시

앞 그림의 사례는 차량 내 내비게이션 장치가 자동차 브랜드별로 현재 어떻게 포지셔닝 되었는지를 나타내면서 향후 우리 서비스는 '기술적인 진보에 초점을 맞추되 차량별 적용은 다양성을 추구하는 방향'으로 나아가야 한다는 점을 나타내고 있다.

콘셉트

핵심가치와 포지셔닝을 기반으로 서비스의 정체성과 사용자들이 인식하게 될 콘셉트를 정한다.

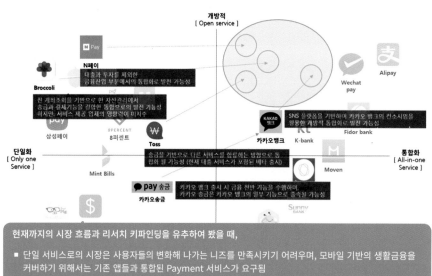

통합적인 맞춤금융

- 모바일 기반의 간소한 뱅킹 절차
- 기존 영업점, ATM과의 서비스 연동
- 정기적 지출과 가용금액에 대한 인지
- 빠르고 편리한 간편 입/출금

사려깊은 생활금융

- 생활 편의 앱들과의 연동
- 사용패턴에 따른 서비스 자동화
- 재무 현황을 통한 사용자 행동 유도
- 장소에 따른 서비스 차별화

현재까지의 시장 흐름과 리서치 키파인딩을 유추하여 봤을 때,

- 단일 서비스로의 시장은 사용자들의 변화해 나가는 니즈를 만족시키기 어려우며, 모바일 기반의 생활금융을 커버하기 위해서는 기존 앱들과 통합된 Payment 서비스가 요구됨
- 금융뿐만 아니라 생활 편의 앱들과 연동하고 사용패턴을 사려깊게 고려해야 함

그림 2.4-7. 방향 및 콘셉트 예시

여기서 정한 방향과 콘셉트는 이후 서비스의 내용과 정책은 물론, UX/UI 디자인 설계에 지대한 영향을 미친다.

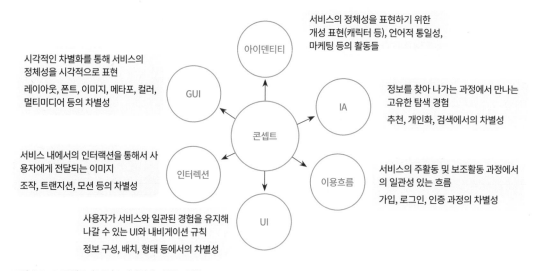

그림 2.4-8. 콘셉트가 UX/UI 디자인에 미치는 영향

서비스 모델

서비스 모델은 새로운 서비스의 전체적인 구조와 내용을 한눈에 알아볼 수 있게 한 모형도다. 서비스 모델은 한눈에 굵직굵직한 변화를 확인하고 핵심가치를 포함한 가치들이 어떻게 접목됐는지를 보여줄 수 있어야 한다.

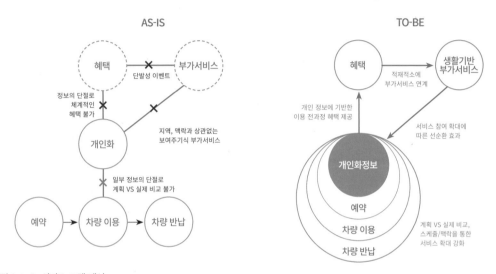

그림 2.4-9. 서비스 모델 예시

2.4.2. 아이디어 도출

UX 전략 단계에서 핵심가치, 포지셔닝을 기반으로 전체적인 큰 그림(서비스 모델)과 서비스의 성격(콘셉트)을 정의했으므로 이제는 그 구체적인 실행 방안인 아이디어를 도출할 차례다. 무작정 모여서 목표를 공유하고 그 방안을 고민하는 것도 아이디어 도출의 방법일 수는 있겠으나, 그것이 현명하거나 효과적이라고 말하기는 어렵다. 이에 비해 UX 방법론에서는 체계적인 접근을 통해서 아이디어를 도출한다.

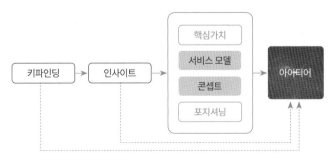

그림 2.4-10. 이전 단계 활동과 아이디어 도출 간의 관계

아이디어 도출에 가장 직접적인 영향을 미치는 것은 서비스 모델과 콘셉트다. 그러나 핵심가치를 포함한 가치나 포지셔닝은 물론, 그 전 단계에서 수행했던 인사이트나 키파인딩도 아이디어 도출에 영향을 미친다.

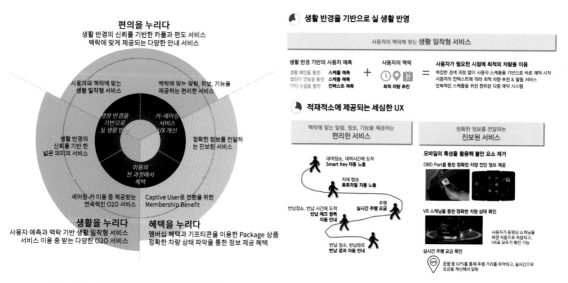

그림 2.4-11. 콘셉트에 기반한 아이디어 도출 예시

위 예시는 모빌리티 교통 서비스에 대한 콘셉트와 그에 기반한 아이디어 도출 일부를 보여준다. '편의/생활/혜택을 누리다'라는 3가지 콘셉트별로 그 구체적인 실행 방안을 오른쪽에서 표현하고 있다.

아이디어 도출 과정에서는 다른 사례나 최신 트렌드를 참조하는 경우도 많다. 데스크 리서치 단계의 문헌조사, 동향조사 결과를 참조해 구체적인 실행 방안을 검토하는 것이다.

다음 이미지는 스마트워치의 동향조사 결과를 참조해 아이디어를 도출하는 과정을 보여준다.

아이디어 도출은 가급적 여러 사람이 모여서 자유롭게 토론할 수 있는 워크숍 형태로 진행하는 것이 좋다. UX 전략까지의 작업을 주도한 UXer뿐만 아니라 서비스와 관련된 이해관계자들이 다 같이 모여서 인사이트와 UX 전략을 함께 공유하고 그 실행 방안을 자유롭게 토론하면서 진행하는 것이다.

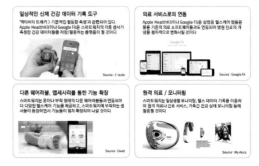

그림 2.4-12. 동향조사를 참조한 아이디어 도출

그림 2.4-13. 아이디어 워크숍에 함께 쓰이면 좋은 라이트브레인 디자인씽킹 툴킷과 그 활용 사례들

도출된 아이디어들은 적합성 검토와 우선순위 선정과 같은 정제 과정을 거친다. 그리고 선정된 아이디어들은 콘텐츠나 기능으로 상세하게 정의되기도 한다.

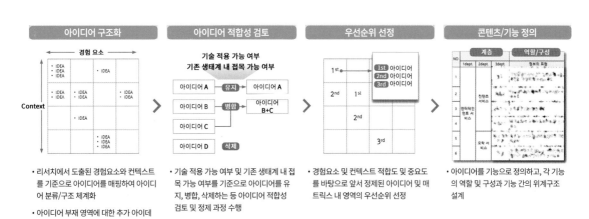

- 리서치에서 도출된 경험요소와 컨텍스트를 기준으로 아이디어를 매핑하여 아이디어 분류/구조 체계화
- 아이디어 부재 영역에 대한 추가 아이데이션 필요 여부 결정

- 기술 적용 가능 여부 및 기존 생태계 내 접목 가능 여부를 기준으로 아이디어를 유지, 병합, 삭제하는 등 아이디어 적합성 검토 및 정제 과정 수행

- 경험요소 및 컨텍스트 적합도 및 중요도를 바탕으로 앞서 정제된 아이디어 및 매트릭스 내 영역의 우선순위 선정

- 아이디어를 기능으로 정의하고, 각 기능의 역할 및 구성과 기능 간의 위계구조 설계

그림 2.4-14. 아이디어 정제 과정

아이디어 도출 시 가장 염두에 둬야 하는 점은 '새로운 경험을 디자인한다'는 자세다. 하나의 기능이나 콘텐츠, UI에 얽매이지 않고 새로운 경험을 만든다는 관점에서 아이디어를 도출하는 것이 필요하다.

또 한편으로는 열린 자세가 필요하다. '어떤 게 가능하지?(What can we)'라는 제약이나 '어떻게 해야만 할까?(How Should we)'라는 당위성이 아니라, '어떻게 할 수 있을까?(How might we)'라는 열린 자세로 접근하는 것이 좋다. How might we는 약어로 HMW라고 부르며 구글이나 페이스북은 자신들의 성공비결이 HMW적인 접근 때문이라고 얘기한다. HMW는 특정 콘셉트를 구현하기 위한 구체적인 아이디어를 도출할 때 제약이나 당위성에 얽매이지 않고 다각도로 모색한다.

아이디어를 도출할 때 다음과 같은 일반적인 패턴들을 아는 것도 도움이 될 수 있다.

표 2.4-1. 일반적인 아이디어 패턴

아이디어 패턴	설명
암묵적으로 포기하고 있던 고충을 해결한다.	암묵적으로 포기하고 있었지만, 무의식적으로 아쉬워하던 경험에 변화를 줘서 색다른 가치를 전달한다.
수동적이었던 것을 능동적으로 바꾼다.	눈에 잘 안 띄거나 정적으로 멈춰 있는 경험요소에 활력을 불어넣어 능동적으로 변화시킨다.
새로운 매개체를 중간에 투입하여 기존에 있던 갈등을 해소한다.	서비스에 존재하는 갈등이 어떻게든 해결되지 않을 경우에는 갈등하는 두 대상을 이어주는 매개체를 추가하여 기존의 갈등을 해소한다.
기존의 경험에 살며시 끼어든다.	기존 제품, 경험, 환경을 대체하거나 크게 변화시키지 않고 있는 듯 없는 듯 살며시 끼어들어 조화를 이루면서도 기존 경험을 보완한다.
이게 어떻게 가능하지 하는 찬사를 불러일으킨다.	디자인 결과에 대한 노력과 전문성에 감탄하게 만들어서 서비스에 대해서 공경하는 마음을 불러일으킨다.
기본적인 가치에 집중하여 사용자를 안심시킨다.	다양한 기능/정보/서비스를 제공하는 경우, '적어도 **은 확실하잖아'라는 안정감을 사용자들에게 전달해야 한다.
사용 후 겪게 될 문제를 최소화한다.	서비스 이용 후 겪게 될 문제를 미리 걱정하지 않게 알려주거나 사용자가 직접 대처할 수 있는 경험요소를 제공한다.
사용 중에 의도를 정정할 여지를 부여한다.	탐색이나 주 활동 과정에서 사용자는 자신의 의도를 변경하고 싶은 경우가 많기 때문에 이를 정정할 여지를 부여한다.
평범한 일을 특별한 경험으로 바꾼다.	매번 반복하는 무미건조한 행동이 특별한 경험이 되게 소박하지만 이채로운 감성을 부여한다.
서비스 밖에서 답을 찾는다.	서비스 내에서만 답을 찾지 않고, 평소에 사용자가 자주 쓰는 SNS, 클라우드, 포털 등의 다른 외부 서비스와 연계하여 경험이 이어지게 한다.
기존 경험의 지평을 넓힌다.	서비스 내에서의 주 활동과 연계된 추가적인 활동들을 끌어안음으로써 행동 범위를 넓힌다.

아이디어 패턴	설명
경험하는 과정에서의 즐거움을 증대시킨다.	결과는 물론 진행 과정에서도 즐거움을 느낄 수 있게 한다.
경험요소 간의 관계를 재정의한다.	서비스를 구성하는 각 경험요소 간의 관계를 새롭게 정의해서 접근성을 증대시키거나 이용 맥락을 더 뒷받침하게 한다.
개별적인 행위들의 본질에 소구한다.	지나친 일관성 적용으로 인해서 불필요한 행위를 유발했던 경험요소들의 본질을 소구함으로써 과정을 간소화한다.
부조화와 조화 간의 긴장감을 이용한다.	일반적으로는 어울리지 않는 두 가지 경험요소를 매칭해 '하긴 왜 안 되겠어?'라는 질문과 더불어 긴장감을 자극한다.
한계를 거스른다.	주어진 환경/조건/한계에 얽매이는 게 아니라, 그것을 최대한 이용하여 새로운 발상으로 승화시킨다.
물리적인 해결책이 어려울 경우, 인식의 전환을 도모한다.	해결책을 알고 있지만 여러 가지 제약으로 인해서 그것을 적용할 수 없을 때 인식의 전환으로 물리적인 해결책을 대신한다.
리얼리티를 모티브로 진실을 호소한다.	있는 그대로의 리얼리티를 과감하게 드러내 사용자에게 진정성 있게 호소한다.

UX 아이디어 도출 시 지켜야 할 두 가지 접근 방법

새로운 경험을 디자인한다 + 어떻게 할 수 있을까? (How Might we)

예시: '생활반경의 신뢰에 기반한 카풀과 편도 서비스'라는 '새로운 경험'을 어떻게 제공할까?

2.4.3. 아이디어 평가

도출한 아이디어들은 타당성 검증이라는 절차를 거쳐야 한다. 아이디어 평가는 아직 시도해 보지 않았거나 적용 시 투자나 실패 부담이 큰 아이디어에 대해 주로 진행한다. 따라서 아이디어 평가는 기존 문제 개선보다는 새로운 콘셉트를 도출하는 프로젝트에서 많이 진행된다.

평가를 위해서는 측정 가능한 내용과 지표, 척도가 있어야 한다. 이 3가지 요소를 모두 갖춰야 아이디어 평가가 가능하다.

먼저 각 아이디어는 평가가 가능한 수준으로 상세화돼야 한다.

표 2.4-2. 평가를 위한 아이디어 상세 내용

항목	설명
사용자 경험과의 연관성	해당 아이디어와 연관된 키파인딩을 기술한다.
상세 콘텐츠, 데이터, 기능	해당 아이디어를 구성하는 콘텐츠, 데이터, 기능 등을 상세하게 정의한다.
필요 기술	해당 아이디어를 구현하는 데 필요한 기술을 적는다.
개발 제한사항	현재의 운영환경, 플랫폼, 개발방식 대비 감수해야 할 투자 및 리스크
구축 시 소요되는 자원	해당 아이디어를 구현하는 데 소요되는 인력, 비용 등의 자원
운영 시 소요되는 자원	해당 아이디어를 운영하는 데 소요되는 인력, 비용 등의 자원

그다음으로는 평가 지표와 척도를 마련해야 하는데, 일반적으로 UX/UI 디자인에서의 서비스 평가 지표와 척도는 다음과 같다.

표 2.4-3. 아이디어 평가 지표

평가 지표	평가 척도
비즈니스 중요도	1~5점
시급성	1~5점
개발 난이도	1~5점
개선 효과	1~5점 또는 기존 대비 %
투입 자원	참여인력 공수(M/M) 또는 금액

위에서 얘기한 개선 효과는 좀 더 세분화될 수 있다. 서비스 유입률, 구매/예약 전환율(Conversion rate), 만족도, 문의/불만 접수율, 다른 채널 대체율[주: 보통 콜센터, A/S 처리와 같은 것을 기준으로 그것을 얼마나 줄일 수 있는지로 판별함] 등이 그것이다. 물론 이들 대부분은 통계에 기반한 예상치다.

위와 같은 체계적인 방식 대신에 핵심적인 지표 2가지를 기준으로 사분면을 만든 다음에 도출된 아이디어를 배치하고 선정하는 경우도 있다. 이 방식은 개별 아이디어 하나하나를 보기보다는 전체 배치도 속에서 어떤 아이디어 집단을 선택할지를 결정하는 것이다.

시장 규모가 큰 서비스의 경우에는 아이디어 평가 과정에만 몇 주가 소요된다. 새로운 경험과 HMW를 접목하여 나온 아이디어를 상세화하고 지표를 선정해 평가하고, 다시 그 결과를 정리하는 과정이 매우 까다롭게 진행되기 때문이다.

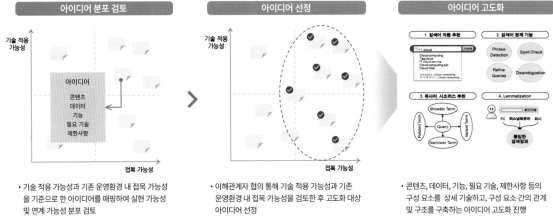

아이디어 분포 검토	아이디어 선정	아이디어 고도화

• 기술 적용 가능성과 기존 운영환경 내 접목 가능성을 기준으로 한 아이디어를 매핑하여 실현 가능성 및 연계 가능성 분포 검토

• 이해관계자 협의 통해 기술 적용 가능성과 기존 운영환경 내 접목 가능성을 검토한 후 고도화 대상 아이디어 선정

• 콘텐츠, 데이터, 기능, 필요 기술, 제한사항 등의 구성 요소를 상세 기술하고, 구성 요소 간의 관계 및 구조를 구축하는 아이디어 고도화 진행

그림 2.4-15. 핵심 지표를 활용한 아이디어 선정 과정

사용자 시나리오에 들어가야 할 조건

- **사용자**: 시나리오의 주인공. 일반적인 사용자를 주인공으로 삼기도 하지만, 특정 페르소나를 주인공으로 하는 경우도 있다.

- **향후 겪게 될 경험**: 필드 리서치 키파인딩을 가지고 실제 사용자의 동기, 행동, 고충, 니즈, 태도 등을 맥락과 더불어 이야기 형태로 서술한다.

- **우리의 아이디어**: 사용자가 경험 과정에서 부딪히는 문제를 해결할 아이디어를 등장시킨다.

- **결과**: 우리 아이디어가 문제를 해결함으로써 제공하게 될 가치를 마지막에 적는다.

2.4.4. 사용자 시나리오

유스케이스(Use Case)와 사용자 시나리오의 차이

기존의 IT 프로젝트에 익숙한 분들이 가장 흔히 물어보는 질문 중 하나가 유스케이스와 사용자 시나리오 간의 차이다. 둘 다 사용자가 보이는 패턴을 규정한다는 측면에서 유사한 면이 있다. 그러나 유스케이스가 서비스 이용 시 예상되는 행위들을 단순하게 나열하는 데 비해, 사용자 시나리오는 특정한 맥락에서 동

그림 2.4-16. 유스케이스 예시

기, 고충, 니즈, 태도 등의 경험요소들을 이야기 형태로 서술한다는 측면에서 유스케이스와 차이가 있다.

사용자 시나리오는 향후 서비스를 이용하는 과정에서 사용자가 겪게 될 경험을 이야기 전개 방식으로 풀어 놓는 작업이다. 비교적 형식이 자유로운 편이지만, 다음과 같은 조건을 갖춰야 한다.

경험은 특정한 목표나 맥락에서 출발하기 때문에 위에서 언급한 조건 외에 목표와 맥락이 추가된다. UX 디자인의 뜻이 '새로운 UX를 디자인한다'라는 점을 앞에서 얘기했다. 사용자 시나리오는 향후 겪게 될 경험을 아이디어 및 결과(가치)와 더불어 나타내는 것이기 때문에 새로운 UX가 그대로 반영되어 있다고 할 수 있다.

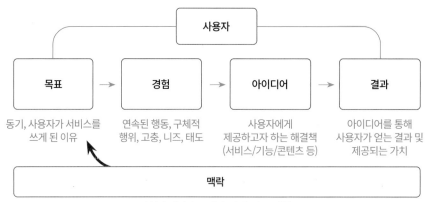

그림 2.4-17. 사용자 시나리오의 구성요소

위 조건들을 만족한다면 사용자 시나리오는 어떤 형식이든지 가능하다. 형식보다 중요한 것은 시나리오 형태로 새로운 사용자 경험을 검토함으로써 아이디어를 좀 더 정교하게 가다듬고, 각 아이디어가 어떤 UX/UI 디자인 영역으로 설계돼야 하는지를 살펴보는 것이다.

다음 3가지 예시는 사용자 시나리오를 표현하는 가장 대표적인 형식들이다. 서비스 콘셉트나 아이디어의 특성에 따라 3가지 중에서 적당한 형식을 선택하는 것이 필요하다.

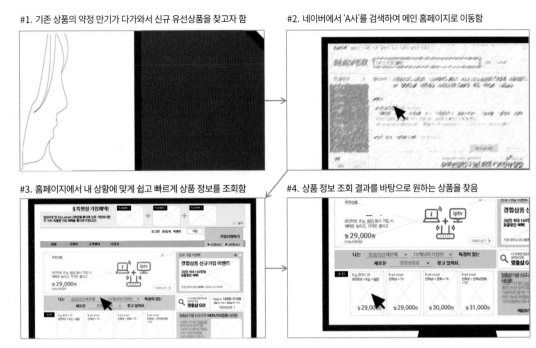

그림 2.4-18. UI를 중심으로 한 사용자 시나리오 예시

위 예시는 UI를 중심으로 한 사용자 시나리오다. UX 여정에 따라 사용자가 겪게 될 경험과 그에 따른 아이디어 및 결과를 UI 중심으로 표현했다.

그림 2.4-19. 정황 서술 방식의 사용자 시나리오 예시 _ 오른쪽 이미지 _ Elena Marinelli, elenamarinelli.org

서비스 이용 정황을 중심으로 한 사용자 시나리오도 있다. 이러한 방식은 구체적인 경험요소보다는 서비스가 제공할 콘셉트와 가치를 보여주는 데 중점을 둔다.

마지막으로 UX 여정을 중심으로 앞에서 얘기한 사용자 시나리오의 4가지 조건을 명시하는 방식이 있다.
이 방식은 서비스 이용흐름이 다소 복잡한 경우에 주로 사용된다.

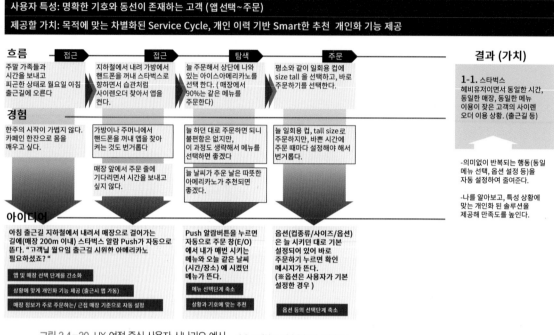

그림 2.4-20. UX 여정 중심 사용자 시나리오 예시 _ 라이트브레인 UX 아카데미 8기 스타벅스조

산출(Deliver) 단계

구체화(Development) 단계에서 나온 전략, 아이디어, 시나리오를 가지고 산출(Deliver) 단계에서는 IA, 이용흐름, 인터랙션, UI, GUI 등의 각 UX/UI 디자인 영역을 상세하게 설계하는 작업을 진행한다. 키파인딩에서 시작하여 구체화 단계를 거쳐서 산출 단계까지 이어지는 흐름을 살펴보면 다음과 같다.

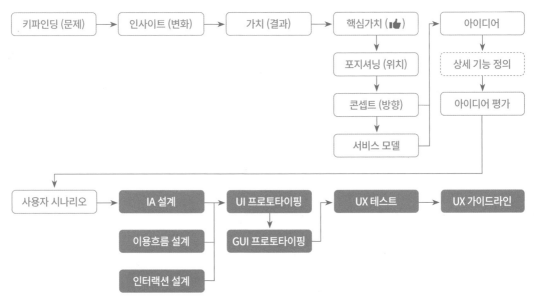

그림 2.5-1. 키파인딩에서 산출 단계까지의 흐름

산출 단계에 직접적으로 영향을 미치는 것은 사용자 시나리오다. 사용자 시나리오에 기반해 IA, 이용흐름, 인터랙션 설계가 이루어지며, 이러한 설계 내용은 다시 UI 프로토타이핑과 GUI 프로토타이핑으로 이어진다.

사용자 시나리오의 중요성

산출 단계에서 설계하는 IA, 이용흐름, 인터랙션, UI 프로토타이핑은 모두 사용자 시나리오에 기반하여 만들어진다. 사용자 시나리오는 향후에 있을 새로운 경험을 이야기 형태로 풀어나간 것이기 때문에 그 자체로 보면 서비스를 만드는 데 직접적인 도움이 되지 않아 보인다.

그러나 사용자 시나리오에서 정의한 순차적인 흐름과 아이디어는 새로운 서비스가 지향해야 할 일종의 청사진 역할을 하기 때문에 산출 단계에서 자주 활용된다.

2.5.1. IA 설계

IA는 정보의 체계, 구조, 동선을 만들어내는 작업이다. 건물로 치면 공간을 구획하고 계단과 복도를 설계하는 작업이라고 볼 수 있다. IA가 설계돼야 이용흐름이 설계되고, 인터랙션에서의 상호작용, 조작, 상태변화(Transition)와 UI에서의 정보 구성, 배치가 설계될 수 있다.

IA는 UX 여정 중 탐색과 많이 맞물려 있다. 어떤 시작점(보통 홈 화면)에서 메뉴 선택이나 검색, 링크 등을 통해 원하는 목적지까지 가는 과정을 설계하는 작업이다. 중간에 목록에서 필터링을 하거나 태그를 활용해서 다른 콘텐츠로 이동하는 것도 IA가 다루는 중요한 항목들이다.

그림 2.5-2. (왼쪽부터) 메뉴, 검색, 필터, 해시태그 _ 하나투어

메뉴는 정보의 논리적 계층구조, 상호 연관성에 기반해 상위 메뉴부터 하위 메뉴까지 점차 탐색해 들어가는 정보구조를 설계하는 것이다. 메뉴 탐색 시 사용자가 원활하게 정보를 찾아 나갈 수 있게 내비게이션 설계가 필요하다. 검색은 정보의 키워드나 날짜, 속성 등의 메타데이터를 사용자가 직접 입력하여 결과를 찾는 과정에서의 자동입력, 검색어 추천, 연관 검색어, 검색 결과 구성 등을 설계하는 것이다. 이들은 서비스 초기부터 경험이 진행되기 때문에 전체 서비스에 걸쳐서 설계가 이루어진다.

반면 필터나 태그는 서비스 초기가 아닌 중간 탐색 과정에서 경험이 진행되기 때문에 각 세부 메뉴나 정보의 속성에 기반해서 설계되며, 좀 더 세밀한 탐색을 하게 하거나 현재 정보와 연관된 다른 정보로 이동하는 것을 돕는 설계가 이루어진다.

마지막으로 실제 사용자들이 이름을 보고 어떤 내용인지 판단하기 때문에 이를 돕기 위해 메뉴명, 정보명, 검색 조건명, 필터명, 태그명 등에 대한 이름을 지정하는 레이블링 설계가 필요하다.

IA 설계 순서는 다음과 같다.

그림 2.5-3. IA 설계 순서

정보 정의

서비스에서 제공할 정보를 정의하는 작업이다. 기존에 운영 중이던 서비스였다면 기존 정보 목록에 신규로 추가되거나 갱신되는 정보를 덧붙인다.

구분		대상	컨텐츠 유형	현황 or 과제	단위	구성	비고
스토리		!목표	text, image	인터내셔널 사이트 기준으로 재구성. ___ 및 브랜드 대표 이미지 요구됨	하위 X	who we are, our reason for being	인터내셔널 사이트 who we are, our reason for being
		!사	text, image	인터내셔널 사이트 기준으로 재구성	하위 X	연혁개요, 70, 80, 90, 2000	인터내셔널 사이트 where we come from
		!스	text, image	인터내셔널 사이트 기준으로 재구성	하위 X	business as unusual	인터내셔널 사이트 business as unusual
			text, image				
샵 이념		!	text, image	인터내셔널 사이트 기준으로 재구성	하위 O	이슈, 우리의 믿음, 캠페인 발자취, 당신이 할 수 있는 일	인터내셔널 사이트
		!이드	text, image	인터내셔널 사이트 기준으로 재구성	하위 O		인터내셔널 사이트
		!인	text, image	인터내셔널 사이트 기준으로 재구성	하위 O		인터내셔널 사이트
샵 코리아		!인	text, image	인터내셔널 사이트 기준으로 재구성	하위 O	우리의 믿음, 캠페인 발자취, 캠페인 활동	인터내셔널 사이트
			text, image	현재 올라가 있는 컨텐츠 업데이트	하위 O	캠페인 발자취, 캠페인 활동	
	ㄱ	th	text, image	현재 올라가 있는 컨텐츠 업데이트		기능별 제품 소개 첫번째 리스트페이지에 나올 소개글, 카피	예) ___
	ㄹ	th	text, image	해당 색션(배스&샤워) 두번째 안내글 필요		기능별 제품 소개 첫번째 리스트페이지에 나올 소개글, 카피	예) ___
보	ㅁ	th	text, image	현재 올라가 있는 컨텐츠 업데이트		라인별 제품 소개 첫번째 리스트페이지에 나올 소개글, 카피	예) ___
	ㅅ	th	text, image	현재 올라가 있는 컨텐츠 업데이트		라인별 제품 소개 두번째 리스트페이지에 나올 소개글, 카피	예) ___
	ㅌ	!	text	기존 컨텐츠 보완	제품별	제품설명, 사용방법	
			image	기존 이미지 중 일부 교체	제품별		
			text, image	기존 컨텐츠 보완 (※ 화장품 원료사전)	원료별	기존 ___ DB 보완	
새		!이드	text, image	신규 컨텐츠 구성	CT별	신규 DB 구축	
		!운 지점	DB	각 지점별 할당 Area DB 구축 필요	하위 O	신규 DB 구축	
멤버십			text	온오프 회원통합에 따른 변경된 정책 반영	하위 O		
스터		!내	text, image	신규 컨텐츠 구성		___ 활동, 신청방법 등	
카데미		!성	form	신청		온라인 신청서 접수	회원가입시 입력정보 이외의 추가정보
		안내	text, image	신규 컨텐츠 구성		오프라인 ___ 아카데미 안내 정보	
		신청	form	신청		온라인 신청서 접수	회원가입시 입력정보 이외의 추가정보
샵 이달의 테마			text	___ 이달의 테마' 서비스 소개 문구	하위 X	참여안내, 테마 선정방법 등	
샵 메니아			text	___ 메니아' 서비스 소개문구, 인터뷰 질문	하위 X		
드바이스			text, image	기존 컨텐츠 검토 필요	하위 O		

그림 2.5-4. 정보 정의 예시 1

정보 정의서에는 정보 계층구조, 유형, 현황, 정보 단위, 구성, 출처, 디지털 가공 여부, 제공방식, 담당자, 업데이트 주기, 사용자 참여방식, 기타 참고할 만한 정보가 들어간다. 정보 정의에서 이미 어느 정도 정보 간 계층구조가 나오기도 한다. '식품〉 과일〉 사과'와 같이 말이다. 정보 정의는 만드는 것도 중요하지만, 관리하는 게 더 중요하다. 추가/수정/삭제되는 정보가 있을 경우에는 담당자가 이를 꾸준히 반영해야 한다.

정보구조 설계

정보구조 설계는 대〉 중〉 소로 이어지는 정보의 계층구조를 만드는 것이 가장 주된 일이다. 홈 화면에서 출발해 첫 번째 만나는 게 대 메뉴다. 그 하위에 중 메뉴와 소 메뉴가 있는데, 그보다 메뉴의 깊이가 깊을 경우에는 더 작은 이름을 붙이기가 애매하므로 숫자를 써서 1단계(depth), 2단계, 3단계, 4단계…와 같이 부르기도 한다. PC 웹과 달리, 모바일에서는 단계가 지나치게 깊은 설계를 지양한다.

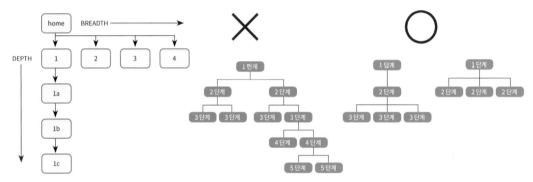

그림 2.5-5. 메뉴 단계와 폭

PC에서의 정보구조 설계는 대부분이 계층구조(Hierarchy) 방식이다. 이와 달리, 모바일은 화면이 작은 한계로 인해서 다양한 정보구조 방식이 나타났다. 모바일에서는 일반적인 계층구조를 벗어나다 보니 메뉴의 위치보다는 자연스러운 탐색이 더 중요해졌다. 모바일에서의 가장 대표적인 정보구조는 다음 4가지다.

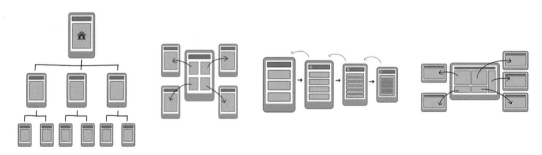

그림 2.5-6. 모바일 정보구조 설계의 4가지 방식 _ Elaine McVicar, UX Booth

왼쪽부터 차례대로 계층구조, 허브&스포크(Hub&Spoke), 중첩인형(nested doll), 대시보드(dashboard) 방식이다. 계층구조는 정보 규모가 크고 단계적으로 정보를 탐색하는 경험이 많은 서비스에서 사용된다. 보통 ≡ 모양의 전체 메뉴^{주: 삼선 메뉴라고도 한다.}를 배치해 순차적으로 원하는 정보에 접근할 수 있다. 그러나 모바일의 특성상 정보를 단계적으로 탐색하는 게 실제로는 까다롭다는 점과 정보가 하나의 분류로만 표현된다는 한계가 있다.

허브&스포크는 홈 화면이 허브 역할을 하고 개별 정보를 왔다 갔다 하는 방식이다. 홈 화면은 전체 정보를 중계해주는 역할을 하기 때문에 메뉴 링크(개인화, 추천, 바로가기, 목록 등)로 구성되어 있다. 정보 규모가 작고 홈 화면의 의존도가 높은 서비스에서 주로 사용한다. 넷플릭스나 유튜브, 틱톡 같은 미디어 서비스에서 주로 이 방식을 채택한다.

중첩인형은 정보 규모도 작지만, 이용흐름이 단선적인 서비스에 적합하다. 메인에서 출발해 탐색, 조회, 주 활동 등을 거치며 마지막까지 단선적으로 진행되는데, 중간에 이전 단계로 돌아갈 수 있다. 날씨나 일정, 지도와 같은 소규모 서비스나 단일상품 예약 위주 서비스(항공, 숙박 등)에서 이 방식을 주로 채택한다.

대시보드 방식은 홈 화면에서 요약 정보를 보여준다는 차이를 제외하면 허브&스포크 방식과 유사하다. 그러나 홈 화면의 역할이 훨씬 더 크다는 점에서 다르다. 대시보드 방식은 헬스케어나 파일 관리, 스케줄, 간단한 핀테크 앱에서 많이 채택한다.

정보 계층구조를 만드는 것보다 앞서 정해야 할 것은 어떤 분류 체계로 메뉴를 나눌 것인가다. 정보 정의 시에는 대부분 주제에 의해 분류하지만, 정보구조 설계에는 주제 외에 여러 가지 방식이 더 존재한다.

표 2.5-1. 정보 분류 체계

방식	분류 체계	설명	예시
하향식 (Top-down)	업무 기반	서비스상에서 사용자들이 행하는 업무를 기준으로 분류	결제, 주문, 조회, 문의
	주제 기반	정보의 성격/주제에 따른 분류	사회, 정치, 경제, 스포츠
	속성 기반	정보의 형식적인 속성에 따른 분류	산업 동향, 최신뉴스, 인기/추천글, 커뮤니티
	사용자유형 기반	메뉴를 찾는 사용자들의 유형에 따른 분류	영유아, 아동청소년, 청년, 중장년, 노년
상향식 (Bottom-up)	메타데이터 기반	메뉴가 아닌 메타데이터 선택에 의해서 정보를 탐색	서비스의 주요 정보와 관련된 메타데이터를 선택해서 탐색이 시작됨
	태그 기반	사용자들이 만든 태그에 기반해서 정보를 탐색	콘텐츠는 시간순으로 나열되어 있으며, 정보 탐색은 태그를 선택해야만 가능
	Q&A 기반	사용자 상호 간, 또는 서비스-사용자 간 Q&A에 의해 정보를 탐색	주고받는 Q&A가 주된 탐색 방법임

정부24 홈페이지에는 여러 가지 정보 분류 체계가 적용되어 있다.

최상단에는 속성 기반 대 메뉴가 있고, 중앙에는 업무 기반 바로가기, 그 하단에는 사용자유형 기반 서비스, 마지막으로는 태그 기반 서비스가 위치한다.

사용자층이 넓고 제공하는 서비스가 다양한 경우에는 이렇게 여러 정보 분류 체계를 적용해 사용자들의 서로 다른 탐색 동기를 맞추려고 한다.

그림 2.5-7. 정부24 PC 웹

이와는 달리 배달의 민족 앱에서는 주제별 분류가 중심이면서도 1인분, 테이크아웃과 같이 주제와 상관없는 메뉴가 몇 가지 끼어 있다. 대부분 메뉴가 주제(음식 종류)와 관련이 있으므로 분류 체계가 다른 메뉴를 별도로 떨어뜨려 놓는 것보다 같이 제공하는 선택을 한 것으로 보인다. 그런데도 사용자들이 큰 불편을 느끼지 않는 것은 메뉴 배치를 3열로 단순화해서 각 메뉴의 위치가 쉽게 익숙해지게 했기 때문이다.

그림 2.5-8. 배달의 민족 앱

분류 체계가 정해진 다음에는 실제 정보를 분류해 계층 구조를 설계한다.

1Depth	2Depth	3Depth	4Depth		1Depth	2Depth	3Depth
전화	전화 부가 서비스	통화	부가 서비스팩		상품	모바일	3G요금제
			발신번호표시				SIMple/선불요금제
			착신전환				모바일 부가서비스
			착신거절				모바일 단말
			통화 중 대기			인터넷	인터넷 요금제
			변경번호 자동안내				인터넷 부가서비스
			지정시간 통보			TV	TV 요금제
			평생번호				TV 부가서비스
			수신자 부담			전화	인터넷전화 요금제
		엔터테인먼트	뮤직링				집전화 요금제
		무료 서비스	자동 연결 서비스				
			발신제한 서비스				
			단축 다이얼 서비스				
			부재중 안내 서비스				
			발신번호 보호 서비스				
			리모콘				
	인터넷 부가 서비스	무료 서비스	통화 중 대기				
			지정시간 통보				
			리모콘				
			발신제한 서비스				
			부재중 안내 서비스				
			발신번호 보호 서비스				

그림 2.5-9. 정보구조 예시

위 왼쪽의 정보구조 예시는 메뉴가 마지막 단계에서 지나치게 세분화됐고, 정보 속성에 따라서 단순하게 나열했기 때문에 상품 탐색 시 동기 부여가 약하다. 이런 정보구조에서는 원하는 정보를 찾기까지 품이 많이 든다는 단점이 있다. 2, 3단계 메뉴를 재구성하여 4단계에 가중된 부담을 줄이고 원하는 서비스를 찾기 위해 마지막에 헤매지 않게 해야 한다.

반면에 오른쪽의 정보구조는 복잡하지 않아 보이지만, 실제로는 메뉴에 나타나지 않은 상품과 서비스를 UI를 통해서 탐색해야 하기 때문에 UI에 과중한 부담을 전가하는 문제를 안고 있다. 그러나 UI에서 필터나 추천 등을 잘 활용하면 정보구조의 단순함이 장점으로 부각될 수 있다.

정보구조 설계 시에는 수시로 이전에 정의된 사용자 시나리오가 새로운 정보구조상에서 실제로 잘 작동하는지를 점검하는 것이 필요하다. 정보구조 설계의 결과인 사이트맵을 놓고서 시나리오대로 이용흐름을 따라갔을 때 문제가 없는지를 살펴본다.

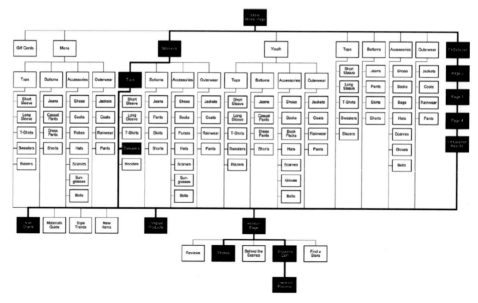

그림 2.5-10. 사이트맵에서 시나리오 검증 _ MulderMedia

내비게이션 설계

PC와 모바일은 스크린의 크기와 조작 방식의 차이가 있기 때문에 메뉴를 탐색(Browsing)할 때 쓰는 도구인 내비게이션도 아주 다르다. 단적으로 말해서 모바일에서는 내비게이션이 차지하는 비중이 PC보다 적고, 그 대신 제스처(Gesture)와 상태변화(Transition)가 더 중요하다.

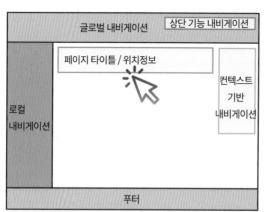

그림 2.5-11. PC와 모바일의 내비게이션 차이

PC에서의 조작은 마우스 클릭, 올리기, 잡아끌기, 키보드 입력 등으로 제한되어 있다. 이에 비해 모바일은 조작 방법이 매우 다양하기 때문에 제스처를 내비게이션의 한 요소로 활용할 수 있다. 가령 스와이프(옆으로 밀기)를 하면 옆에 숨겨진 다른 화면이 나타난다거나 목록에서 롱 탭(길게 누르기)을 하면 감춰있던 옵션 메뉴가 등장하여 메뉴나 기능을 선택할 수 있다.

PC에서의 내비게이션은 UI에서 큰 비중을 차지하는 데 비해 모바일에서의 내비게이션은 거의 감춰져 있는 경우가 많아서 UI에서 눈에 잘 띄지 않는다.

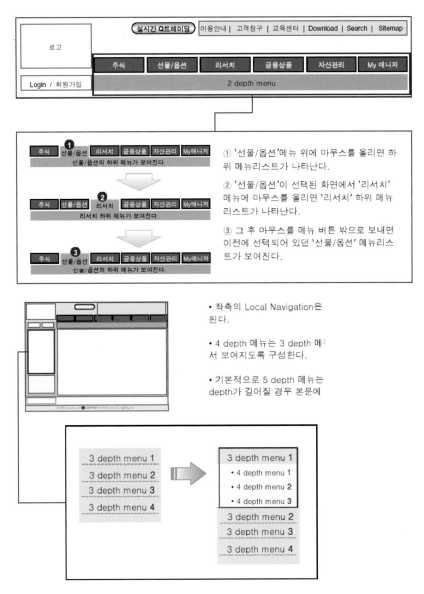

그림 2.5-12. PC에서의 내비게이션 설계 예시

PC에서의 내비게이션 설계는 상단의 글로벌 내비게이션(GNB)에서의 1, 2단계 메뉴와 왼쪽 로컬 내비게이션(LNB)에서의 3~5단계 메뉴 설계를 위주로 이뤄진다. 이 둘이 중심이라고 보면 되며, 마우스를 클릭하거나 올렸을 때 하위 메뉴가 어떻게 나타나는지, 마우스를 이동했을 때 어떤 변화가 나타나는지를 설계한다.

그 외 상단 기능 내비게이션과 푸터(Footer)에 위치할 메뉴를 정하는 작업과 페이지 타이틀/위치정보의 기능, 오른쪽 컨텍스트 기반 내비게이션에 어떤 성격의 정보를 놓을지에 관한 정의가 뒤를 잇는다.

모바일에서의 내비게이션 설계는 전체 메뉴만 놓고 보면 PC와 유사하다. 그러나 PC에서는 찾아보기 힘든 탭 메뉴나 개인화 메뉴, 설정, 화면 안에서의 스프링보드, 목록 메뉴 설계 등이 추가로 필요하다.

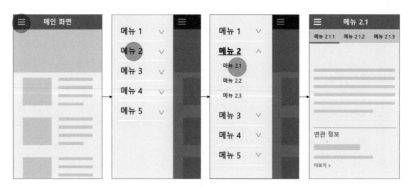

그림 2.5-13. 모바일 내비게이션 설계 예시

내비게이션 설계 시 지켜야 할 원칙

- 내비게이션에는 탐색뿐만 아니라 현재 위치 확인, 이전으로 돌아가기, 처음으로 돌아가기에 대한 고려가 반영돼야 한다.
- PC에서는 웹 브라우저의 주소, 뒤로가기 등의 내비게이션 기능을, 모바일에서는 백(back) 키, 기능키, 웹과 앱의 상호 이동 등도 고려해야 한다.
- 현재 정보와 관련된 다른 정보를 요약하거나 하이퍼링크로 노출하면 계층적 메뉴 구조가 갖는 일방향적인 한계를 보완할 수 있다.
- 하위 메뉴가 적을 경우에는 전체 메뉴를 한 번에 보여줘도 되지만, 하위 메뉴가 많을 경우에는 한 번에 하나씩 열리게 한다.
- 화면과 상관없이 일관된 내비게이션과 홈으로 돌아갈 수 있는 링크를 제공한다.

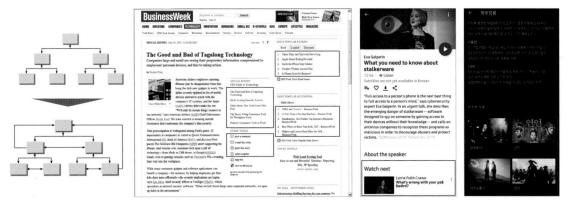

그림 2.5-14. PC와 모바일에서 관련 정보 하이퍼링크를 통해서 탐색의 유연성을 확보한 사례

모바일 웹과 모바일 앱 간의 차이점

	모바일 웹	모바일 앱
OS 제한	없음	안드로이드, iOS 앱 별도 개발 필요
인터넷 제한	온라인에서만 사용 가능	오프라인에서도 사용 가능
설치	설치 단계 없음 (웹 브라우저 접속)	스토어를 통해 구매 및 설치
구축 비용	적은 비용, 적은 시간 (한 번의 개발 비용)	큰 비용, 많은 시간 (OS별로 개발)
업데이트 주기	긴 편. 웹 표준 업데이트 시 개편	짧은 편. OS 업데이트마다 개발 필요
업데이트 배포 과정	쉬움 (웹 접속 시 자동 반영)	어려움 (사용자가 스토어에서 업데이트)
준수 사항	웹 표준, 웹 접근성 등	OS별 가이드
인터페이스 구현 범위	좁음 (웹 브라우저 내 간단한 인터페이스)	넓음 (애니메이션, 동작 인식 등 다양)
실행 속도	느림	빠름
용량	일정 기간 쿠키 사용	삭제 전까지 늘 일정 용량을 차지
적합 콘텐츠	블로그, 뉴스, 스포츠 콘텐츠, 제품 리뷰, 비디오	소셜 미디어, 음악, 게임
내부 기기 연동	제한적	자유로움

내비게이션 설계 시에는 단순히 정보구조로의 접근 외에 개인화나 알림, 추천, 설정, 검색, 핵심 정보로의 바로가기 등도 고려해야 한다. 따라서 로그인 전후에 내비게이션이 달라지거나 사용자에게 전달할 알림, 혜택, 추천을 강조해서 보여주는 것도 내비게이션 설계에서 고려해야 한다.

오른쪽 그림은 모바일 내비게이션 설계의 예시다. 로그인한 사용자들의 개인정보와 개인화된 메뉴를 상단에 보여주고 전체 메뉴는 그 아래에 배치했는데, 이 서비스의 특성상 본인의 정보나 가입한 상품으로의 이동은 쉽게 하고, 메뉴 탐색은 상대적으로 비중을 낮게 했다.

그림 2.5-15. 모바일 내비게이션 설계 예시 1

오른쪽 내비게이션 설계 예시에서는 전체 메뉴를 온에어, 편성표, 마이페이지로 구분하고 일반적인 정보구조에 해당하는 온에어가 기본으로 노출되게 설계했다.

이렇게 원래의 정보구조를 하나로 제공하지 않고 전체 메뉴 상단을 통해서 구분해서 제공할 경우, 일반적인 메뉴에 대한 접근성은 유지하면서 주요 콘텐츠(이 경우에는 편성표, 마이페이지)로도 빠르게 접근할 수 있다.

그림 2.5-16. 모바일 내비게이션 설계 예시 2

이번 그림의 내비게이션 예시는 전체 메뉴를 2단으로 나누어 1단계 메뉴를 왼쪽에 배치하고 그 하위 메뉴를 오른쪽에 배치한 설계다. 이러한 설계는 1단으로 메뉴를 배치한 것보다 1단계 메뉴들에 대한 접근성을 높일 수 있다는 장점이 있다.

상위 메뉴 간에 이동성이 좋아져서 사용자가 원하는 메뉴를 더 빠르게 찾을 수 있다는 장점이 있다. 전체 메뉴가 중요한 메뉴 탐색 방법인 서비스에서 이러한 방식을 채택한다.

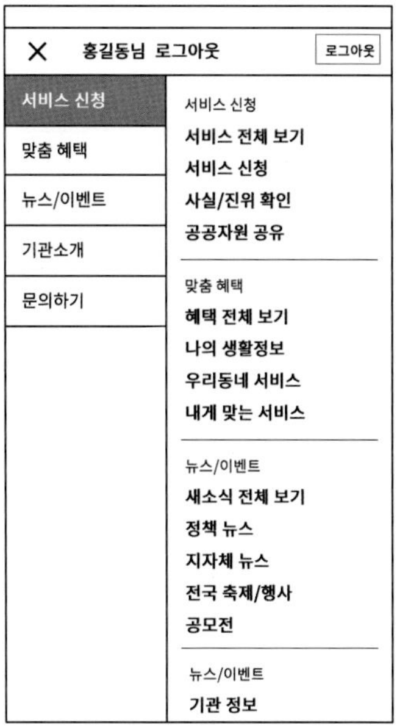

그림 2.5-17. 모바일 내비게이션 설계 예시 3

검색 설계

검색은 메뉴 탐색(Browsing)과 달리 키워드를 직접 입력하거나 조건을 여러 개 선택해서 원하는 정보로 빠르게 접근할 수 있는 탐색 방법이다. 길 안내나 예약 서비스 등에서는 아예 메뉴 탐색 없이 검색에 의해서만 정보를 탐색할 수 있게 되어 있다.

검색 설계라고 하면 보통 작은 검색어 입력창 하나를 생각하기 마련이지만, 그 외에도 생각보다 디자인할 게 많다. 일단 눈에 보이는 것만 따져도 검색어 입력창과 옵션, 검색 결과 화면을 설계해야 하고, 눈에 보이지는 않지만 검색 리소스를 어디로 한정할 것인지, 연관 검색어나 추천 검색 결과는 어떤 식으로 보여줄 것인지를 고려해야 한다.

정보 탐색 패턴

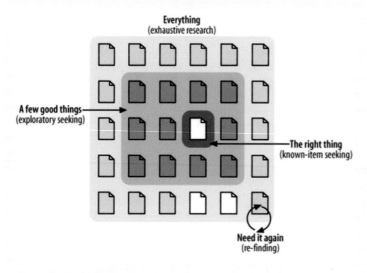

- 전체 정보를 탐색
  (예: 오늘의 새 소식)

- 특정 정보 범위만 탐색
  (예: 경제 뉴스)

- 특정 정보 하나만 탐색
  (예: 키워드 검색)

- 어떤 정보를 반복 탐색
  (예: 날씨)

그림 2.5-18. 정보 탐색 패턴 _ Peter Moville, Information Architecture

검색에서 설계해야 할 항목은 다음과 같다.

검색어 입력	검색 옵션	검색 결과 기능	검색 리소스
• 검색 입력창의 위치 • 자동 완성 • 자동 추천 • 검색 기록	• 검색 카테고리 선택 • 상세 검색 옵션 • 검색 결과 필터링	• 연관 검색 • 추천 검색결과 • 검색결과 카테고리화 • 검색 결과 정렬	• 소셜 검색 • 외부 리소스 검색 • 메타데이터/시소러스

그림 2.5-19. 검색 설계 항목

검색어 입력창은 어디에 배치하는 것이 좋은가? 검색창은 비워 둔 채 놔두는 게 좋은가? 아니면 안내 문구나 추천 검색어를 미리 띄워 놓는 게 좋은가? 검색어 추천은 어떻게 작동돼야 하는가?

검색어 입력창은 처음 서비스 진입 시에 쉽게 접근할 수 있는 위치에 배치돼야 한다. 홈 화면의 상단 오른쪽이나 전체 메뉴 상단 영역이 좋다. 검색을 자주 하는 서비스가 아니라면 굳이 검색창을 완전히 보여줄 필요 없이 검색 아이콘만 보여줘도 충분하다.

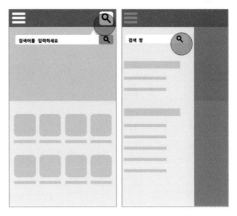

그림 2.5-20. 검색 입력창 위치

검색어 입력창 내에는 안내 문구를 제공해 검색어 예시나 입력 안내를 미리 알려주는 것이 좋다.

검색어를 잘못 입력했을 때는 검색 입력란에서, 검색 결과가 없을 때는 검색 결과 화면 내에서 검색 결과가 없음을 알리는 편이 좋다.

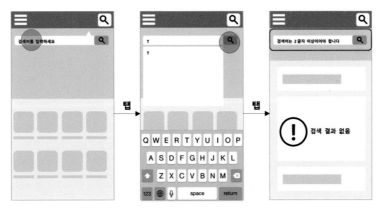

그림 2.5-21. 검색 시 안내 문구

검색어 입력창에 안내 문구는 서비스 특색이 반영되어야 한다

'주문하려는 음식을 입력하세요', '어디의 날씨를 알려드릴까요?', '주식 종목명 또는 코드명'

'UX 여정〉 개인화'에서 얘기했듯이 처음에 빈 검색창을 탭 하면 사용자가 최근에 검색한 검색어들이 먼저 뜨고, 입력하는 키워드에 따라서 사용자의 이전 검색 기록(Search history)이나 키워드와 관련된 검색어를 추천하는 것이 좋다. 검색어 추천은 검색어 입력창은 물론, 검색 결과 화면에서도 '연관 검색어' 형태로 보여주는 것이 좋다.

그림 2.5-22. 검색어 추천

다음 구글 앱 예시를 보면 처음 검색어 입력창을 탭 했을 경우에 이전 검색어들이 나타나지만, 검색어('서울 날씨')를 입력하면 연관된 다른 검색어들이 밑에 나타난다. 오른쪽의 이마트몰은 검색어 입력창을 탭했을 때 인기 검색어 태그, 최근, 인기 태그, 자주 찾는 등으로 연관 검색어를 구분해서 보여준다.

그림 2.5-23. 검색어 추천 예시. 구글, 이마트몰 앱

검색 옵션은 특정 정보 범위만 좁혀서 검색하고자 할 경우에 효과적이다. 키워드를 여러 개 결합할 경우에도 검색 결과 범위를 좁힐 수 있지만, 서비스가 제공하는 검색 옵션들을 선택하면 더 효과적일 수 있다. 모바일에서는 PC와는 다르게 검색 옵션을 검색어 입력창 옆에 두지 않고, 검색 결과화면에서 제공한다. 서비스 특성상 조건 검색을 제공하는 경우가 아니라면 대부분의 검색은 키워드만 가지고 일단 시작한다.

검색 결과 화면의 구성요소

- **검색 결과**: 검색 결과는 검색어와의 연관도 순으로 단순 나열하는 것보다는 카테고리 구분이나 추천 검색 결과 형태로 제공되는 것이 바람직하다.

- **연관 검색어**: 검색어와 의미가 연관된 다른 검색어를 보여주면 사용자는 재검색이나 추가적인 탐색을 쉽게 할 수 있다.

- **검색 옵션**: 검색 결과가 너무 많을 경우에 사용자의 관심사에 따라서 그 범위를 좁힐 수 있는 기능을 제공하는 것이 좋다.

- **카테고리 구분**: 서비스 구조나 정보의 속성에 따라서 검색 결과를 카테고리로 구분하면 원하는 결과에 좀 더 빠르게 접근할 수 있다.

- **추천 검색 결과**: 검색 결과 중 가장 신뢰도가 높고 사용자가 반드시 알아야 할 정보를 말한다.

그림 2.5-24. PC와 모바일에서의 검색 옵션 차이

검색 결과 화면에서는 검색 결과, 연관 검색어 외에 검색 옵션, 추천 검색 결과(Best Bet), 검색 결과 카테고리를 제공해 재검색이나 추가적인 탐색을 돕는다.

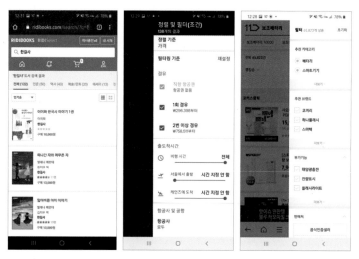

그림 2.5-25. 검색 결과 화면 예시. (왼쪽부터) 리디북스, 스카이스캐너, 11번가

위 예시들은 검색 결과 화면에서 카테고리 구분이나 검색 옵션을 제공한다.

최근에는 검색어 입력창 하단에서 바로 결과를 알려주거나 검색어의 맥락을 검색 결과에 반영하고, 검색어에 대해서 단계를 거치지 않고 바로 결과로 제시하는 사례도 있다.

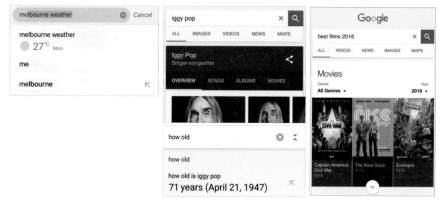

그림 2.5-26. 구글이 최근에 선보인 검색 UX

필터/태그 설계

필터나 태그는 특정 정보 범위 또는 특정 정보 하나에 바로 접근할 수 있게 돕는 중요한 경험요소다. 필터는 사용자들이 원하는 조건을 직접 선택해야 하지만, 태그는 정보와 관련된 키워드를 단순히 선택만 하면 바로 이용할 수 있다는 점에서 차이가 있다.

필터는 원하는 정보를 찾는 조건을 사용자가 직접 고민하고 제스처해야 한다는 측면에서 목적의식적인 동기에 적합하고, 태그는 미리 제시된 것 중에 하나를 선택만 하면 된다는 측면에서 비 목적의식적인 동기에 더 적합하다.

TodayTix 앱은 검색창 하단에 드로어패널 (drawer panel) 형태의 필터를 제공해 공연들을 날짜, 장소, 유형별로 실시간 검색할 수 있게 했다.

지나친 복잡성을 피하기 위해 날짜별 시간대를 구체적으로 정하지 않고 낮과 밤으로만 제한한 점이나 티켓 가격을 자주 검색하는 조건으로 선택하게 한 점은 UX 측면에서 높이 살 만하다.

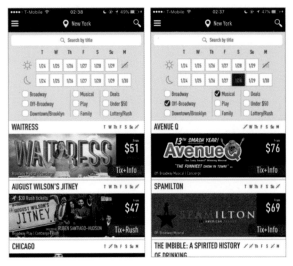

그림 2.5-27. TodayTix

그림 2.5-28. 인스타그램 쇼핑 포스트 _ Nikki Canning, Later

위 그림은 인스타그램에서의 쇼핑 포스트(shopping post)를 보여준다. 인스타그램 상에서 태그된 상품 이미지를 보다가 특정 아이템을 선택하면 구매로 이어질 수 있다.

목적의식적인 동기보다는 우연적인 발견에 의한 비 목적의식적인 동기가 더 강하다.

그림 2.5-29. 포스퀘어

포스퀘어는 기본 필터링과 상세 필터링을 둘 다 제공하여 주변 장소를 대충 빠르게 찾거나 느리지만 상세하게 찾는 것이 모두 가능하다.

필터는 선택한 조건을 모두 만족하는(AND 조건) 결과만 보여주는 방식과 선택한 조건에 해당하는(OR 조건) 결과는 모두 보여주는 방식이 있다. 어떤 로직(Logic)이 UX적으로 더 적합한지 선택해야 한다.

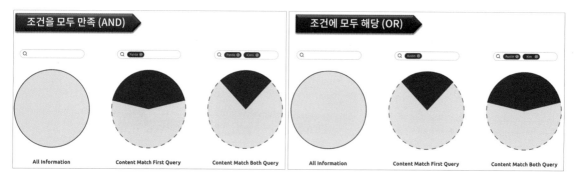

그림 2.5-30. 필터 로직 _ Zhiyu Xue, UX Collective

필터를 설계할 때는 필터 이후 맥락도 함께 고려해야 한다. 이러한 맥락은 특정 결과만 찾고자 할 때와 목록 중에서 원하는 결과만 보고자 할 때, 전체 목록 가운데 조건에 맞는 결과를 확인하고자 할 때로 나눌 수 있다.

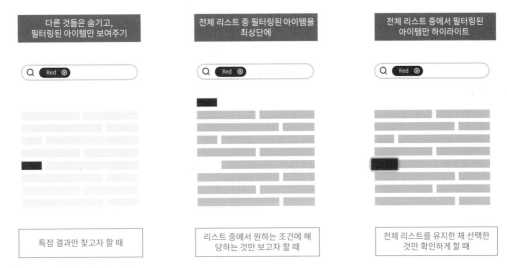

그림 2.5-31. **필터 이후 맥락 고려** _ Zhiyu Xue, UX Collective

필터는 탐색뿐만 아니라 개인화와도 밀접하게 맞물려 있다. 사용자들은 관여도가 높은 서비스에서 같은 행동을 반복할 경우 불만이 높아질 수 있다. 매번 필터링하지 않아도 처음에 설정한 조건들이 자동으로 적용되면 좋은 UX를 제공할 수 있다.

오른쪽 그림은 부킹닷컴의 필터 화면인데, 장소나 일정을 다르게 검색할 때마다 매번 같은 조건을 필터링해야 하는 피곤함이 따른다. 사용자들이 자주 찾는 조건들이 기본으로 세팅돼 있다면 이러한 수고가 줄어들 것이다.

그림 2.5-32. **부킹닷컴**

태그에서도 개인화가 필요할 수 있다. 일반적인 태그가 아니라 사용자의 성향이나 이전 활동 이력, 관심사에 기반해서 태그를 제공하면 사용자들을 좀 더 서비스에 깊이 참여(Engaging)시킬 수 있다.

다음 예시는 필터와 검색이 결합된 디자인이다. 키워드를 몇 개 입력하면 관련된 조건들이 검색어 입력창 아래로 제시되는데, 이 가운데 선택을 하면서 필터 조건을 완성해 나가는 UX다.

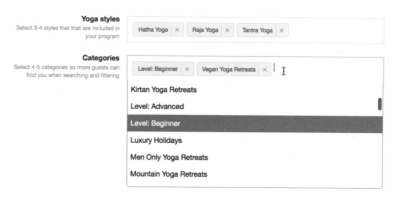

그림 2.5-33. 필터와 검색이 결합된 예시 _ Zina Szőgyényi, Medium

다음 예시는 필터와 태그가 결합된 디자인이다. 사용자가 제시된 태그 중에서 몇 가지를 선택하면 그와 관련된 결과에 접근할 수 있는 UX다.

그림 2.5-34. 필터와 태그가 결합된 예시 _ Zina Szőgyényi, Medium

레이블링

레이블링은 서비스의 메뉴명, 정보명, 검색 조건명, 필터명, 태그명 등을 설계하는 작업이다. 이미 실체가 존재하는 정보에 이름만 붙이는 작업이다 보니 자칫 간과되기 쉬운데, 사용자 관점에서 봤을 때 정보의 레이블은 서비스를 구성하는 정보이자 기능이자 구조다. 내비게이션이 탐색을 돕는 가이드 역할을 맡는다면 레이블은 정보 자체를 대표하므로 레이블링은 중요한 작업이다.

그림 2.5-35. 레이블링의 좋은 예시와 나쁜 예시

레이블링의 원칙

- 모든 레이블은 정보를 대표해야 한다. 레이블만 봐도 정보가 연상돼야 한다.

- 사용자 입장에서 레이블을 정한다.

  - 운영자들이 사용하는 전문 용어를 피한다.
  - 사용자들이 잘 모르는 기술적인 용어를 피한다.
  - 함축적인 뜻을 지닌 용어나 유행어를 피한다.
  - 생략된 용어를 피한다.

- 사용자가 해야 할 행동을 제시하는 서술적인 레이블이 좋다.

- 한 서비스에서 중복되는 레이블은 피한다.

- 일관된 레이블의 원칙

  - 하위 정보로 들어갈수록 보다 세밀화된 레이블을 적용하라.
  - 같은 내비게이션에 배치된 레이블은 문법적으로도 동일하게 하는 것이 좋다.
  - 레이블의 일관된 폰트, 크기, 스타일은 단일하게 구성됐다는 인상을 준다.
  - 특정 정보에 대한 레이블은 사이트 어느 곳에서든지 동일한 이름을 가져야 한다.

- 레이블 길이에 주의하라. 너무 길면 좋지 않다.

- 품사를 통일한다(예: 가입, 신청하기 등 품사를 혼용하지 않고 가입, 신청으로 통일).

- 되도록 영어, 우리말 사용 등 사용하는 언어도 통일한다(예: E 뉴스 대신 인터넷 뉴스).

- 메뉴명 관리를 하나의 시스템으로 생각하고 전체적인 가이드를 미리 수립한 후 설계한다. 예를 들어 단계(Depth)별로 원칙을 수립해 메뉴명에 대한 가이드라인을 만든다.

  - 예) 1단계: 4자 이내/일반적인 단어, 2단계: 6자 이내/개성을 허용하여 키워드, 부호 사용

2.5.2. 이용흐름(User Flow) 설계

이용흐름 설계란 사용자가 특정한 작업(Task)을 완료하기 위해서 서비스 내에서 움직이는 경로를 정리하는 것이다. 사용자 시나리오보다 더 구체적이며 UI, 행동, 판단으로 표현된다.

이용흐름의 구성요소

- **목표(User goal)**: 사용자가 서비스를 통해서 얻고자 하는 결과

- **작업(Task)**: 목표를 위해서 실제 사용자가 취한 방법

- **UI**: 서비스가 사용자에게 정보를 제시하기 위한 접점

- **행동**: 사용자가 작업을 완료하기 위해 UI 상에서 보이는 주 활동 및 보조 활동

- **판단**: 사용자 행동 후 그 결과가 분기될 경우 그 분기점을 표시한 것

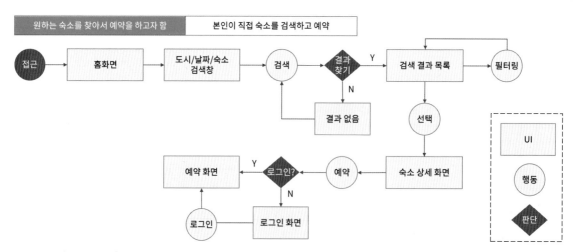

그림 2.5-36. 이용흐름 예시

위 예시는 숙소 예약 서비스를 예로 든 이용흐름이다. 네모상자는 UI를 나타내며 한 개의 화면일 수도 있고, 화면 내 특정 부분일 수도 있다. 동그라미는 사용자들이 작업을 완료하기 위해서 취하는 행동이다. 마름모는 판단으로 사용자의 행동 후 결과 유무나 로그인 여부에 따라서 다른 UI, 행동으로 이어진다.

이용흐름은 작업흐름(Task flow)과 화면흐름(Wire flow)으로 나뉘며, 최종적인 이용흐름(User Flow)은 UI 설계 과정에서 완성된다. 다음 이미지는 이용흐름 설계 과정을 보여준다.

1. 사용자 시나리오로부터 목표와 작업을 추출한다.

2. 작업흐름을 설계한다.

3. 화면흐름을 설계한다. 여기서 이야기하는 화면은 와이어프레임 수준으로 대략적인 정보 구성과 배치만 나타낸 것이다.

4. UI 설계 과정에서 최종적인 이용흐름을 완성한다. UI뿐만 아니라 제스처(gesture)나 상태 변화(transition)와 같은 인터랙션도 이용흐름에 반영된다.

User Flow Design

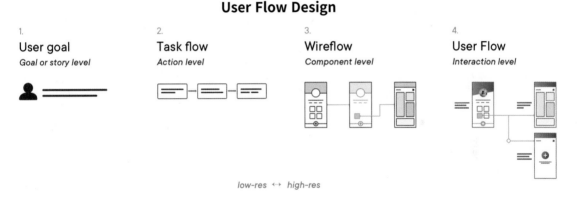

그림 2.5-37. 이용흐름 설계 과정 _ Alexander Handley, UX Collective

그림 2.5-38은 작업흐름과 화면흐름 예시다.

UX/UI 디자인의 대상인 디지털 서비스에는 하나가 아닌 여러 개의 화면이 들어가 있고 각 화면은 특정 작업에 따라 순차적으로 연결된다. 이용흐름 설계의 목적은 그러한 과정을 목적 및 작업에 따라 명시적으로 나타내는 것이기 때문에 작업흐름은 이용흐름에서도 가장 중요하다. 화면흐름부터는 '흐름'보다는 UI나 인터랙션에 대한 설계가 더 중요해지기 때문에 이용흐름 설계는 사실상 작업흐름 설계라고 봐도 무방하다.

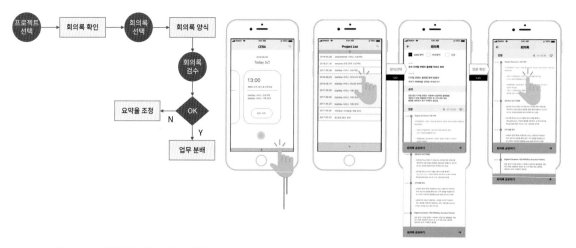

그림 2.5-38. **작업흐름(좌)과 화면흐름(우)** _ 라이트브레인 UX 아카데미 6기 CERA조

다음 예시는 에어비앤비에서의 새로운 숙소 검색 및 예약 과정에 대한 작업흐름이다. 이용흐름의 요소뿐만 아니라 각 UI에 필요한 콘텐츠와 기능도 별도로 명시되어 있다(회색 사각형). 이것만 있으면 각 화면이 어떻게 구성되는지, 어떻게 연결되는지를 어느 정도 파악할 수 있다.

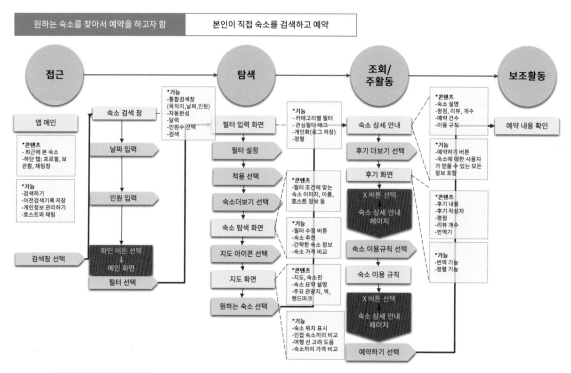

그림 2.5-39. **작업흐름 예시** _ 라이트브레인 UX 아카데미 8기 AirBnB조

잘 만들어진 작업흐름 설계서는 이후 진행될 UX/UI 디자인에 큰 역할을 한다.

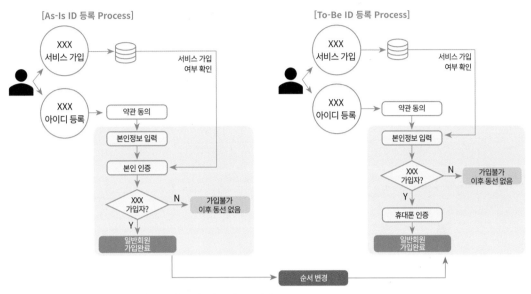

그림 2.5-40. 기존(As-is)과 신규(To-Be)를 대비한 작업흐름 예시

2.5.3. 인터랙션 설계

좋은 인터랙션은 서비스 UI를 생동감 있게 만들고 이용흐름을 보다 매끄럽게 이어주며, 딱딱한 정보구조의 바다를 원활하게 탐색할 수 있게 도와준다. 이렇게 인터랙션이 UX/UI 디자인에서 매우 중요한데도 불구하고 그 중요성은 최근 들어서야 주목받기 시작했다. 그 선봉에는 구글의 머티리얼 디자인(Material Design)이 서 있다.

그림 2.5-41. 구글 머티리얼 디자인 콘셉트

구글 머티리얼 디자인에는 정적인 UI 요소에 동적 움직임이나 제스처에 따른 매끄러운 상태변화를 통해서 UI의 생동감을 넣는다는 콘셉트가 있다. 머티리얼 디자인은 구글 서비스뿐만 아니라 대부분의 모바일 앱에 영향을 미쳤다.

누군가 '서비스는 훌륭해. 그런데 이용하는 데 익숙해지기 힘들더라고'하고 말했다면 그것은 인터랙션과 관련됐을 확률이 높다. 인터랙션은 주로 동작과 관련이 있기 때문이다. 정보의 현재 상태를 표시하고 동작을 유도, 실행하는 것도 인터랙션의 한 영역이다. 인터랙션은 사용자가 서비스를 제어하는 상호작용 전반을 의미한다.

UX/UI 디자인에서의 인터랙션 구성요소

- 제스처(Gesture): 모바일과 같이 직접 손으로 제스처하는 NUI(Natural User Interface) 환경에서는 어떤 제스처로 UI를 조작하는지가 중요하다. 가장 일반적으로 쓰이는 탭 외에도 스크롤(위아래로 움직이기), 패닝(전 방향으로 움직이기), 스와이프(옆으로 움직이기) 등 다양한 제스처 방식이 있다.

- 선택/실행(Selection/Action): 제스처를 통해 UI상의 특정 요소를 선택하거나 실행 또는 실행을 위한 도구를 불러오는 것이나.

- 상태(States): 현재 상태를 알리는 것은 UX에서 큰 의미를 갖는다. 선택 여부, 실행 가능 여부, 진행 중 여부를 알림으로써 사용자의 제스처나 선택/실행에 대한 피드백을 제공하는 것이다.

- 상태변화(Transition): 사용자의 제스처에 따라서 UI 요소의 상태가 변화되는 움직임을 말한다. 처음 상태에서 마지막 상태로 변화되는 과정이라고 볼 수 있다.

제스처

제스처는 가장 기본적인 인터랙션 요소다. 사용자들은 제스처를 통해 무언가를 선택하고 실행하며, 상태를 변화시킨다. 제스처가 매끄럽다는 의미는 사용자가 기대한 동작−결과 간 조합이 잘 맞아떨어졌다는 것이다. 메시지 목록 가운데 하나를 꾹 누르면(Long tab) 저장/삭제/스팸 처리/공유 등의 기능이 나올 줄 알았는데, 아무런 변화가 없거나 이동/검색/카메라와 같은 엉뚱한 기능이 나왔다면 인터랙션이 잘못 설계된 것이다. 살짝만 옆으로 움직여서 다른 이미지를 볼 의도였는데, 화면 전체가 움직여 버리는 것도 제스처에 대한 인터랙션이 잘못 설계되었기 때문이다.

여러 개의 이미지를 옆으로 늘어놓고서 사용자가 제스처하면서 보는 방식에서는 작은 스와이프(Small Swipe)가 적용된다. 이와 달리 화면 전체를 움직일 때는 큰 스와이프(Large Swipe)를 적용한다.

그림 2.5-42. 작은 스와이프(Small Swipe) 예시

표 2.5-2. 모바일에서의 대표적인 제스처 방식

조작	방식	설명
탭	●	화면의 일정 부분을 눌렀다가 떼는 동작
더블 탭	◉	화면의 같은 부분을 일정시간(1초) 이내에 2회 눌렀다가 떼는 동작
롱 탭	◌	화면의 같은 부분을 일정시간(1초) 이상 누르고 있는 동작
스크롤	↕	화면의 위아래로 움직이는 동작
패닝	↗●	화면의 한 지점을 누른 상태에서 자유롭게 움직이는 동작
작은 스와이프	⬤→	화면의 두 지점을 옆으로 작게 이동하였다가 떼는 동작
큰 스와이프	⬤→	화면의 두 지점을 옆으로 크게 이동하였다가 떼는 동작
드래그&드롭	●→●	화면의 한 UI 요소를 누른 상태에서 이동하였다가 떼는 동작
핀치 인	◀●●▶	떨어진 두 손가락을 누르면서 반대 지점으로 벌리는 동작
핀치 아웃	●▶◀●	떨어진 두 손가락을 누르면서 동일 지점으로 모으는 동작

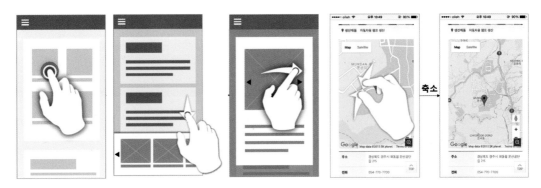

그림 2.5-43. (왼쪽부터) 롱 탭, 스크롤, 큰 스와이프, 핀치 아웃 예시

제스처 방식은 UI 개발 과정에서 자동으로 입혀지는 게 아니다. UXer가 사용자의 동작-결과 간 기대와 해당 시점에서의 맥락을 고려해 신중하게 설계해야 한다.

넷플릭스

왓챠플레이

그림 2.5-44. 넷플릭스와 왓챠플레이의 동영상 플레이 화면

위 예시는 유명 OTT 서비스인 넷플릭스와 왓챠플레이의 동영상 플레이어 화면이다. 동영상 감상 시 사용자들이 많이 하는 동작은 재생 구간 이동, 소리 조정, 밝기 조정, 자막 설정, 다음 에피소드 보기 등이 있을 것이다. 이러한 기능들을 플레이어 화면 위에 표시해 UI적으로 해결할 수도 있지만, 빠르게 탭을 하거나 스와이프와 같은 제스처 방식으로도 해결이 가능하다. 넷플릭스는 화면 좌우를 탭 해서 10초 간격으로 이동하거나 왼쪽 화면을 위아래로 움직여서 밝기 조절을 할 수 있게 했다. 왓챠플레이는 밝기 조절은 없지만, 빨리 감기의 제스처 편의성은 넷플릭스보다 뛰어나다. 빠르게 누를 경우 정해진 10초보다 더 많이 건너뛸 수 있다. 그러나 둘 다 소리를 조정하려면 하드웨어 볼륨 버튼을 쓰거나 UI 상에서 볼륨 기능을 찾아야 한다.

그에 비해 오른쪽 네이버 시리즈온 서비스는 제스처를 통한 볼륨, 밝기, 재생 구간 이동이 훨씬 편리하다. 제스처는 대략적인 위치 내에서 상하좌우와 같은 단순한 동작을 취하는 것만으로도 기능을 실행할 수 있기 때문에 UI나 하드웨어의 관련 기능을 이용하는 것보다 훨씬 편리할 수 있다.

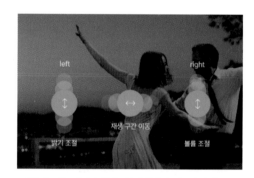
그림 2.5-45. 네이버 시리즈온의 플레이 제스처 방식

선택/실행

제스처가 인터랙션의 기본이라면, 제스처를 통해서 특정한 기능을 불러와서 선택하거나 실행하는 활동들은 인터랙션의 중심이라고 할 수 있다. 제스처가 화면 내 이동을 주로 다루는 데에 비해서 선택/실행은 화면과 화면을 이어주거나 화면 내에 숨겨진 기능을 호출하고 화면의 상태를 변화시키는 것과 관계가 있다.

제스처를 통해 특정 UI 요소의 선택/실행이 동작되고, 그 결과로 UI의 변화가 일어난다.

표 2.5-3. 모바일에서의 선택/실행 방식

선택/실행 방식	설명	관련된 제스처
맥락 도구 (Contextual tool)	선택한 항목을 조작할 수 있는 기능들이 나타난다.	롱 탭
목록 내 활동 (In-line Action)	해당 목록에 직접 기능이 표시되거나 제스처에 따라서 숨겨져 있던 기능들이 나타난다.	탭, 작은 스와이프
툴바 (Tool Bar)	화면 하단이나 화면 위에 화면내 정보를 조작할 수 있는 기능이 표시된다.	탭
옵션 메뉴 (Option Menu)	화면을 탭하면 서비스 상태나 서비스를 제어할 수 있는 기능이 화면 상하단에 표시된다.	탭, 더블 탭
주활동 버튼 (Call to Action Button)	서비스의 주활동에 관련된 버튼으로 현재 화면을 다른 화면으로 이어준다.	탭
상태변화 버튼 (Multi-state Button)	하나의 버튼이 사용자의 조작이나 맥락에 따라 상태가 변화된다.	탭, 롱 탭

위 표는 모바일에서의 선택/실행 방식을 보여준다. 특정 제스처로 항목 하나를 선택/실행하는 것에서부터 기본으로 표시된 상태에서 화면 전체를 제어하거나 다른 화면으로 이어주는 것까지 모바일에서는 다양한 선택/실행 방식이 존재한다.

롱 탭은 특정 목록을 선택하는 모바일만의 독특한 제스처 방식이다. 롱 탭이 있기 때문에 UI 상에서 굳이 체크 박스를 둘 필요가 없어졌다. 선택하려는 항목을 꾹 누르면 해당 항목이 선택되면서 UI 전체가 선택 모드로 전환되기 때문이다.

그림 2.5-46. 모바일에서 롱 탭은 체크박스를 대신한다.

선택/실행 도구들은 처음부터 UI 상에 고정된 방식과 사용자 제스처 이후에 나타나는 방식이 있다. 맥락 도구나 옵션 메뉴가 사용자 제스처 이후에 나타나는 선택/실행 방식이고 나머지는 대부분 처음부터 UI 상에 고정되어 있다.

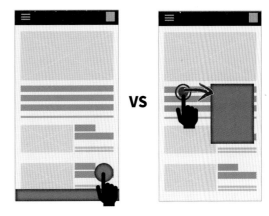

그림 2.5-47. 처음부터 선택/실행 도구가 고정된 방식과 제스처 이후 나타나는 방식

맥락 도구(Contextual Tool)는 롱 탭을 했을 때 선택/실행 도구가 나타나는 방식이다. 서비스에 따라서 상하단에 도구가 나타나는 경우와 선택한 항목의 위에 나타나는 경우가 있다.

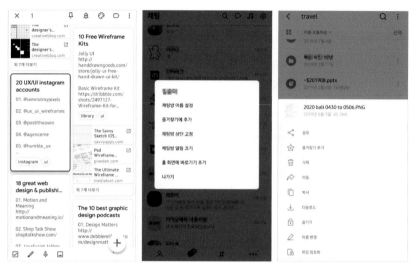

그림 2.5–48. 맥락 도구 예시. (왼쪽부터) 구글 Keep, 카카오톡, 클라우드베리

여러 항목에 대해 선택/실행이 되는 경우에는 화면 상하단에 도구가 나타나는 게 맞으며, 한 건에 대해서만 실행되는 경우에는 상하단보다는 선택 항목 위에 나타나는 게 더 바람직하다. 위 오른쪽 예시처럼 롱 탭이 아닌 더보기(⋮) 클릭 시 맥락 도구가 뜨는 경우도 있다.

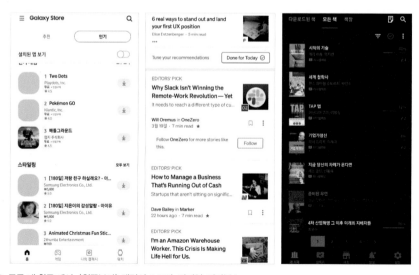

그림 2.5–49. 목록 내 활동 예시. (왼쪽부터) 갤럭시 스토어, 미디엄, 리디북스

목록 내 활동(In-line Action)은 각 목록 옆에 기능이 자리 잡고 있는 방식이다. 탭 하기만 하면 바로 실행되기 때문에 사용자의 행위를 단축해주는 효과가 있다. 주로 재생, 다운로드, 즐겨찾기 등이 나타난다.

목록에서 작은 스와이프(Small Swipe)로 숨겨진 기능을 호출하는 것도 목록 내 활동에 속한다. iOS 메일 서비스에서는 왼쪽으로 스와이프를 하면 더보기/플래그/삭제 기능이, 오른쪽으로 스와이프를 하면 아카이브 기능이 나타난다.

그림 2.5-50. 작은 스와이프를 이용한 목록 내 활동 _ Tim Hardwick, MacRumors

툴바는 처음부터 UI 상에 고정되어 화면이나 화면 내 정보를 조작하는 방식이다. 보통 하단에 바 형태로 있거나 화면 위에 (+) 아이콘 형태로 떠 있다. 주: 이를 플로팅 버튼(Floating button)이라고 한다.

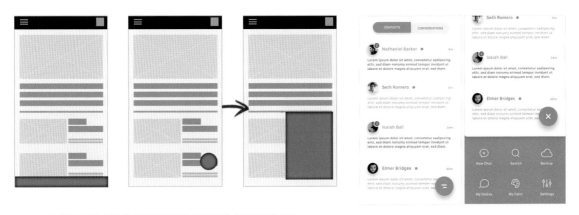

그림 2.5-51. 툴바 유형(하단 고정형, 플로팅형), 플로팅형의 예시 _ Eike Drescher, dribbble

위 오른쪽 예시는 화면에 떠 있는 툴바를 탭 하면 위가 아닌, 아래에 기능이 열려서 현재의 화면 이용 맥락을 유지하면서 필요한 기능을 불러올 수 있는 좋은 UX다.

옵션 메뉴는 콘텐츠 화면에서 화면 아무 데나 탭 하면 열리는 선택/실행 방식이다. 보통 독서, 웹툰, 음악 앱에서 이 방식을 많이 활용한다.

그림 2.5-52. 옵션 메뉴 예시 _ Designing Mobile Interface

옵션 메뉴는 이용 중에 탭이라는 간단한 동작 하나만으로 콘텐츠 조직과 관련된 기능을 불러올 수 있다는 장점이 있다.

주 활동 버튼은 UX 여정상 주 활동을 마무리 짓거나 특정 작업(Task)을 완료하는 중요한 버튼이며, 다른 버튼보다 강조된다.

그림 2.5-53. 주 활동 버튼 예시

주 활동 버튼은 다른 버튼보다 강조돼야 하며 보통 가운데 위치한다. 오른쪽에 위치하는 것은 다음 화면이 이어질 경우에는 적합하지만, 주 활동 버튼에는 적합하지 않다. 다른 보조 버튼이 있을 경우에는 해당 버튼보다 시각적으로 시선을 끌어야 한다.

상태변화 버튼은 조작이나 이용 맥락에 따라서 달라지는 버튼을 말한다.

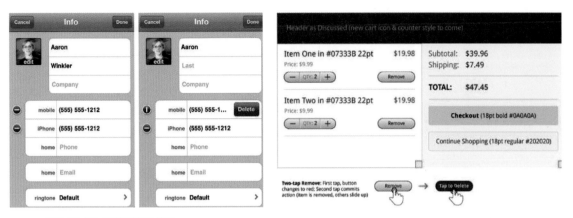

그림 2.5-54. 상태변화 버튼 예시 _ designing mobile interfaces

상태변화 버튼은 이름 그대로 상태변화(Transition)와 관련이 있다. 사용자가 제스처를 하면 그 변경 과정은 물론 결과까지 하나의 버튼에서 상태를 알려주므로 화면 전환이나 팝업창 없이 간편하다는 장점이 있다. 최근 들어 많은 서비스에서 상태변화 버튼을 적용하고 있다.

상태

서비스, 화면, 정보의 현재 상태를 알리고 사용자의 행동에 따라 피드백을 주는 것은 UX에서 매우 중요한 일이다. 상태는 다음과 같이 나눠진다.

- 서비스가 사용자 행동과 무관하게 자신의 상태를 일시적으로 안내하는 것 (예: 알림, 안내. 공지)

- 사용자 행동에 따라 피드백을 주는 것 (예: 에러 체크, 결과 피드백)

- 서비스의 진행상태를 알려주는 것 (예: 모래시계, 진행상태 바(Progress bar))

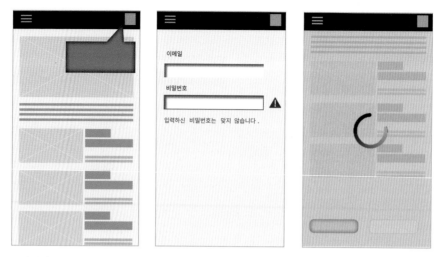

그림 2.5-55. 3가지 상태 방식

모바일은 집중이 분산되기 쉬운 특성이 있으므로 상태 표시가 사용자의 시선을 잘 끌어야 한다. 예를 들어 알림이 있는 경우에는 서비스 접근 시 알림이 있다는 풍선 문구를 보여줘야 하고, 입력 시 에러가 났을 경우에는 에러가 난 위치에서 어떤 유형의 에러가 났는지를 전달해야 한다.

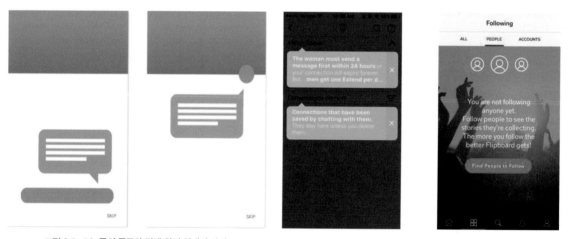

그림 2.5-56. 풍선 문구와 전체 화면 안내의 차이 _ emilydarby.com, Flipboard

위 왼쪽 3개의 예시는 서비스 상태를 풍선 문구로 보여주는 데 비해 오른쪽 예시는 전체 화면을 통해서 보여준다. 왼쪽 3개는 안내나 해당 메뉴, 기능에 대해서 사용자가 알아야 할 내용을 전달하는 목적을 지녔지만, 오른쪽 예시는 사용자가 선택한 메뉴에 콘텐츠가 아직 하나도 없다는 점을 안내하려는 게 목적이기 때문이다.

이용안내는 고정된 방식으로 직접 드러내서 보여주는 것이 좋다. 모바일은 PC에서 마우스를 올렸을 때 툴팁^{주: 이용방법을 안내하는 것}을 적용하는 것이 불가능하다. 감춰진 툴팁이 있다면 탭을 해야만 볼 수 있기 때문에 불필요한 행위가 유발된다. 따라서 모바일에서의 이용안내는 고정된 방식으로 제공해야 한다.

그림 2.5-57. 안내 문구의 고정 방식과 툴팁 방식

사용자 행동에 문제가 있을 때는 그 피드백을 바로 제시해야 한다. 주로 에러 메시지가 여기에 해당하는데 피드백을 보여주는 것도 중요하지만, 언제 어디에서 보여주는지도 중요하다. 모바일은 그 특성상 인터랙션이 빈번하기 때문에 에러가 발생한 시점에서 바로 피드백을 제공하지 않을 경우에는 큰 불만을 불러올 수 있다.

그림 2.5-58. 즉시적인 피드백의 중요성

에러 메시지를 보여주는 위치는 입력상자(Form)의 아래쪽이 제일 좋다. 그다음으로 오른쪽 옆이 좋으며, 위에 에러 메시지를 보여주는 것은 불필요하게 시선을 오가게 만들기 때문에 지양해야 한다.

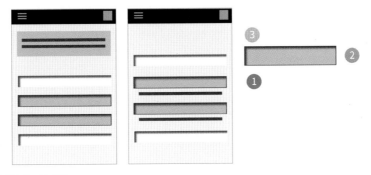

그림 2.5-59. 에러 메시지 표시 위치

피드백을 연속으로 제시했는데도 사용자가 계속해서 에러를 낼 경우에는 몇 차례 뒤에(보통 5차례) '도움이 필요하신가요?'와 같은 안내를 제시한다.

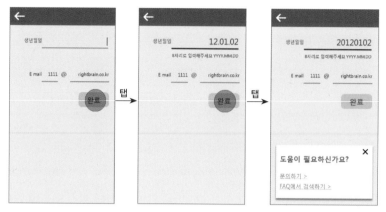

그림 2.5-60. 계속된 에러에 도움 안내 메시지 표시

다음 예시는 PC와 모바일에서 에러 메시지 표시 방식의 차이를 잘 보여준다. PC에서는 입력상자의 오른쪽에 표시한 반면, 모바일에서는 아래쪽에 표시하며, 에러 문구도 더 짧다.

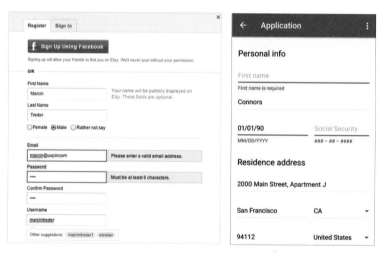

그림 2.5-61. 에러 메시지 표시 예시

진행상태를 알려줄 때는 예상 대기 시간에 따라서 표시 방식을 다르게 한다.

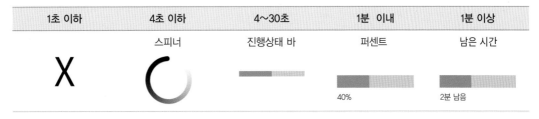

1초 이하	4초 이하	4~30초	1분 이내	1분 이상
	스피너	진행상태 바	퍼센트	남은 시간
X			40%	2분 남음

그림 2.5-62. 진행상태 표시 방식

진행상태 바에 펄싱 효과를 주거나 서비스와 관련된 가벼운 읽을거리를 제공하면 지루함이 줄어든다.

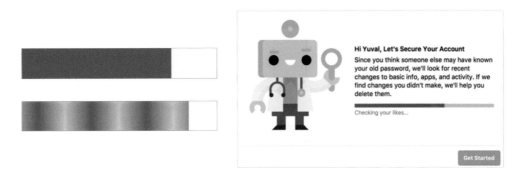

그림 2.5-63. 로딩 시 지루함을 덜어주는 진행상태 디자인 예시 _ facebook

상태변화

상태변화(Transition)는 최근 모바일 트렌드를 이끄는 주요한 인터랙션 구성요소다. 구글을 비롯한 많은 서비스가 매끄럽고 움직임이 강조된 상태변화를 UX/UI에 적용하고 있다.

표 2.5-4. 모바일에서의 상태변화 방식

상태변화 방식	설명
빠른 변화 (Quick Change)	A화면에서 B화면으로 바로 바뀌는 것
뒤집기 (Flip)	A화면이 뒤짚어지는 움직임 효과와 더불어 B화면으로 바뀌는 것
확장하기 (Expand)	A화면 내 B영역이 점점 커지면서 다른 영역까지 확장되는 것 (여전히 A화면)
전체 화면으로 열리기 (Open to Full Screen)	A화면 내 B영역이 점점 커지면서 전체를 뒤덮는 것 (B화면으로 변경)
수평적 움직임 (Horizontal slide)	A와 B화면을 서로 오갈 때 화면이 부드럽게 움직이는 효과를 주면서 바뀌는 것
변환하기 (Transformation)	화면내 UI요소가 부드럽게 움직이면서 다른 형태, 크기, 위치로 변환되는 것

빠른 변화는 모바일에서 가장 기본적인 상태변화 방식이다. 메뉴나 링크, 버튼을 누르면 다른 화면으로 바로 변경된다.

그림 2.5-64. 빠른 변화 방식

뒤집기는 빠른 변화보다 화면 전환이 더 극적이다. 처음 화면이 뒤집어지는 효과와 더불어 다음 화면으로 변경되기 때문이다. 두 화면이 목적은 동일한데 형식이나 형태가 다를 경우에 이러한 상태변화 방식을 사용한다.

그림 2.5-65. 뒤집기 방식

확장하기는 동일 화면 내에서 한 UI 요소가 다른 영역으로 점차 확장되는 방식으로 주로 목록화면 내에서 해당 목록의 숨겨진 내용을 화면 전환 없이 더 보여주려는 목적으로 사용한다.

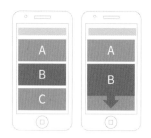

그림 2.5-66. 확장하기 방식

전체 화면으로 열리기는 화면 내 한 UI 요소가 점점 커지면서 완전히 다른 화면으로 대체되는 방식이다. 맥락상 다른 요소는 감춘 채 해당 UI 요소에만 집중하게 만들려는 목적으로 사용된다.

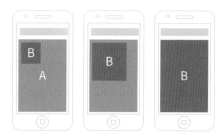

그림 2.5-67. 전체 화면으로 열리기 방식

수평적 움직임은 사용자가 큰 스와이프(Large Swipe)를 했을 때 화면이 좌우로 부드럽게 움직이면서 전환되는 방식이다. 전체 메뉴를 열거나 여러 개로 나뉜 메인 화면을 상호 오갈 때, 탭에서 다른 탭으로 이동할 때 주로 사용된다.

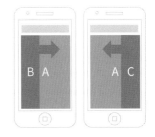

그림 2.5-68. 수평적 움직임 방식

변환하기는 화면 내 UI 요소가 사용자의 제스처에 따라서 그 형태, 크기, 위치를 서서히 변화시키면서 완전히 다른 것으로 대체하는 방식이다. 사용자 선택/실행에 따른 변화를 화면 전환이나 팝업창 없이 그 자리에서 바로 보여주고자 할 때 사용한다. 상태변화 버튼(Multi-state button)이 변환하기를 이용한 예시다.

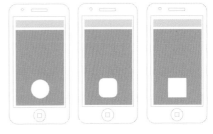

그림 2.5-69. 변환하기 방식

위 6가지는 기본적인 상태변화 방식이며, 움직이는(Motion) 효과에 따라서 다양한 응용이 가능하다.

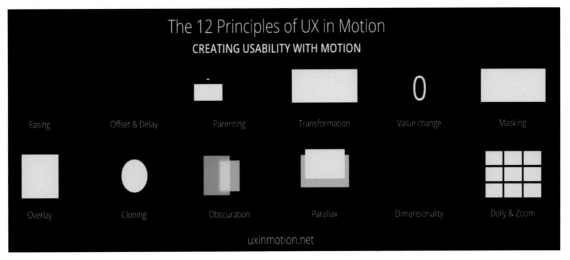

그림 2.5-70. 12가지 모션 효과 _ uxinmotion.net

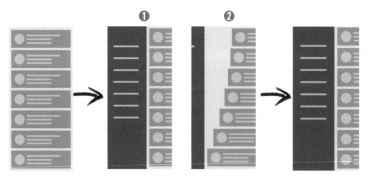

그림 2.5-71. 수평적 움직임에서의 2가지 모션 효과

위 예시는 시작과 결과만 놓고 보면 똑같은 수평적 움직임(Horizontal slide)이지만, 중간에 움직이는 효과가 다르다. 1번과 같이 UI 모듈들이 한 덩어리처럼 나타나고 사라지는 방식과 달리, 2번은 UI 모듈에 약간의 시차를 두고서 움직이게(Offset&Delay 모션 효과) 해서 UI 모듈들을 따로 인식하게 했다.

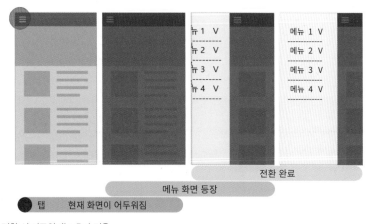

그림 2.5-72. 화면 전환 시 어두워지는 효과 적용

화면 전환 시에 어두워지는 효과(fade-out)를 주면 사용자에게 상태변화를 좀 더 확실하게 암시할 수 있다. 확장하기, 전체화면으로 열리기, 수평적 움직임 등에서 주로 사용되는데, 사용자가 어떤 행동을 했을 때 먼저 화면이 어두워지고 난 다음에 상태변화가 진행되면 사용자는 변화된 결과를 좀 더 명확하게 인식할 수 있다.

움직임은 색상이나 모양, 크기 같은 것보다 사용자에게 큰 감성을 전달할 수 있다. 지면의 한계로 다양한 상태변화 디자인을 여기서 보여주지는 못하지만, 구글 머티리얼 디자인을 비롯한 다양한 사례를 꼭 접해 보기를 바란다(https://material.io/design/).

2.5.4. UI 프로토타이핑

앞에서 작업한 서비스, IA, 이용흐름, 인터랙션이 모두 진행되었다면 UI 프로토타이핑을 진행하기 위한 준비는 모두 끝난 셈이다. 이제 사용자가 실제 UX를 보고 느끼고 경험하게 될 UI와 GUI를 설계하는 일이 남았다. UI와 GUI는 프로토타이핑 및 테스트 과정을 거쳐 설계가 이루어진다.

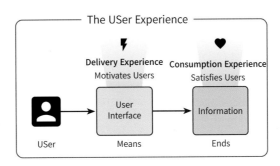

그림 2.5-73. UI는 수단이지, 목적이 아니다. _ anthony be UX Movement

이 책의 초반에서 UX/UI 디자인은 UI뿐만 아니라 다른 구성요소도 다루지만, 그중에서 UI가 가장 중요하기 때문에 UX/UI라고 부른다고 이야기했다. UI가 중요한 것은 사용자들이 실제 서비스를 만나는 접점(Interface)이기 때문이다.

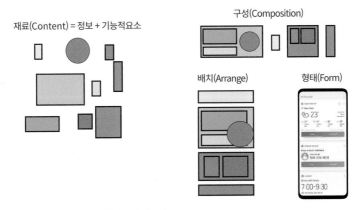

그림 2.5-74. UI 설계=정보/기능의 구성, 배치, 형태를 만드는 일

UI는 서비스의 재료(Content)인 정보와 기능적 요소들을 목적(UX)에 따라 구성하고, 제한된 공간 내에서 상하좌우로 배치하며, 마지막으로 그 구체적인 형태를 설계하는 것이다. 정보를 구성할 때도, 정보를 배치할 때도, 정보의 형태를 설계할 때도 우리는 항상 UX를 고민한다. 그래서 UX/UI인 것이다.

앞에서 작업했던 IA, 이용흐름과 인터랙션 설계는 UI 프로토타이핑으로 종합된다. 특히 아직 작업흐름 (Task Flow)에 머물던 이용흐름은 UI가 결합되어 비로소 완전한 이용흐름(User Flow)이 되며, 여기에는 인터랙션 설계에서 정한 제스처, 선택/실행, 상태, 상태변화 원칙도 결합된다.

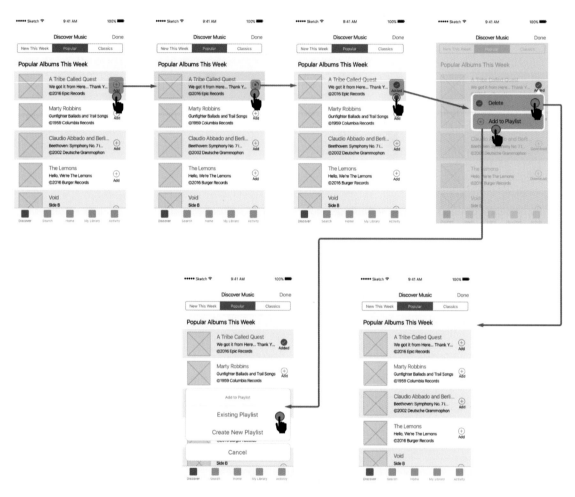

그림 2.5-75. UI를 통해 이용흐름이 완성, 인터랙션 설계 내용의 적용

UI는 단지 정보를 담는 그릇이 아니다. 블록, 구분선, 제목 계층, 글머리 기호 등은 사용자가 정보를 직관적으로 파악할 수 있게 돕는 중요한 장치들이다.

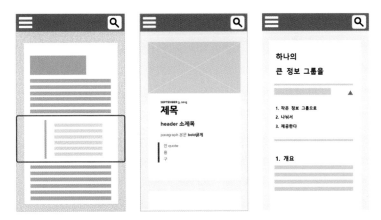

그림 2.5-76. 블록, 구분선, 제목 계층, 글머리 기호의 사용

가급적 단순한 레이아웃과 일관된 규칙을 적용하는 것이 정보를 전달하는 데 더 효과적이다. 레이아웃은 가급적 1단이나 2단으로 구성하고, 3단 이상이 필요할 경우에는 인터랙션을 통해서 해결하는 것이 좋다.

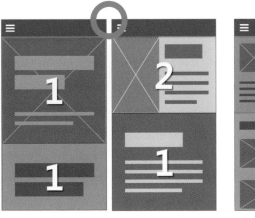

그림 2.5-77. 2단 이상 레이아웃은 모바일에서 지양한다.

무엇보다 가장 중요한 UI 설계 원칙은 사용자를 생각하게 만들지 말라는 것이다. 사용자가 스스로 어떤 순서로 봐야 하는지, 무엇을 해야 하는지를 생각하게 하는 것은 반드시 지양해야 한다. 사용자에게 정보의 순서(Visual Hierarchy)를 직관적으로 안내하고, 명확한 행동을 제시하는 것이야말로 가장 중요한 UI 설계 원칙이다.

그림 2.5-78. 명확한 행동 제시

UI 설계에는 정보 외에 다음 이미지와 같은 기능적 요소들이 반영된다.

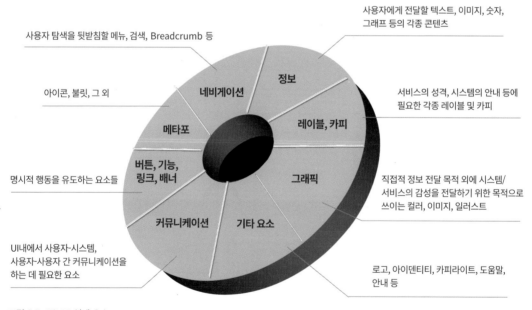

그림 2.5-79. UI 설계 요소

- **IA 설계로부터 가져오는 것들**: 내비게이션, 레이블, 커뮤니케이션 요소

- **인터랙션 설계로부터 가져오는 것들**: 버튼, 기능, 링크, 배너, 도움말, 안내 등

- **GUI 디자인과 함께 작업하는 것들**: 그래픽 요소, 메타포, 로고, 아이덴티티 등

위에서 언급한 각 요소는 조각이 모여 전체를 이루듯이 차츰 구성을 이루는데, UI 설계에서의 이러한 구성단위는 다음과 같다.

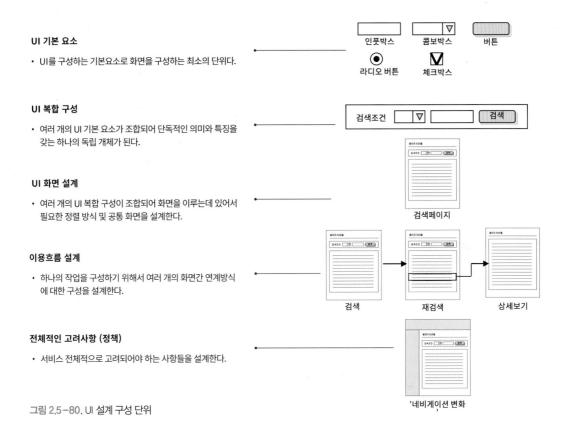

UI 기본 요소

• UI를 구성하는 기본요소로 화면을 구성하는 최소의 단위다.

UI 복합 구성

• 여러 개의 UI 기본 요소가 조합되어 단독적인 의미와 특징을 갖는 하나의 독립 개체가 된다.

UI 화면 설계

• 여러 개의 UI 복합 구성이 조합되어 화면을 이루는데 있어서 필요한 정렬 방식 및 공통 화면을 설계한다.

이용흐름 설계

• 하나의 작업을 구성하기 위해서 여러 개의 화면간 연계방식에 대한 구성을 설계한다.

전체적인 고려사항 (정책)

• 서비스 전체적으로 고려되어야 하는 사항들을 설계한다.

그림 2.5-80. UI 설계 구성 단위

UI 설계 대상

▪ **레이아웃**: 서비스의 메뉴 계층 구조에 따라서 일관된 레이아웃을 설계한다. (홈, 목록, 조회, 입력 등)

▪ **내비게이션 UI**: 내비게이션이 화면상에 어떻게 나타나는지 설계한다. (열렸을 때, 선택했을 때 등)

▪ **UI 기본 요소**: 입력 요소(form), 아이콘, 버튼, 링크, 도움말, 안내 등의 기본 요소를 설계한다.

▪ **UI 복합 구성**: 서비스 전체에서 쓰이는 공통 UI 복합 구성을 설계한다. (검색, 약관 동의, 상품 목록 등)

▪ **UI 화면 설계**: 앞에서 정의한 레이아웃에 내비게이션, UI 복합 구성을 종합한다. (목록, 검색화면 등)

▪ **이용흐름 설계**: 기설계된 작업흐름(Task Flow)을 참고해 실제 화면을 이용흐름으로 구성한다.

레이아웃 설계 결과는 와이어프레임이라고 불리며, 서비스의 주요 화면들을 일관되게 설계하기 위한 주춧돌을 놓는 작업이라고 볼 수 있다.

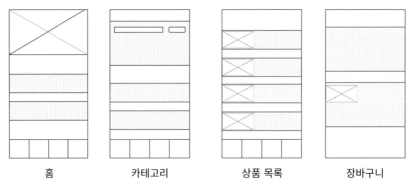

그림 2.5-81. 주요 화면 레이아웃 정의

처음에는 주요 화면이 어떻게 구성되는지만 대략 구상한다. 처음부터 상세하게 접근할 경우에는 큰 그림(전체적인 일관성 및 UI 체계)을 놓칠 수 있다. 아직 배치나 정보 형태에 대해서는 고민하지 말고, 주요 화면이 어떻게 구성되는지만 생각하는 것이 좋다.

레이아웃 설계 단위

❶ **내비게이션 UI**: 메뉴바, 탭, 검색, 필터/태그

❷ **미디어**: 이미지, 동영상, 이벤트, 배너

❸ **콘텐츠 설명**: 화면 설명문, 상품/정보 설명문

❹ **목록**: 반복되는 이름이나 제목의 순서

❺ **실행**: 버튼, 맥락 도구, 툴바

❻ **안내/피드백**: 화면 안내, 결과 피드백

그림 2.5-82. 레이아웃 설계 단위

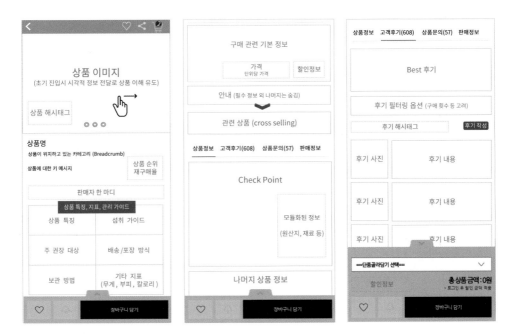

그림 2.5-83. 와이어프레임 설계

그 다음으로는 정보나 기능의 배치를 내비게이션 및 인터랙션 방식과 더불어 설계한다. 이 결과를 와이어
프레임이라고 하는데, UI에서 UX의 좋고 나쁨이 정보 구성/배치에서 사실상 판가름 나기 때문에 와이어
프레임은 UI 설계에서 가장 중요한 부분이라고 할 수 있다.

레이아웃을 통해서 정보를 어느 정도 구성했기 때문에 와이어프레임은 정보와 기능적 요소의 배치가 중
요하다. 예를 들어 가운데에 콘텐츠 설명을 두기로 했다면 어떤 식으로 그 내용을 나타내고 다른 정보와
의 균형이나 대비, 강조를 할 것인지 염두에 두어야 한다. 제스처나 선택/실행, 상태, 상태변화와 같은 인
터랙션 반영도 꼭 필요하다. 와이어프레임에는 사용자 행동에 따라서 UI가 어떻게 동적으로 달라지는지
드러나야 한다.

그림 2.5-84. 상세 화면 설계

마지막으로 정보의 형태를 설계하면서 아이콘이나 버튼, 링크 등의 내비게이션 장치들을 구체화하면 UI 화면 설계가 끝난다. 여기에 작업흐름을 반영하면 이용흐름(User Flow)이 완성된다.

UI 화면 설계에 이르러서는 실제 콘텐츠나 그에 준하는 예시 콘텐츠가 담겨야 한다. 가령 상품에 대한 소개를 긴 텍스트로 하지 않고, 짧은 요약문과 더불어 직관적으로 이해 가능한 메타포로 표현하기로 했다면 그 예시가 잘 표현돼야 한다. UI는 설계자의 설명 없이도 내용이 전달돼야 한다. 특히 UI 프로토타입은 서비스 전체에 걸쳐서 핵심적인 내용을 담는 것이기 때문에 정보의 표현 방식이나 형태가 의도대로 반영돼야 한다. 그렇지 않으면 그것을 구현할 GUI 디자이너나 UI 개발자가 제대로 이해를 못 할 수 있기 때문이다.

그림 2.5-85. UI와 작업흐름의 결합

UI 화면 설계가 끝나면 작업흐름대로 화면 내 상태변화나 화면 간 이동을 표시한다. 사용자가 버튼을 탭하거나 필터를 선택하는 등의 제스처를 취했을 때 현재 화면에서 어떤 상태변화가 이뤄지는지, 혹은 현재 화면에서 다른 화면으로 어떻게 이어지는지를 나타낸다. 이것이 이용흐름 설계이며, 이 결과는 GUI 디자인은 물론 UI 개발 단계에 이르러서도 계속 활용하는 서비스의 청사진이라고 할 수 있다.

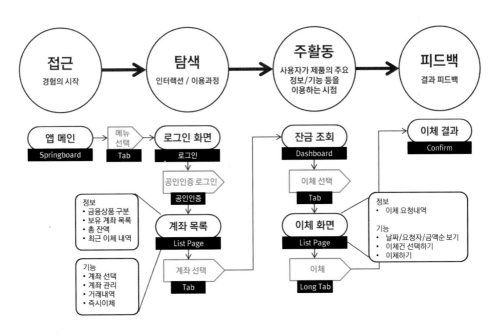

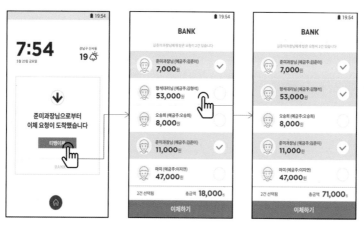

그림 2.5-86. 작업흐름과 이용흐름의 비교

앞에서도 말했듯이 UI 프로토타이핑에는 IA, 이용흐름, 인터랙션 설계가 모두 반영되기 때문에 UX/UI 디자인에서 가장 상징적인 작업이라고 할 수 있다.

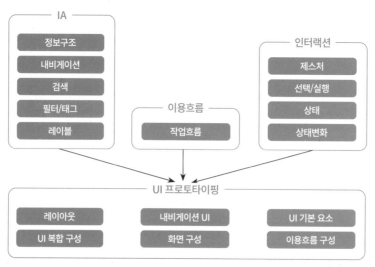

그림 2.5-87. 이전 작업과 UI 프로토타이핑 간의 관계

UI 프로토타이핑은 UX/UI 방법론 산출단계(Deliver)의 핵심적인 결과물이다. UI 프로토타이핑은 테스트를 거쳐서 UX 가이드라인과 상세 UI 설계서로 이어진다.

최근에는 UI 프로토타이핑을 프리젠테이션 툴로 만들지 않고 어도비XD나 ProtoPie와 같은 프로토타이핑 툴을 이용하여 작업하는 경우가 늘고 있다. 프로토타이핑 툴들은 재사용 가능한 UI 요소들을 미리 지

정해 놓을 수 있어서 UI 화면 설계가 더 효과적이며, 툴 자체에서 인터랙션이나 이용흐름을 표현하는 기능이 지원되어 UI 개발을 모르는 사람이라 할지라도 실제와 가까운 서비스 모형을 만들 수 있다.

그림 2.5 -88. 대표적인 프로토타이핑 툴인 어도비 스케치와 XD _ Yuval Keshtcher, Prototypr.io

대부분의 프로토타이핑 툴은 직관적인 UI 설계를 위해서 프로토타이핑의 대상 기기/운영체제 선택, UI 기본 요소 라이브러리, UI 요소에 패턴/스타일 적용, UI 요소의 크기/형태/위치 등의 편집, UI 요소에 제스처/상태변화 등의 인터랙션 부여, 화면 내 또는 화면 간 이용흐름 연결 기능 등을 제공한다.

UI 프로토타이핑 툴들은 크게 봐서 와이어프레임까지 가능한 툴과 UI 상세설계까지 가능한 툴로 구분할 수 있다.

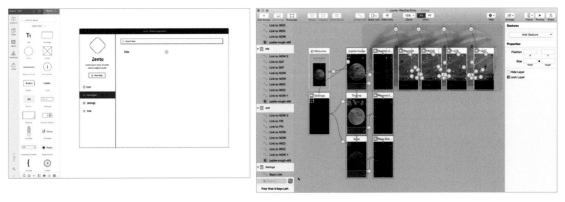

그림 2.5 -89. 와이어프레임까지 가능한 툴(좌: MockFlow)과 UI 상세설계까지 가능한 툴(우: Flinto)

와이어프레이밍(Wireframing) 툴들은 간단하고 신속하게 UI 프로토타입을 만드는 것이 목적이다. UI 기본 요소 라이브러리 및 간단한 편집, 인터랙션 부여, 이용흐름 연결이 가능하지만, 세부적인 형태 표현이나 편집, 패턴/스타일 적용, 인터랙션/이용흐름 기능은 제한적이다.

그에 비해 UI 상세설계 프로토타이핑 툴들은 세부적인 UI 편집이나 스타일 적용이 가능하고, 매우 정교한 인터랙션/이용흐름 기능을 제공한다. UI에 포함된 이미지 등을 직접 편집하거나 좀 더 사실적인 인터랙션을 위해 작업자가 스크립트를 코딩할 수 있는 툴도 있다.

프로토타이핑 툴은 프리젠테이션 문서(예: 파워포인트)보다 좀 더 사실적이고, 작동하는(탭 했을 때 다른 화면으로 이동하는 등) UI를 설계할 수 있다는 장점이 있다. 어떤 툴이 서비스나 프로젝트의 목적에 맞는지를 잘 고려해야 한다. UI 상세설계까지 가능한 툴들은 배우기가 힘들고, 프로토타이핑에 소요되는 시간도 많이 걸린다. 반면 와이어프레이밍 툴들은 이용방법이 간단하고. 작업에 걸리는 시간도 짧아서 누구나 30분만 익히면 쉽게 쓸 수 있다.

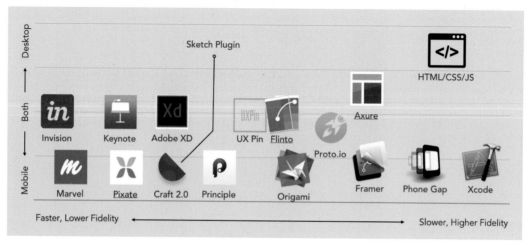

그림 2.5-90. 프로토타이핑 툴 분류 _ prototypr.io

최근 좋은 프로토타이핑 툴이 많이 나왔으며 구글, 페이스북, 네이버 같은 경우에는 자체 프로토타이핑 툴을 만들어서 사용하고 있기도 하다. 프로토타이핑 툴이 좋다는 것을 판별하는 기준은 사용 및 학습이 어렵지 않고 쉬워야 하며, 인터랙션을 간단하게 적용할 수 있고, 필요에 따라 정교한 구현도 가능해야 한다는 것이다.

- 단시간에 빠르게 배울 수 있게 쉬워야 함

- 어떤 형태로 작업한 화면이더라도 쉽게 인터랙션을 적용할 수 있어야 함

- 실제와 비슷할 정도의 정교한 구현이 가능해야 함

- 튜토리얼 영상 같은 학습에 도움을 주는 자료가 있어야 함

- 수정이 빠르고 쉬워야 함

- 포토샵이나 파워포인트와 같은 다른 툴들과 쉽게 연동되어야 함

2.5.5. GUI 프로토타이핑

UI 프로토타이핑과 GUI 프로토타이핑은 거의 동일한 시점에 진행된다. 서비스의 콘셉트와 IA, 이용흐름, 인터랙션을 가지고 GUI 디자이너들은 서비스 톤앤매너^{주: 서비스의 시각적인 분위기, 전달하고자 하는 감성적인 느낌}를 구상하고 UI 프로토타입을 전달받아서 본격적인 GUI 프로토타이핑 작업을 시작한다.

그림 2.5-91. GUI 톤앤매너 예시

프로토타이핑은 UI에만 국한되는 경우도 있지만, GUI 프로토타이핑까지 작업하는 것이 일반적이다. 컬러나 폰트, 이미지 등이 적용돼야만 실제와 같은 경험이 비로소 전달될 수 있기 때문이다.

UI와 GUI 프로토타입은 다음에서 보는 것과 같이 큰 차이가 있다. 왼쪽의 UI 프로토타입을 가지고 작업한 결과물이라는 점을 믿기 힘들 정도로 오른쪽의 GUI 프로토타입 단계에서는 UX의 가치가 배가된다.

UI가 기능적/논리적인 영역이라면 GUI는 감각과 무의식이 작용하는 영역이다. 사용자들의 시선을 끌고 정보와 정보를 서로 구분하거나 이어지게 만드는 것은 백 마디 말보다 컬러, 폰트, 이미지 등이다.

그림 2.5-92. 동일 화면에 대한 UI와 GUI 프로토타이핑의 차이

게슈탈트 원리

독일어로 지각(perception)을 뜻하는 게슈탈트 원리는 1900년대 초반 독일의 심리학자들에 의해 발견되었다. 인간이 사물이나 주변 환경을 지각할 때 몇 가지 패턴이 존재하는데, 그것이 게슈탈트 원리다. 게슈탈트 원리를 잘 알면 GUI 프로토타이핑 작업에 큰 도움이 된다.

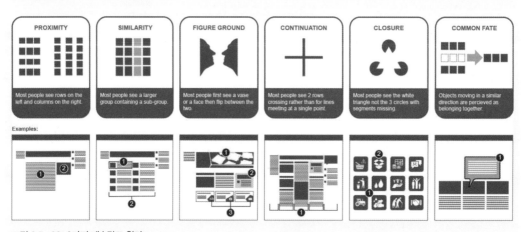

그림 2.5-93. 6가지 게슈탈트 원리 _ inkedjedi

- **근접성의 원리**: 거리상으로 가까운 요소와 떨어져 있는 요소를 구분하려는 경향 (예시 설명: 1과 2는 가까이 있기 때문에 사용자가 둘 사이에 어떤 연관성이 있다고 생각한다.)

- **유사성의 원리**: 색상, 모양, 크기가 동일한 요소를 하나로 지각하려는 경향 (예시 설명: 1과 유사한 형태가 반복해서 나열돼 있을 때 사용자는 그것을 개별적으로 인식하기 전에 전체로 먼저 인식한다.)

- **전경/배경 원리**: 전면에 드러난 개체와 후면에 깔린 배경에 동시에 주목하는 경향 (예시 설명: 짙은 배경 위에 놓인 1번 요소들은 배경이 짙고 전경/배경 간 대비(contrast)도 크기 때문에 주목성이 가장 높다. 옅은 배경에 놓인 2번은 배경이 옅고 전경/배경 간 대비도 약해서 상대적으로 주목성이 약하다. 흰색 바탕에 놓인 3번은 전경/배경 간의 대비가 강하기 때문에 주목성이 높다.)

- **연속성의 원리**: 어떤 선이나 운동 방향을 인지하면 그것을 하나로 인식하는 경향 (예시 설명: 사용자들은 개별 요소에 앞서 전체적인 윤곽을 먼저 인식하는 경향이 있어서 예시에서 5개 열을 먼저 인식한다.)

- **폐쇄성의 원리**: 여러 요소가 단일한 패턴을 보일 경우, 그것을 하나의 개체로 인식하는 경향

- **공동 운명의 원리**: 개별 요소가 동일한 방향으로 움직이면 그것을 하나로 인식하는 경향

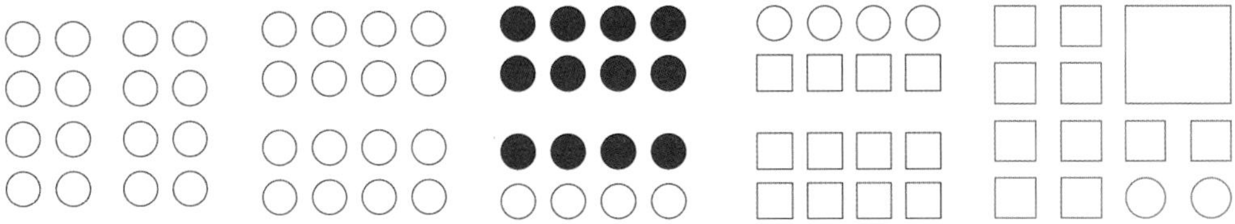

그림 2.5 -94. 컬러, 간격, 모양, 크기 간의 지각 우열관계를 보여주는 예시

위 이미지에서 왼쪽 첫 번째 이미지는 열(column)로 인식되지만, 두 번째 이미지는 줄(line)로 인식된다. 16개의 동그라미가 첫 번째에서는 각 8개씩 좌우 간격으로 떨어져 있고 두 번째 이미지에서는 상하 간격으로 떨어져 있기 때문이다. 반면 세 번째 이미지에서는 상하 간격으로 8개씩 공이 떨어져 있지만, 빨간색 동그라미와 흰색 동그라미로 구분이 된다. 간격보다 컬러가 더 강렬하게 인식되기 때문이다. 그와 달리 네 번째 이미지에서는 동그라미와 네모로 구분되지 않고 위아래 8개씩으로 구분된다. 모양보다는 간격이 더 강렬하기 때문이다. 마지막 이미지에서는 네모와 동그라미가 섞여 있고 네모는 크기가 작은 것과 큰 것이 있지만, 우리 눈에는 크기보다는 모양이 먼저 구분된다.

결과적으로 크기보다는 모양이, 모양보다는 간격이, 간격보다는 컬러가 사용자의 지각에 더 강하게 작용한다.

게슈탈트 원리를 알고 있다면 GUI 프로토타이핑에서 더 좋은 UX를 만들 수 있다. 아래 그림의 예시 왼쪽에서 먼저 눈에 띄는 것은 짙은 배경 위에 유사한 크기/모양의 정보를 일정한 간격으로 나열했다는 점이다. 사용자는 자연스럽게 전체 목록을 한눈에 인식하고 개별 정보를 하나씩 살펴보게 된다. 각 정보는 가격, 거리, 유종 등의 주요 정보를 각 배경색 위에 흰 글씨로 표시해 주목성을 높였고, 흰색 바탕에는 더 자세한 정보를 표시했으며, 두 경계 위에 차량 이미지를 놓아서 두 정보를 하나로 이어주고 있다.

오른쪽은 전체적으로 흰색 배경 위에 강조하려는 부분
인 대여/반납 시간만 짙은 파란색으로 강조하여 표시했
고, 차량 상태를 눈에 띄게 하기 위해서 폰트 크기를 키
우고 다른 색상과 확연하게 구분되는 녹색을 적용했다.

UX/UI에서 GUI는 정보를 기능적/감성적으로 잘 표
현하는 것도 중요하지만, 실제 UI 상에는 여러 개의 정
보와 기능적 요소가 뒤섞여 있기 때문에 전체적으로 일
관된 시각적 분위기(톤앤매너)를 유지하면서 각 정보
의 구분, 대비, 강조, 리듬을 효과적으로 구현하는 것이
중요하다.

그림 2.5-95. GUI 프로토타이핑 예시

구분

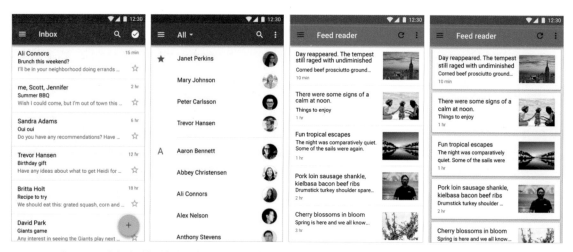

그림 2.5-96. 간격, 선, 면을 이용하여 정보를 구분한 예시 1 _ material.io

복수 개의 정보를 구분하는 가장 기본적인 방법은 간격이다. 두 정보의 거리가 떨어져 있을 경우, 사용자들은 근접성의 원리에 의해 그것을 따로 인식하기 때문이다. 그러나 목록 화면처럼 동일 속성의 정보가 연속해서 나열된 경우, 간격만으로는 구분이 불명확할 때가 있다. 이때는 구분선을 사용해 목록 간의 구분을 좀 더 명확하게 한다. 위 예시에서 왼쪽 2개는 선만으로 구분한 경우와 간격과 선을 같이 사용하는 경우를 보여준다. 간격과 선을 같이 사용하면 이중 구분(선=1차 구분, 간격=2차 구분)이 가능해진다.

선(line)이 아닌 면(face)으로 구분할 때도 있는데, 면은 선보다 좀 더 강하게 구분이 인식되기 때문에 맥락을 잘 고려해야 한다. 위 예시 오른쪽 2개는 동일한 정보인데, 하나는 선으로, 하나는 면(카드)으로 구분하고 있다. 어느 게 맞는 방법일까? 이럴 때는 UX의 맥락을 읽어야 한다. 위 예시의 경우에는 '전달된 피드를 쭉 훑어보는 맥락'이다. 목록 하나하나를 주의 깊게 읽어보는 맥락이라면 면으로 구분하는 게 맞겠으나, 전체 목록을 쭉 훑어보는 맥락이라면 선을 통해서 가볍게 구분하는 것이 맞다.

다음 그림의 왼쪽 예시는 선을 통해서 내비게이션 영역(FOOD, DRINKS)과 음식 목록을 구분하고 음식은 간격으로 가볍게 구분하고 있다. 선만으로는 내비게이션 영역과 하단 목록 영역이 뚜렷하게 구분되지 않아 보이는데, 그렇다고 이러한 시각적인 가벼움이 UX를 크게 저해하는 것은 아니다. 디자이너가 의도적으로 가벼운 시각적 분위기를 추구했을 수도 있다.

오른쪽 2개 예시는 배경 이미지가 들어간 상단과 흰색 배경의 하단 콘텐츠 영역이 뚜렷하게 구분된다. 상단은 화면에서 가장 중요한 요약 정보를 서비스 분위기에 맞게 강조하고, 하단은 정보의 세부적인 내용을 차분하게 전달하고 있다.

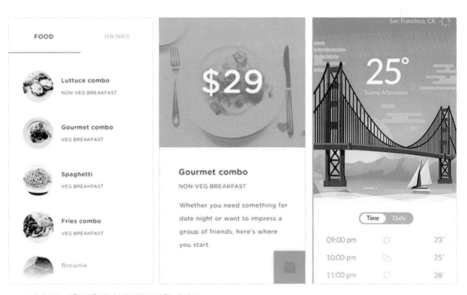

그림 2.5-97. 간격, 선, 면을 이용하여 정보를 구분한 예시 2 _ Goutham, dribbble

대비

때로는 복수 개의 정보나 기능적 요소를 서로 대비시켜서 '그것이 서로 다르다, 반대다'라는 점을 사용자들에게 인식시킬 필요가 있다. 이럴 때 쓰이는 방법이 대비(Contrast)다. 대비는 구분만큼 GUI 디자인에서 중요하다. 대비를 잘못 적용할 경우 사용자는 버튼을 잘못 누르거나 옵션을 잘못 선택하는 것처럼 같은 실수를 반복할 수 있다. '왠지 모르게 껄끄러운 경험'이 만들어질 수 있는 것이다.

오른쪽 예시는 에어비앤비 로그인 화면의 2가지 서로 다른 프로토타입이다. 크게 다른 점은 이메일 로그인 버튼에 적용된 컬러다. 페이스북 아이디 또는 이메일 주소로 로그인할 수 있는데, 하나는 컬러 대비가 뚜렷하지만, 다른 하나는 대비가 뚜렷하지 않다. 이 경우에는 어떤 게 더 UX적으로 맞을까?

당연히 컬러 대비가 뚜렷한 게 맞다. 둘 중 하나를 선택해야 하는 상황이기 때문에 시각적으로 명확하게 대비시키는 게 필요하다.

그림 2.5-98. 에어비앤비 로그인 버튼 대비 _ Nick Babich, Smashing magazine

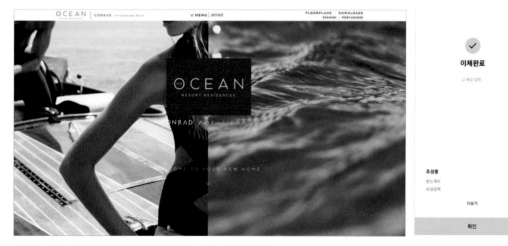

그림 2.5-99. 대비를 잘 활용한 예시 (좌: OCEAN, 우: 카카오뱅크)

뛰어난 GUI 디자인은 대비를 교묘하게 이용한다. 위 왼쪽 예시는 무채색과 유채색, 사람과 물결의 이미지를 서로 대비시키면서 그 위에 로고를 띄워서 이 브랜드가 가지고 있는 양면성을 효과적으로 드러내고 있다. 오른쪽의 카카오뱅크 이체완료 화면은 노란색 주 활동 버튼과 회색으로 된 보조 활동 버튼을 대비시켜서 주 활동에 더 시선이 가게 유도하고 있다.

다음 예시는 켜진 알람과 꺼진 알람을 색상을 통해 명확하게 대비시키고 있다. 군더더기 설명 없이도 누구나 다 현재 어떤 알람이 켜져 있고, 그게 어떤 주기로 동작하는지를 쉽게 알 수 있다.

그림 2.5-100. 알람(Reminders) 앱의 대비 활용

강조

GUI는 서비스의 특징을 드러내거나 현재 화면의 중요 요소를 더 두드러지게 보이기 위해서 강조를 사용한다. 강조는 여백, 크기, 컬러, 배경 등에서 주변과는 다른 디자인 언어를 사용하거나 크기나 시각적 효과를 과장하는 방식으로 구현된다.

그림 2.5-101. 강조를 사용한 예시 1 (좌: 어도비 Running on Experience, 우: Eye on AI)

앞 그림에서 왼쪽 어도비사의 'Running on Experience' 사이트는 청록색 배경 위에 페인트로 휘갈겨 쓴 듯한 캘리그래피주: 글자를 눈에 띄게 쓰는 서체 필기 기술로 사용자의 시선을 사로잡고 있다. 오른쪽 'Eye on AI' 사이트는 서비스명이기도 한 'EYE ON'의 글자 크기를 극단적으로 크게 해서 사용자의 시선을 사로잡고 있다.

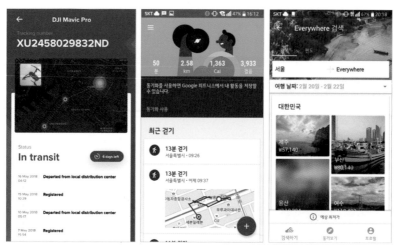

그림 2.5-102. 강조를 사용한 예시 2 (왼쪽부터 DJI, 구글 피트니스, 스카이스캐너)

전경/배경의 원리를 활용하는 것은 특정 요소를 강조하는 데 효과적인 방법이다. 위 왼쪽 예시는 파란 배경색이 전체 UI를 감싸는 프레이밍(Framing) 기법을 활용하여 상단 제목과 지도 영역을 강조하고 있다. 그 옆의 구글 피트니스나 스카이스캐너도 배경을 이용해서 상단 또는 메시지 영역에 시선을 주목시키고 있다.

그림 2.5-103. 주 활동 버튼에 강조를 사용한 예시 (왼쪽부터 CGV, 우리은행, SRT)

주 활동 버튼을 강조하는 것은 항상 중요하다. 주 활동 버튼은 다른 UI 요소보다 더 눈에 두드러져야 한다. 강조를 위해서는 여백, 크기, 배경 등을 사용할 수도 있으나, 좁은 모바일 화면에서는 그렇게 하는 게 어려울 때가 많으므로 보통 컬러를 이용해서 강조한다. 위 예시에서 CGV와 우리은행은 화면 내 다른 부분과는 차이 나는 컬러를 적용해서 주 활동 버튼을 강조하고 있다. 반면 오른쪽 SRT 앱은 주 활동에 적용한 컬러가 다른 요소에도 적용되어 있어 강조가 다소 약하게 느껴진다.

리듬

리듬은 어떤 시각적 연결고리를 통해서 정보의 연관 관계를 푸는 방법으로 하나의 정보를 일목요연하게 보여주는 상품소개와 같은 화면에서 특히 중요하다. 리듬감이 없을 경우, 사용자들은 정보 조회 시 연결고리를 잃어버리거나 시각적 단서 없이 이성적으로만 정보를 해석해야 하는 불상사가 벌어진다.

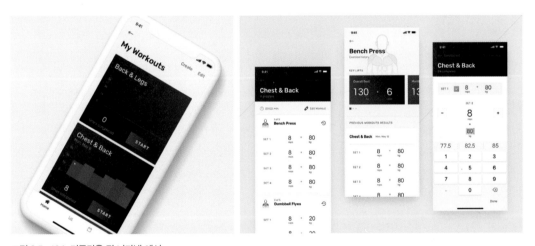

그림 2.5-104. 리듬감을 잘 나타낸 예시 _ Vitaly Rubtsov, dribbble

리듬감을 주는 가장 좋은 방법은 동일한 디자인 요소(컬러, 이미지, 폰트, 그래픽, 메타포)들을 서비스 이용 시 계속해서 만날 수 있게 하는 것이다. 위 Kenno 앱은 파란색 배경 박스가 화면 상단이나 그래프, 주요 정보 표시에 시선을 주목시키고 폰트나 콘텐츠 배치, 구분선이 적절하게 반복되면서 정보 조회 시 리듬감이 자연스럽게 이어진다.

상태변화(Transition)를 통해서 리듬감을 부여하는 것은 최근 많이 등장하는 트렌드다. 서비스 전체적으로 일관된 상태변화를 적용하여 그 움직임을 통해서 리듬감을 느끼게 하는 것이다.

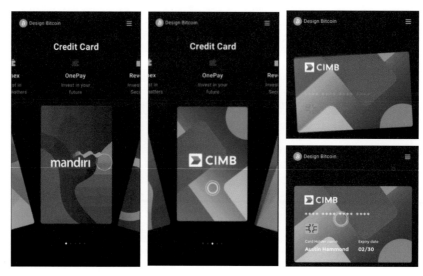

그림 2.5-105. 상태변화를 통한 리듬감 부여 _ Eline Ye, UIGREAT

위 예시에서는 스와이프를 통해서 보유한 신용카드를 찾다가 그중 하나를 선택하면 세로에서 가로로 움직이는 상태변화를 보이면서 자세한 카드 정보를 볼 수 있다.

카드를 선택할 때마다 보이는 일정한 패턴을 가진 움직임이 사용자에게 매끄러운 리듬감을 전달한다.

GUI 디자인은 위에서 얘기한 원칙 외에도 각 서비스만의 고유한 아이덴티티를 반영하고 서비스의 특징을 창의적으로 표현해야 하며, 최근의 GUI 트렌드 반영 등도 맞물려 있다. 이러한 점들이 같이 고려되어 GUI 프로토타입을 만들며, 최종적으로 완성된 프로토타입은 UX 테스트를 통해서 검증한다.

GUI 프로토타이핑 시 참고사항

- 프로토타이핑하려는 화면은 콘텐츠가 명확해야 하고 그 목적이 사용자들에게 명확하게 이해돼야 한다.

- 프로토타이핑하려는 화면의 UX 맥락을 먼저 고려한다. 사용자는 현재 화면에서 무엇을 하려고 하는가?

- 한 화면 내에서 정보나 기능적 요소들이 시각적인 계층구조를 따라서 자연스럽게 시선이 이어져야 한다.

- UI의 어떤 요소들은 강조나 대비를 통해서 시선을 끌거나 그 성격을 분명하게 드러내야 한다.

- 시각적인 화려함보다는 정보의 명확성을 잘 드러낼 수 있게 짧은 카피 문구, 숫자, 아이콘, 그래프 등 다양한 정보 디자인을 활용하는 것이 좋다.

- 최대한 단순간결하게 콘텐츠를 드러내고 각 콘텐츠들을 시각적으로 연결할 수 있는 단서를 부여한다.

PC와 모바일에서의 시선 흐름 차이

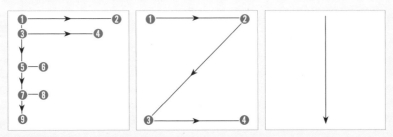

그림 2.5-106. PC와 모바일에서의 시선 흐름 차이

PC에서는 F형 또는 Z형 시선 흐름이 일반적이지만, 모바일에서는 시선흐름이 위에서 아래로 단순하게 떨어진다. PC 는 스크린이 넓기 때문에 왼쪽 상단에서 시선 흐름이 시작하여 오른쪽으로 수평 이동하고 다시 원래의 위치로 회귀하 여 같은 패턴을 반복하거나 대각선으로 왼쪽 하단으로 내려가는 데 비해, 모바일은 스크린이 작기 때문에 위에서 아래 로 단순하게 시선이 움직인다.

2.5.6. UX 테스트

프로토타이핑이 완성된 다음에는 의사결정권자에게 이를 보고하거나 실제 사용자들에게 검증하기 위해 서 UX 테스트를 진행한다. 아직 한국에서는 UX 산출물의 검증을 의사결정권자들이 하는 경우가 많으나, 엄밀히 말해서 UX 산출물, 그중에서도 가장 핵심적인 결과물이라고 할 수 있는 프로토타이핑의 검증은 사용자들을 통해서 하는 게 맞다.

UX 테스트에는 사용성 테스트, AB 테스트, 원격 테스트 등이 있으나, 원격테스트나 AB 테스트는 거의 사용되지 않거나 방법이 간단해서 이 책에서는 가장 보편적인 사용성 테스트를 중심으로 설명하겠다.

UX 테스트의 종류

- **사용성 테스트**: 현재 운영 중인 서비스 또는 새로운 프로토타입에 사용성의 문제가 없는지 검증하는 방법. 정량적 인 지표(시간, 이동단계, 에러율 등)를 측정하여 그 수치를 분석한 다음 서비스의 문제를 진단한다.

- **AB 테스트**: 기존 서비스 vs 새로운 프로토타입 또는 새로운 프로토타입 A/B 안을 가지고 어떤 것이 더 UX 품질 이 높은지를 사용자들에게 평가받는 방법.

- **원격 테스트**: 원격 테스트 툴을 사용하여 불특정 다수나 이미 선정된 패널들을 대상으로 새로운 프로토타입을 검 증받는 방법. 툴에 따라 UI/GUI 프로토타입은 물론 IA나 이용흐름을 검증받을 수도 있다.

사용성 테스트란?

사용성은 '1.3. UX 피라미드'에서 논의했듯이 사용자들이 얼마나 쉽고, 편리하고, 효율적으로 서비스를 이용할 수 있는지를 판단하는 척도다.

모든 테스트는 측정이 가능해야 하고, 누가 해도 동일한 결과가 나와야 하며, 신뢰할 수 있는 평가 지표가 있어야 한다. 사용성 테스트는 사용성을 측정할 수 있는 장비가 갖춰진 환경에서 실제 사용자들을 대상으로 사용성과 관련 지표를 평가해 사용성 항목별로 서비스의 문제를 진단하는 과정이다.

사용성 테스트는 사용성 전문가(UXer)들이 작업 수행 시간, 작업 이동 단계, 에러율, 성공률, 기억 가능성, 학습 소요 시간, 만족도 등의 지표를 측정하여 직관성, 효율성, 기억성, 만족도 등의 사용성 항목들을 평가한다.

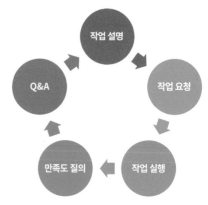

사용성 테스트는 작업(Task) 단위로 진행된다. '상품을 찾아서 장바구니에 담아보세요', '공인인증서를 새롭게 갱신해 보세요'처럼 이번 테스트에서 진단하고 싶은 작업을 정해서 그것을 사용자에게 요청하고 사용자가 실행하면 추가 질의를 하는 식으로 진행된다.

그림 2.5-107. 사용성 테스트 흐름

보통 하나의 사용성 테스트에서는 5~10개의 작업이 반복해서 테스트된다.

그림 2.5-108. 도널드 노먼의 행동 7단계

도널드 노먼의 행동 7단계에 대입해서 보자면 사용성 테스트는 '실행→결과지각→상태 해석→만족도 판단'의 후반 4단계를 평가하는 것이라고 할 수 있다. 사용자가 평소처럼 특정 작업을 실행하고, 본인이 진행한 결과를 지각하고, 그 상태를 해석한 다음, 만족도를 판단하는 과정을 관찰하면서 직관성, 효율성, 기억성, 만족도 등의 사용성 항목을 평가하는 것이다.

표 2.5-5. 사용성 테스트 항목, 내용, 지표

항목	테스트 내용	테스트 지표
쉬운, 직관성	사용자들이 Task 수행 시 얼마나 에러를 일으키는가? 에러는 어떤 유형인가?	에러율, 성공률
효율성	Task 수행에 얼마나 시간이 걸리며, 몇 개의 단계를 거치는가?	시간, 이동 단계
기억성	서비스 사용 후 얼마나 많은 것들을 회상할 수 있는가?	기억 가능성, 학습 소요시간
만족도	Task 완료 후 사용자들이 받은 감성적인 만족도는 어떠한가?	감성적인 만족도

사용성 테스트는 비교적 간단한 방법을 통해서 서비스 이용 시 사용자들이 겪는 행동과 고충을 이해할 수 있는 방법이다. 설문조사나 표적인터뷰(FGI)는 표면적인 의견이나 만족도 파악에 그친다는 단점이 있지만, 사용성 테스트는 구체적인 행동과 고충을 직접 눈으로 확인하면서 필요하다면 사용자가 고충을 겪는 이유를 직접 물어볼 수 있다는 장점이 있다.

사용성 테스트를 이용하면 서비스 개선은 어떤 식으로 가능할까?

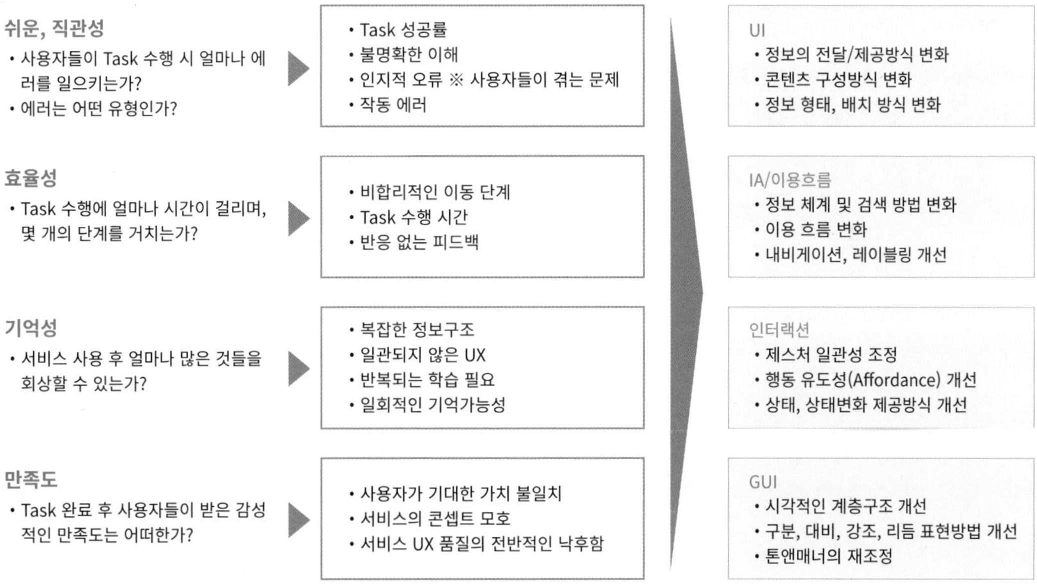

쉬운, 직관성
- 사용자들이 Task 수행 시 얼마나 에러를 일으키는가?
- 에러는 어떤 유형인가?

→
- Task 성공률
- 불명확한 이해
- 인지적 오류 ※ 사용자들이 겪는 문제
- 작동 에러

UI
- 정보의 전달/제공방식 변화
- 콘텐츠 구성방식 변화
- 정보 형태, 배치 방식 변화

효율성
- Task 수행에 얼마나 시간이 걸리며, 몇 개의 단계를 거치는가?

→
- 비합리적인 이동 단계
- Task 수행 시간
- 반응 없는 피드백

IA/이용흐름
- 정보 체계 및 검색 방법 변화
- 이용 흐름 변화
- 내비게이션, 레이블링 개선

기억성
- 서비스 사용 후 얼마나 많은 것들을 회상할 수 있는가?

→
- 복잡한 정보구조
- 일관되지 않은 UX
- 반복되는 학습 필요
- 일회적인 기억가능성

인터랙션
- 제스처 일관성 조정
- 행동 유도성(Affordance) 개선
- 상태, 상태변화 제공방식 개선

만족도
- Task 완료 후 사용자들이 받은 감성적인 만족도는 어떠한가?

→
- 사용자가 기대한 가치 불일치
- 서비스의 콘셉트 모호
- 서비스 UX 품질의 전반적인 낙후함

GUI
- 시각적인 계층구조 개선
- 구분, 대비, 강조, 리듬 표현방법 개선
- 톤앤매너의 재조정

그림 2.5-109. 사용성 테스트를 통한 디자인 개선 방식

사용성 테스트는 필드 리서치와 순서가 유사하다. 먼저 테스트 계획을 세우고 사용자를 모집한 다음, 테스트를 진행하고 나서 그 결과를 분석하는 것이다. 그러나 필드 리서치가 사용자경험 전반을 조사하는 데 비해서 사용성 테스트는 사용성에 국한해서 평가를 진행한다는 차이가 있다.

┌─ 필드리서치 ──────────────────┐
│   ┌─ 사용성 테스트 ─┐ │
│ 전체 경험, 폭넓은 조사   │ 사용성만, 평가 │ │
│   └──────────────┘ │
└───────────────────────────────────┘

그림 2.5-110. 필드 리서치와 사용성 테스트의 차이점

사용성 테스트는 다음과 같은 순서로 진행된다.

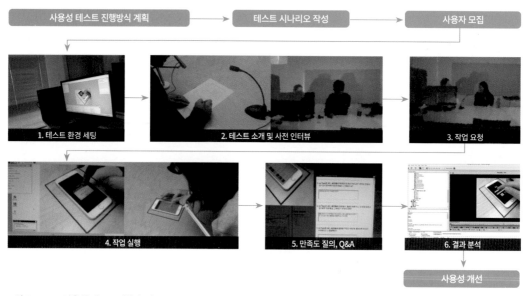

그림 2.5-111. 사용성 테스트 진행 순서

사용성 테스트는 별도의 시설이 필요하다. 일단 2개의 룸이 필요하다. 하나는 실제 테스트가 진행되는 테스트 룸이고, 다른 하나는 테스트 진행 상황을 모니터링하는 관찰 룸이다. 두 룸은 한쪽에서만 투명하게 보이는 유리(One way glass)를 비롯하여 각종 카메라 및 통신 장비로 서로 연결되어 있다.

그림 2.5-112. 라이트브레인의 사용성 테스트 시설

테스트 룸에는 CC 카메라, 캠코더, 웹캠, PC나 모바일의 화면 촬영 프로그램 등 여러 대의 영상 촬영 시설이 갖춰져 있다. 테스트 룸에서 벌어지는 상황은 편향 유리를 통해 육안으로도 관찰이 가능하지만, 소프트웨어를 통해서도 관찰자들에게 전달된다. 이 소프트웨어는 테스트 장면을 기록/전송하기도 하지만, 에러율, 시간, 이동 단계와 같은 테스트 지표를 기록하는 역할도 수행한다. 물론 이것은 관찰자들에 의해서도 기록된다. 특히 사용자가 범하는 에러나 이상 행동을 주로 기록한다.

사용성 테스트에서의 역할은 크게 진행자(Moderator), 관찰자(Observer), 준비자(Facilitator) 등으로 나뉜다. 이 중 가장 중요한 역할은 사용자 옆에서 테스트를 이끌어 나가는 진행자다. 관찰자는 직접 사용자를 만나는 일은 없으며, 테스트 과정을 기록하고 분석하는 일을 담당한다. 준비자는 사용성 테스트 시설, 특히 필요한 하드웨어와 소프트웨어를 세팅하는 일을 담당한다. PC냐 모바일이냐에 따라서, 모바일이라도 운영체제에 따라서, 서비스나 테스트 목표에 따라서 세팅이 달라질 수 있다.

대상자 선정

사용성 테스트는 누구나 보편적으로 겪게 되는 일반적인 문제를 찾는 게 목적이기 때문에 필드 리서치보다 대상자 선정 과정이 까다롭지 않다.

처음 몇 명까지는 새로운 문제가 계속 나타나지만, 4명을 넘어서면서부터는 앞에서 나왔던 문제가 다시 나오는 경우가 점차 늘어나다가 7명을 전후해서는 그러한 중복 확률이 급격하게 증가한다.

그래서 사용성 테스트에서는 보통 7명으로 대상자를 선정한다. ^{주: 이를 7룰(Seven Rule)이라고 부른다.}

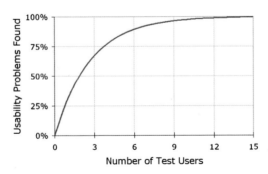

그림 2.5-113. 7룰 _ Nielsen Norman Group

경우에 따라 자사와 타사 사용자를 구분해서 테스트하거나 연령층, 라이프스타일이 서로 다른 대상자를 선정할 때는 7명을 넘어서는 경우도 간혹 있다. 여기서 중요한 점은 사용성 테스트의 목적이 사용성이라는 일반적인 문제를 찾는 데 있기 때문에 대상자 선정 기준이 까다롭지 않다는 점이다.

테스트 시나리오 작성

테스트 시나리오는 필드 리서치의 이슈별로 사용자에게 요청할 태스크, 예상 이동 경로, 조사 포인트, (예상) 소요 시간 등을 정의한 문서를 말한다.

분류	작업명	작업 (Task)	예상 이동경로	조사 포인트	소요 시간
앨범	앨범에 곡 담기	원하는 곡을 검색/선택하여 재생한 후 새로운 폴더를 만들어 담아보세요.	홈→재생버튼→더보기→담기→앨범 추가→새앨범 만들기→새앨범 선택→확인	- 기능 인지 및 접근 경로 파악	60초
	앨범에서 곡 재생	새로운 폴더에 저장했던 노래를 재생해 주세요.	메뉴→마이뮤직→앨범 선택→곡 선택→듣기	- 메뉴의 위치 및 '마이뮤직' 레이블 인지 가능한지 파악	30초
좋아요	내 좋아요 만들기	내 음악 방송 방을 만들어 주세요.	좋아요→친구 선택→내 좋아요 가기→나만의 좋아요 설정→확인	- 메뉴 레이블 및 위치 인지 가능한지 파악	30초
재생목록	재생목록 편집	노래 목록에서 5번째 곡을 1번째로 이동해 주세요.	재생목록→편집→곡명→우측 바 선택하여 이동	- 이동을 위한 우측 버튼 기능 인지 파악 - 순서정령과 이동에 대한 구분 가능한지 파악	60초
아티스트	아티스트 소개보기	관심 있는 아티스트 소개보기를 찾아봐 주세요.	검색→아티스트→아티스트 선택→아티스트 소개보기	- 이동 경로 및 버튼의 위치 인지 파악	30초

그림 2.5-114. 테스트 시나리오 예시

사용성 테스트는 필드 리서치의 일환이기 때문에 방법이 비교적 간소하다. 어떤 기업에서는 평가 지표 매트릭스를 복잡하게 설계하는 경우도 있는데, 대부분의 경우에는 테스트 시나리오만 잘 작성해도 좋은 결과를 얻을 수 있다.

테스트 진행

사용자 모집과 환경 세팅이 끝나면, 일정에 따라 실제 사용성 테스트가 진행된다. 보통 일별로 3~4명을 테스트하며 1회에 40~50분 정도가 소요된다. 실제 사용성 테스트는 다음과 같은 순서로 진행된다.

1. **테스트 소개 및 사전 인터뷰**: 테스트의 목적을 소개하고, 사용자의 이용 환경 및 동기, 태도 등을 파악한다.

2. **작업 요청**: 테스트 시나리오 순서대로 작업을 요청한다. 관찰자는 관찰 소프트웨어로 기록을 시작한다.

3. **작업 실행**: 참여자가 작업을 수행하는 과정은 영상으로 기록되며, 관찰자는 작업 관찰 내용을 기록한다.

4. **질문/만족도 평가**: 모든 작업이 끝나면 전반적인 질문과 서비스에 대한 만족도 평가를 요청한다.

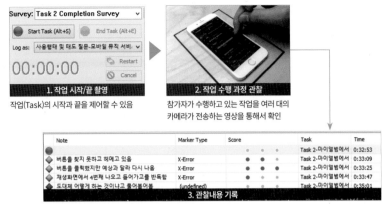

3. 관찰내용 기록

관찰자들은 관찰 내용, 참여자 의견, 이상 행동, 에러 내용을 기록함.

그림 2.5-115. 작업 관찰 및 기록 모습

테스트는 편향 유리를 통해서 육안으로 관찰할 수도 있지만, 카메라를 통해서 기록 소프트웨어에 기록되고 연결된 분석 소프트웨어에서도 실시간으로 관찰이 가능하다. 관찰자들은 관찰 내용, 참여자가 구두로 말한 의견, 머뭇거림이나 같은 행동 반복 등의 이상 행동, 잘못 누르거나 원하는 UI 요소를 찾지 못하는 등의 에러 내용을 기록한다.

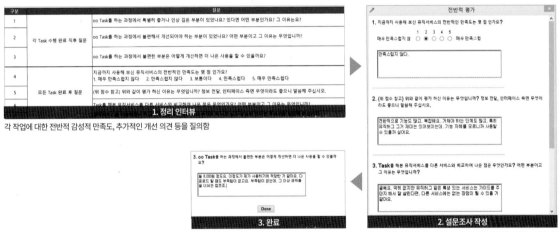

1. 정리 인터뷰

각 작업에 대한 전반적 감성적 만족도, 추가적인 개선 의견 등을 질의함

3. 완료

2. 설문조사 작성

모든 작업에 대한 테스트가 끝나면 마지막으로 설문조사를 요청한다

그림 2.5-116. 작업별 정리 인터뷰, 최종 설문조사

각 작업의 테스트가 끝날 때마다 참여자에게 간단한 정리 인터뷰를 진행한다. 모든 작업에 대한 테스트가 끝나면 마지막으로 테스트 전반, 서비스 전반에 대한 평가를 진행하면서 테스트가 완료된다.

테스트 분석

사용성 테스트가 끝나면 작업별 테스트 수행 시간, 이동단계, 성공률, 에러율과 같은 지표는 물론, 사용자로부터 받은 인터뷰나 평가 내용도 있고, 관찰자가 테스트 과정에서 기록한 관찰 내용도 있다. 이런 여러 가지 데이터를 분석해 어떤 디자인 영역에 문제가 있고, 구체적으로 그 문제가 무엇인지를 밝히는 게 최종적인 목표다. 테스트가 끝난 다음 문제 유형을 분석하는 과정은 총 4단계로 진행된다.

그림 2.5-117. 테스트 분석 과정

테스트 소프트웨어를 통해서 기록한 영상뿐만 아니라 각종 지표나 관찰기록과 같은 데이터를 정리한다.

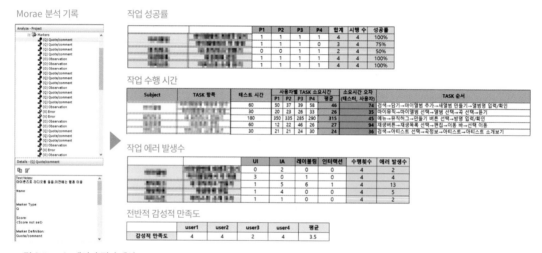

그림 2.5-118. 데이터 정리 예시

데이터 정리 후 가장 먼저 할 일은 데이터 내 각종 지표를 분석하는 것이다. 작업별로 성공률, 에러율, 수행 시간, 이동 단계, 만족도와 같은 지표들을 분석해 어디에 문제가 있는지를 파악한다.

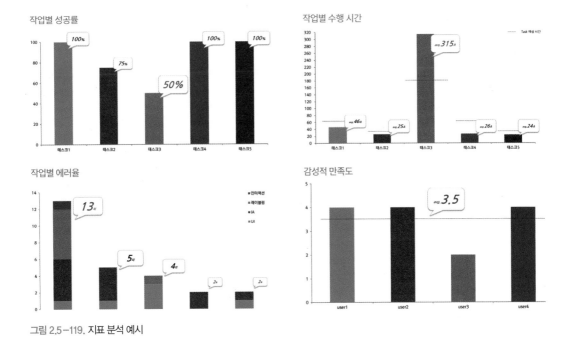

그림 2.5-119. 지표 분석 예시

테스트 분석에서 가장 중요한 일은 디자인 영역별로 문제를 분석하는 것이다. 이 과정은 테스트 지표들이 일차적인 기준이 되기는 하지만, 관찰자들이 기록한 관찰 내용에도 많이 의존한다.

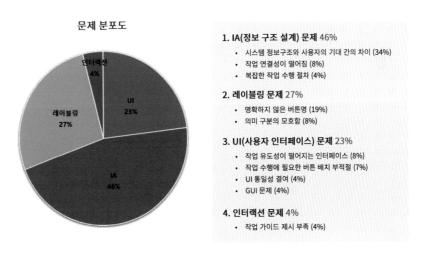

문제 분포도

1. IA(정보 구조 설계) 문제 46%
- 시스템 정보구조와 사용자의 기대 간의 차이 (34%)
- 작업 연결성이 떨어짐 (8%)
- 복잡한 작업 수행 절차 (4%)

2. 레이블링 문제 27%
- 명확하지 않은 버튼명 (19%)
- 의미 구분의 모호함 (8%)

3. UI(사용자 인터페이스) 문제 23%
- 작업 유도성이 떨어지는 인터페이스 (8%)
- 작업 수행에 필요한 버튼 배치 부적절 (7%)
- UI 통일성 결여 (4%)
- GUI 문제 (4%)

4. 인터랙션 문제 4%
- 작업 가이드 제시 부족 (4%)

그림 2.5-120. 각 디자인 영역별 분석 예시

마지막으로 디자인 영역별 문제들이 구체적으로 어떤 내용인지를 테스트 기록 영상을 예시로 들면서 설명한다.

사례 _ 메인 메뉴 바 　　　　　　　　　　비슷한 문제가 발생한 사례

그림 2.5-121. 문제 파악 예시

2.5.7. UX 가이드라인

테스트를 통해서 프로토타이핑을 검증 및 수정하고 나면 UI 기획자, GUI 디자이너, UI 개발자 등이 구축 업무를 진행할 수 있게 그동안의 산출물을 정리해서 전달해야 하는데, 그것이 UX 가이드라인이다.

그림 2.5-122. UX 가이드라인의 역할

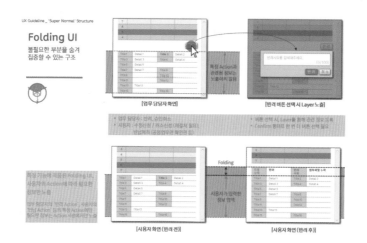

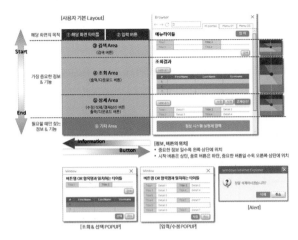

그림 2.5-123. UX 가이드라인 예시

UX 가이드라인은 새로운 산출물이라기보다는 산출단계(Deliver)에서 작업했던 결과를 하나로 묶은 패키지라고 할 수 있다.

UX/UI 디자인 단계에서는 서비스 전체가 아닌, 일부분만 다루기 때문에 구축 업무에서 이를 확대 적용할 수 있게 일목요연하게 정리해 전달할 필요가 있다. IA, 이용흐름, 인터랙션, UI, GUI에서 산출한 각종 결과를 디자인 영역별로 상세화한다.

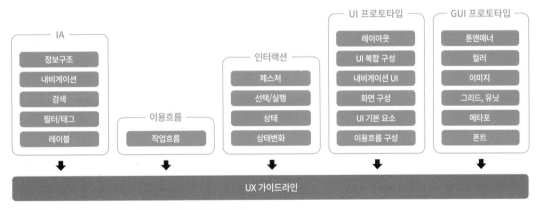

그림 2.5-124. UX 가이드라인 = 각 디자인영역 결과물의 묶음

UX 가이드라인 작업 시에는 일관된 용어나 정보 표시 등을 미리 정해 놓을 필요가 있는데, 특히 규모가 큰 서비스나 기업에서는 모든 메뉴, 앱, 채널에 공통으로 적용될 일관된 체계를 마련하는 것이 꼭 필요하다.

구글 디자인(https://design.google/resources/)이나 애플이 제공하는 iOS human interface guidelines(https://developer.apple.com/design/human-interface-guidelines/)도 도움이 되지만, 유명 UX 블로거인 Chenghan Ke가 제공한 UI terms(https://uxdesign.cc/cheat-sheets-ui-terms-cadf9dc49689)를 보는 것도 적극적으로 권장한다.

그림 2.5-125. UI Terms 예시 _ Chenghan Ke, UX Collective

다음 그림은 라이트브레인의 UX 가이드라인 카테고리다. 다양한 UX 프로젝트에서 활용하기 위해 용어나 각 디자인 영역의 계층구조를 정리했다.

그림 2.5-126. 라이트브레인 UX 가이드라인 카테고리 중 일부

3
___

최신 UX 방법론과
트렌드

3.1.

패러다임 변화
(Paradigm Shift)

3.1.1. 디지털 전환

미국의 라이트(light) 사는 2016년 여름, L16이라는 기괴한 형태의 새로운 디지털카메라를 선보인다. L16은 스마트폰보다 약간 큰 크기의 디지털카메라인데, 일반적인 DSLR이나 미러리스 카메라와는 달리 스마트폰에 적용하는 카메라 모듈이 무려 16개나 탑재되어 있다. 이렇게 많은 모듈이 탑재된 것은 다양한 용도의 카메라와 플래시를 이용해서 뛰어난 사진 품질과 깊이 있는 현실감을 구현하기 위한 것이다. 10개의 작은 조리개가 빛을 받아들이기 때문에 어두운 환경에서도 매우 밝은 사진 촬영이 가능하고, 다양한 초점을 가진 사진을 한 번에 촬영할 수 있다. 다양한 카메라 모듈이 사진을 동시에 촬영하기 때문에 촬영 후 이미지 초점 변경이나 간단한 후보정이 가능하다.

그림 3.1-1. (왼쪽부터) 라이트 L16, 아이폰 11 프로, 갤럭시 S20 울트라

라이트 L16이 뛰어난 하드웨어 성능을 통해서 카메라 시장의 패러다임 변화를 꾀하고 있을 때 모바일 운영체제를 양분하고 있는 애플과 구글에서는 AI를 이용한 카메라 기술을 개발하고 있었다. 아이폰 11과 구글 픽셀4에서 선보인 AI 카메라 기술은 어두운 환경에서도 밝은 사진을 찍을 수 있고, 흔들리거나 흐릿한 초점을 정상적으로 복구시켜 준다. AI가 촬영 시 환경과 피사체의 데이터에 기반해 여러 픽셀을 하나로 병합해 사진 품질을 높이거나 가장 적절한 사진 결과를 예측해주는 것이다. 구글의 AI 카메라 기술은 삼성의 갤럭시 S20에도 적용되었는데, S20는 100배 줌 촬영이 가능한 스페이스 줌을 지원한다. 16개의 카메라 모듈이 없어도 AI 기술을 이용하여 그에 못지않은 뛰어난 카메라를 선보이고 있다. 라이트 L16을 예시로 들었지만, 디지털 기술의 발전으로 인해서 기존 DSLR, 미러리스 카메라는 조만간 소수의 사진 전문가들을 위한 시장으로 전락할 것이다.

디지털이 우리 곁에 등장한 지 이미 수십 년이 지났다. 그런데 왜 '디지털 전환(Digital Transformation)'이 지금 화두가 되고 있는가? 사실 이 질문을 하는 게 무색하게 우리는 이미 디지털 라이프를 살고 있다.

[말레이시아 정부의 디지털 라이프스타일]

디지털 라이프는 우리나라와 같은 IT 선진국뿐만 아니라 새로운 성장동력을 찾는 개도국에도 중요한 화두가 되고 있다. 일상생활 전반에 디지털 기술을 접목해서 공적 자원의 효율성을 꾀하고 개인의 신체/정서적 건강, 사회적인 소통 활성화를 목표로 한다.

그림 3.1-2. Digital Lifestyle Malaysia

디지털로 연결된 TV와 OTT에서 뭘 볼까 고민하고, 메시징 앱이나 메일을 통해서 누군가와 소통하는 게 자연스러워졌으며, 매장에 가지 않고도 앱을 통해서 물건이나 커피를 주문하고, 클라우드에 사진이나 문서는 물론 연락처나 스마트폰 설정 등을 저장하고, 디지털 키를 이용해서 공유 차량이나 킥보드의 시동을 건다.

이와 같은 시대의 변화는 서비스에도 새로운 패러다임 전환을 요구한다. 빅데이터와 블록체인, 사물인터넷(IoT), 5G 통신기술, AI 등을 활용해서 전보다 더 긴밀하게 연결되고 빠르며, 개인화, 지능화된 서비스로 변화하고 있는 것이다. 앞으로의 변화는 지금까지의 변화보다 더 가속화되고 예측이 어려워질 것이다. 우리는 이러한 시대 변화에 어떻게 대처할 것인가?

많은 전문가가 이렇게 빠르고 복잡하게 변화되는 시대에서 사용자 개개인에게 맞는 서비스를 제공하기 위해서는 UX 디자인과 같은 디자인씽킹이 중요하다고 역설하고 있다.

> "왜 디자인씽킹이 영업(Sales)의 미래인가?", "디자인씽킹은 투자 대비 효과 측면에서 85% 이상의 효과를 더 가져올 수 있다." - Forbes
>
> "디자인씽킹은 실제 눈에 보이는 결과뿐만 아니라 압도적인 경쟁력을 가져다준다." - Mckinsey

[변화하는 경쟁 규칙]

이제는 기술뿐만 아니라 디자인이 결합된 혁신이 중요해지고 있다. 기술과 디자인이 결합돼야 사용자 라이프스타일에 기반한 의미 있는 변화가 가능하다.

디지털 전환은 그 특성상 부분적인 변화보다는 전체적인 변화 측면에서 접근하기 마련인데, 이때 기준이 되는 것이 사용자 여정이다. 선진기업들은 사용자의 경험 여정에 밀착해 문제를 발굴하고, 가치 있는 사용자 경험을 설계하는 것이 혁신의 출발점이 되는 아웃사이드인(outside in)^{주: 비즈니스 중심에 사용자를 자리매김하여 접근하는 방법} 전략 중심의 디지털 전환을 추진하고 있다.

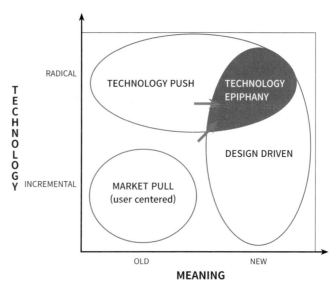

그림 3.1-3. Roberto Verganti's Changing the rules of competition

아마존, 개선된 고객경험과 고객의 증가가
트래픽, 판매자, 상품군을 늘리는 선순환구조

최적화된 고객 접점 전략
End to End 경험 제공 목표

그림 3.1-4. 선도 업체들의 디지털 전환 예시 (왼쪽부터 스타벅스, 아마존, 스프린트)

미국의 통신 기업 Sprint의 디지털 전환

sprint.com

그림 3.1-5. Sprint의 End to End 경험 설계

1. 새로운 디바이스가 출시되면 적절한 시점에 고객 노출: 최신 스마트폰이 출시되면 고객이 놀라운 휴대 전화에 대한 최신 정보를 얻도록 발표하면서 거의 실시간으로 웹 사이트에 제품 정보를 배치

2. 기존 기기를 업그레이드할 수 있게 모바일 앱을 통해 주문과정 지원: MySprint 앱을 통해 최근 시작된 독점 프로그램인 Priority Status는 업그레이드 자격이 있는 고객에게 새 장치에 대한 '인라인' 지점을 예약하고 주문을 확인하는 유연성을 제공

3. AI 채팅봇을 통해 장치 업그레이드 완료: 인공지능 프로그램을 활성화해 고객이 '채팅'을 통해 쉽고 빠르게 장치 업그레이드를 완료

4. 'Hive'라는 혁신조직을 통해 통찰력을 활용, 고객에게 놀라운 End to End 경험 제공 목표: 분야별 전문가로 구성된 TFT팀이 고객의 Pain point를 해결하기 위해 적극적으로 활동

3.1.2. 새로운 문제해결 방법의 부상

디지털 전환 시대에는 좀 더 민첩하게 시장 변화에 대응할 수 있으면서 사용자 여정 측면에서 문제를 찾고 그 해결방법을 모색하는 애자일 UX 방법론이 부상하고 있다. 애자일이란 긴 주기의 프로젝트를 몇 개의 순환 주기로 쪼갬으로써 리스크는 줄이고 점진적으로 서비스를 완성하자는 방법론이다.

디자인 씽킹과 애자일 방법론에 린(lean) UX의 장점을 결합한 포스트 애자일 UX는 2016년부터 실리콘밸리에서 급부상하고 있는 디지털 전환 방법론이다.

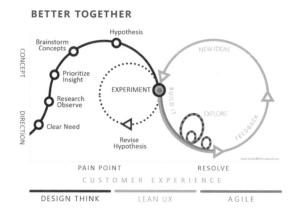

그림 3.1-6. 포스트 애자일 UX 방법론 _ LitheSpeed

포스트 애자일 방법론은 애자일 방법론의 민첩하고 빠른 프로젝트 주기, 디자인씽킹의 사용자 여정 중심 접근, 린 UX의 신속한 서비스 구축 및 반복적인 개선이라는 장점을 모두 지니고 있다.

최소한의 실행 가능한 서비스 영역이라는 의미의 MVP(Minimum Viable Product)는 디지털 전환 시대에 민첩하게 시장에 대응하기 위한 또 하나의 대응 방법이다. 사실 MVP는 애자일 방법론을 설명할 때 빠지지 않고 등장하지만, 별개로 보는 것이 더 정확하다.

MVP는 초기 가설을 검증하기 위한 최소한의 서비스다. UX/UI 방법론을 통해서 전략/콘셉트, 아이디어들을 도출했다고 가정해 보자. 보통은 사용자 시나리오, IA 설계 등으로 순서를 이어 나가기 마련이지만, MVP를 적용했을 경우에는 가장 핵심적인 아이디어만 묶어서 곧바로 프로토타이핑을 만든다.

그림 3.1-7. MVP란? _ KC Karnes, CleverTap

정통 UX 방법론에 익숙한 사람들은 이해되지 않겠지만, MVP를 주장하는 사람들은 핵심 아이디어를 빠르게 프로토타입으로 구현해서 이를 검증하고 개선한 다음, 나머지 부분에 다시 접근하자고 주장한다.

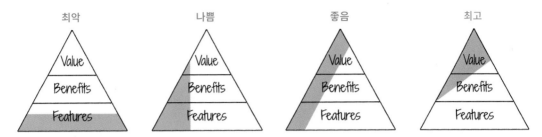

그림 3.1-8. 가장 바람직한 MVP _ Daniel Collado Ruiz, Nestholma

MVP에서 최고로 치는 것은 특징적인 몇 가지 기능에 집중하는 게 아니라, 사용자에게 어떤 가치를 제공할 것인지에 집중하면서 그 결과(혜택)를 프로토타입에 반영하는 것이다. MVP는 애자일 방법론이 주장하는 바와 잘 맞아떨어진다. 가장 핵심적인 아이디어를 먼저 구현하자, 그것을 검증한 다음에 다른 부분으로 점차 개발을 확대해 나감으로써 위험요소를 감소시키자는 MVP 개념은 애자일 방법론의 첫 번째 순환 주기를 설명하는 데 잘 어울린다.

애자일 방법론을 설명할 때 자주 등장하는 다음 그림에서 왼쪽의 자동차 예시를 보면 기능(바퀴)이 아닌 탈 것(가치, 혜택)에 집중해서 점차 그것이 전달해야 할 혜택과 기능을 완성하자는 내용이다.

어찌 보면 바퀴에서 출발하는 게 상식이어야 하는데, 애자일이나 MVP 옹호자들의 주장은 기능이 아닌, 가치에 집중하자는 점이 다르다.

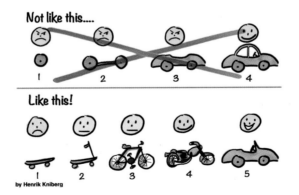

그림 3.1-9. 애자일이란? _ Henrik Kniberg

디자인 스프린트 사례 – 블루보틀 온라인 스토어 만들기

구글 벤처스의 디자이너이자 《스프린트》(김영사 2016)의 저자인 제이크 냅(Jake Knapp)이 소개한 스프린트 프로 젝트 예시를 살펴보자. 블루보틀은 커피 브랜드다. 디자인 스프린트는 가벼운 사용자 리서치 결과를 가지고 시작한다. 사용자 리서치 결과로부터 아이디어를 뽑은 다음, 바로 스케치와 프로토타입을 만들고, 사용자를 대상으로 테스트를 거쳐서 첫 번째 서비스 시제품을 완성한다. 그 다음부터는 지속적인 테스트–피드백–개선 과정이 반복된다.

1. Before the sprint :
간단한 사용자 리서치를 통한 디자인 결정 기준을 세운다.

2. Day 1, understanding the online coffee shopper :
사용자 리서치 결과와 블루보틀 내부 직원들의 의견을 조합하여 아이디어와 기회 요인을 포스트잇에 적은 후, 가장 좋은 아이디 어를 선별한다. 또한 아이디어와 기회 요인을 그루핑한다. 또한 블루보틀의 웹사이트와 사용자들이 어떻게 상호작용할지 스토리 를 스케치한다.

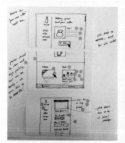

3. Day2, sketching possible
   solutions :
아이디어들을 스케치한다. 커피를 쇼핑하는 방식에 포커싱하여 유저 스토리를 만든다.

4. Day 3, deciding which solutions to prototype :
프로토타이핑을 하기로 결정한 아이디어에 대해 워딩, 이미지 등 요소들을 구체화 하여 표현한다. 이러한 요소를 녹인 스토리 보드를 작성한다.

5. Day4, prototyping :
키노트를 활용하여 인터랙션이 가능한 3가지 타입의 프로토타이핑을 제작했다.

6. Day5, testing our prototypes with real users :
사용자 5명을 리쿠르팅 하여 프로토타이핑 테스트를 진행했다. 실시간으로 화이트 보드에 관찰 내용과 키파인딩 요약 내용을 정리하였다.

반복적인 작업(Iteration)은 빠르게 서비스를 만들어서 사용자에게 제시하고 그 피드백을 다시 서비스에 반영하여 점진적으로 완성도를 높여 나가자는 방법이다.

디지털 전환이 복잡하고 전방위적으로 이뤄지다 보니, 오히려 실제 개발 시에는 민첩함과 유연함을 강조한다. 최소한의 실행 가능한 MVP를 먼저 내놓고, 내부 점검과 사용자 평가를 통해 서비스가 지향해야할 명확한 목표(North Star)를 세우고, 합리적인 이유가 있다면 언제나 변경 가능한 서비스 전체 명세서(Backlog)를 만들며, 개발과 운영 간의 경계를 허물고(DevOps), 궁극적으로 사용자의 기대를 지속해서 충족해 나가는 방법으로 나아가고 있다.

그림 3.1-10. 5일 동안의 스프린트 _ Sprint

디자인 스프린트 방법론에서는 극단적으로 5일 만에 여정을 설계하고, 아이디어를 스케치/평가한 다음 프로토타입을 만들어서 평가하는 경우도 있다. 물론 여기서 그치는 게 아니라 테스트 결과가 다시 아이디어나 프로토타입에 반영되는 과정이 여러 차례 반복된다. 그 과정에서 UX가 강화되고 개선된다.

결과적으로 디지털 전환 시대의 디자인 방법론은 다음과 같은 특성이 있다.

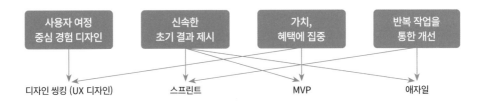

그림 3.1-11. 디지털 전환 시대의 디자인 방법론 특성

더 빠르고, 민첩하며, 사용자 가치에 기반한 방법론이 등장하고 있다. '3.2.2. 애자일 UX'에서는 원래 독립적이었던 애자일, UX 디자인, 디자인 스프린트가 결합하게 된 배경과 구체적인 진행 방법을 살펴볼 것이다.

3.1.3. 데이터 기반 UX, AI UX의 등장

현재 나의 활동, 다시 말해 내가 어떤 것을 찾아다녔고, 무엇을 관심 있게 보고, 어떤 것은 보다가 말았는지 등의 데이터를 파악해서 그에 따른 UX를 즉시 제공하는 서비스가 늘고 있다. 유튜브를 예로 들어보자. 사용자가 홈 화면이나 검색을 통해서 어떤 콘텐츠를 탐색했는지, 어떤 콘텐츠를 관심 있게 보고, 어떤 콘텐츠는 보다가 바로 나왔는지, 댓글(Comments)이나 다음(Up Next), 추천 콘텐츠에는 어떤 반응을 보였는지를 데이터로 파악했다가 새로운 홈 화면에 추천 콘텐츠로 그 결과를 반영한다. 물론 여기에는 구독 채널, 관심 없음이나 채널 추천 안 함 등의 결과도 반영된다.

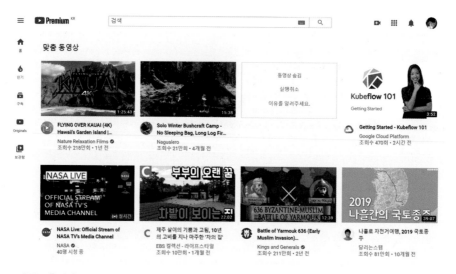

그림 3.1-12. 유튜브 홈 화면

다소 복잡해 보일 수 있지만, 사실 결과는 간단하다. '사용자가 흥미를 가질 만한 콘텐츠만 보여주는 것'이다. 그럼으로써 유튜브는 '내가 관심 있어 하는 세상과의 연결'이라는 가치를 제공한다.

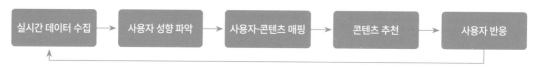

그림 3.1-13. 유튜브 같은 추천 서비스에서의 콘텐츠 추천 로직

이것은 새로운 UX다. 데이터에 기반해 우리가 좋아할 것, 만족스러워할 것을 예측하고 그 결과를 즉시 보여준다. 예전에는 이전 데이터, 이전 경험에 기반하여 오랜 시간 숙고 끝에 '사용자는 이런 콘텐츠를, 이런 제공 방식을 좋아할 것이다'라고 예측하고 디자인에 반영했다면 이제는 현재 데이터, 현재 경험에 기반하여 그 즉시 예측 결과를 사용자의 눈앞에 제시한다.

데이터에 기반한 UX는 이미 많은 기업 및 서비스가 제공하고 있다. 유튜브와 같은 미디어 서비스는 물론이고, 쇼핑몰에서의 상품 추천, 내비게이션 서비스의 길 안내, AI 스피커의 사용자 의도 파악, 항공권 예약 서비스에서의 목적지/일정 추천 등 다양한 분야에 이미 적용 중이다.

새로운 UX에서는 어떻게 사용자의 현재 데이터와 현재 경험을 수집하고, 그것을 결과에 반영할 것인가가 중요한 화두가 되었다.

국내 AI 전문가들이 이야기하는 UX

글쓴이는 직업 특성상 다양한 직종의 사람들을 만나는데, 최근 관심이 그쪽으로 쏠려서인지, 아니면 시대의 흐름 때문인지 AI 전문가들과의 만남이 늘고 있다. AI 전문가라고 통칭해서 얘기하지만, 기술적인 배경이나 적용 분야, 수준은 천차만별이다. 검색 알고리즘에서 출발해 구글 텐서플로를 활용해서 머신러닝 솔루션을 제공하는 사람들도 있지만, 딥러닝 기술에 기반해 자체 솔루션을 만들었는데 구글이나 IBM을 넘어서는 게 목표인 사람도 있다.

그런 전문가들의 얘기는 한결같다. AI는 기술이다. 하지만 실제 AI가 제공할 서비스는 UX 없이는 불가능하다. 글쓴이도 SK 사내 대학이나 디자인진흥원 등에서 AI와 관련한 UX를 강의 중이지만, 대다수 AI 전문가들이 공통으로 얘기하는 'AI 서비스는 UX 없이는 불가능하다'는 얘기를 듣고 있노라면 "왜죠?"라는 질문을 던지게 된다.

"결국 AI가 제공하는 것이 사람들의 곁에서 경험을 제공하는 일이기 때문입니다."

그들이 공통적으로 이야기하는 결론이다.

그런데 조금만 생각해 보면 콘텐츠 추천 외에도 콘텐츠를 담는 그릇인 UI 프레임이나 콘텐츠를 분류하는 카테고리, 콘텐츠 추천 후 이어지는 이용흐름 설계가 필요하다는 것을 알 수 있다. 사실 이 부분이 더 까다롭다. 단지 콘텐츠를 추천하고 그치는 것이 아니라 어떤 형식으로 그것을 보여주고, 분류하며, 흐름이 이어지게 만들 것인가?

넷플릭스는 천문학적인 예산을 들여서 추천 시스템의 성능을 지속해서 개선하고 있지만, 많은 사용자는 지나치게 빽빽한 UI와 변경 불가능한 카테고리, 중복 콘텐츠 제공에 오히려 더 많은 불만을 표시한다.

그림 3.1-14. 넷플릭스 홈 화면

디지털 전환 시대는 조만간 AI 주도 시대로 발전해 나갈 것이다. AI가 우리 생활의 대부분에 개입하고 통제하며 각 개인에게 맞춤화된 서비스를 실시간으로 제공하는 시대다. 이미 우리 곁에는 AI 스피커나 길 안내 내비게이션을 비롯한 많은 AI 서비스가 자리 잡고 있지만, AI 주도 시대에서는 그 위상이 가장 가까운 친구, 비서, 가족 같은 존재로 높아질 것으로 전망한다.

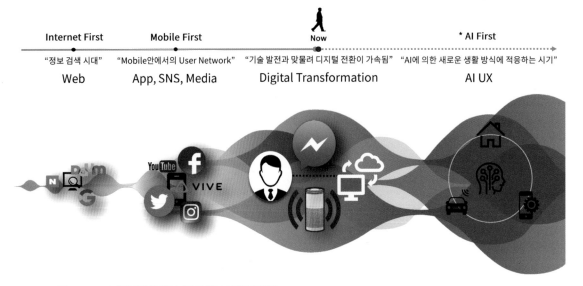

그림 3.1-15. 디지털 전환 시대를 넘어 AI 주도 시대로의 진입

디지털 전환 시대는 UX/UI의 중요성이 매우 높다. 사용자 여정이 중심이고, 반복 절차를 통해서 결과를 계속 개선하려면 사용자경험 지향적이지 않으면 안 된다. 그러나 디지털 전환기를 거쳐서 AI가 모든 것을 주도하는 시대로 넘어가면 기존 UX/UI 디자인은 여러 가지 한계를 나타낼 수 있다. 기존 방법론을 대신해 새로운 UX 방법론이 나타날 것이며, 이미 많은 기업과 연구소에서 이를 준비하고 있다.

그림 3.1-16. 구글의 PAIR와 스탠퍼드의 HAI

참고할 만한 도서로 AI 시대에 UX 디자인이 어떤 역할을 해야 하는지를 명확하게 밝힌 크리스토퍼 너셀(Christopher Noessel)의 ≪Designing Agentive Technology≫(Rosenfeld Media 2017)라는 책이 있다.

다소 제한된 서비스 영역만 다룬
다는 단점이 있으나, AI UX에
대한 최근의 고민을 읽기에 좋은
책이다.

그림 3.1-17. ≪Designing Agentive Technology≫ 책 표지 _ Rosenfeld Media

AI와 결합된 디지털 전환

미국의 손해보험사인 USAA는 고객이 사고 차량을 접수하는 과정을 AI가 결합된 디지털로 전환해 이전에 보험 감정
사가 몇 주에 걸쳐 처리했던 클레임 처리 속도를 불과 몇 분 이내로 단축했다.

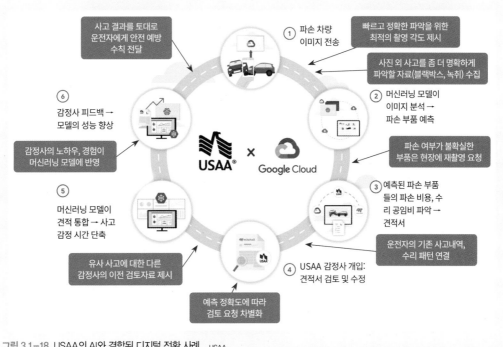

그림 3.1-18. USAA의 AI와 결합된 디지털 전환 사례 _ USAA

① 사고를 당한 고객이 파손 차량 이미지를 전송하면 USAA의 사고처리 담당자는 빠르고 정확한 파악을 위해 최적의 촬영 각도를 제시한다. 더불어 사진 외에 사고 정황을 파악할 데이터(블랙박스 영상, 녹취록)를 수집한다.

② AI 모델이 이러한 데이터를 분석하여 파손 부품을 예측한다. 파손 여부가 불확실한 부품에 대해서는 현장의 고객에게 더 정확한 파악을 위해 재촬영을 요청한다.

③ AI 모델은 이를 다시 종합해 파손 부품들의 비용과 수리 공임을 자동으로 예측하고, 이를 견적서로 만들어서 감정사에게 전달한다. 이 과정에서 운전사의 기존 사고내역이나 수리 패턴이 참고자료로 같이 전달된다.

④ USAA 감정사가 견적서를 검토하고 수정하는데, AI가 전달한 예측 정확도에 따라서 검토 요청 내용이 달라진다. 감정사는 유사 사고에 대한 다른 감정사의 이전 검토 자료를 참고할 수 있다.

⑤ 최종적으로 AI가 견적을 통합해 최종 감정 결과를 제시한다.

⑥ 이렇게 사고 차량 클레임 처리가 끝나면 감정사의 노하우와 경험이 AI 모델에 다시 반영된다.

⑦ 또한 사고 결과를 토대로 사고를 낸 운전자에게 안전 예방 수칙을 전달한다.

3.2.1. 애자일 방법론

여러 사람이 공동의 목표를 달성하기 위해서 제한된 일정과 자원하에 각자 맡은 바 역할을 수행하는 협업 활동을 '프로젝트'라고 한다. 원래 프로젝트는 건설이나 제품 개발 분야에서 주로 진행됐으나, IT가 중요해진 70년대 이후 IT 프로젝트도 급격하게 증가했다.

일반적인 IT 프로젝트는 대부분 폭포수(Waterfall) 모델이었다. 착수-분석-설계-구축-테스트-적용 등의 단계가 명확하게 나뉘어 있어 각 단계가 끝나면 다음 단계가 진행되는 식이었다. 2장에서 얘기한 UX/UI 디자인 프로세스도 따지고 보면 폭포수 모델에 기반하여 정리한 것이다. 폭포수 모델은 각 단계의 계획과 검수가 체계적이고, 문제가 발생할 경우 책임 소재를 명확하게 밝힐 수 있다는 장점이 있다. 반면에 지나치게 기간이 오래 걸리고 중간에 덮어놨던 이슈가 프로젝트 말미에 한꺼번에 터지는 문제가 있다.

90년대 중반에 접어들면서 긴 폭포수 모델의 프로젝트를 여러 개로 쪼개서 '가치 있는 결과물을 좀 더 일찍 내놓고', 나머지 결과는 점진적으로 이어서 내놓는 것이 어떻겠냐는 논의가 확산됐고, 2000년대에 접어들면서 그 결과가 '애자일 선언(The Manifesto for Agile software Development)'으로 귀결됐다. 사실 폭포수 모델 방법론의 단점은 훨씬 전부터 거론됐고, 그 대안으로 나선형(Spiral) 모델 등 다양한 개선책이 시도됐다. 그러나 애자일만큼 큰 호응과 변화를 불러일으킨 방법론은 없었다.

애자일 방법론이 지향하는 바는 단순하다. 폭포수 방법론이 가지고 있는 길고 비효율적인 관리를 없애고자 하나의 프로젝트 주기를 여러 개로 쪼개는 것이다.

여러 개로 쪼개다 보니 자원/일정/품질 관리의 부담이 줄어들고, 원래 하려던 개발 업무에 좀 더 집중할 수 있게 되었다. 그뿐만 아니라 일차적으로 '가치 있는 결과물(=MVP)'을 먼저 내놓으니 시장의 반응을 미리 살필 수 있다는 장점도 있었다.

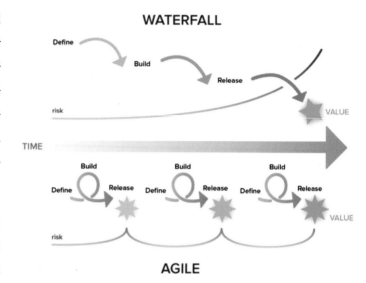

그림 3.2-1. 폭포수와 애자일 방법론 비교 _ Cirdan Group

애자일은 여러 가지 방식이 존재하는데, 가장 대표적인 애자일 방식은 스크럼(Scrum)이다. 스크럼은 럭비 경기 용어로 선수들이 서로 밀착하여 형성하는 전술 대형을 말한다. 스크럼 방식의 애자일은 여러 직무로 구성된 5~9명 규모의 소규모 팀이 합심하여 스프린트라는 주기별로 개발 업무를 수행한다. 팀 내에는 UI 기획자, 디자이너, 개발자뿐만 아니라 제품 책임자(Product Owner)와 애자일 진행을 책임지는 스크럼 마스터(Scrum Master)가 있다. 각자 맡은 바 역할을 하면서 공동 목표를 위해서 스크럼 회의를 진행하고 프로젝트를 통해 수행할 내역이 적힌 제품 백로그(Product Backlog)를 기록하고 관리한다.

애자일 용어 정리

- **스크럼**: 가장 대표적인 애자일 방식. 여러 직무로 구성된 소규모 팀이 공동으로 업무를 진행하는 형태를 의미

- **스크럼 마스터**: 애자일 프로젝트 관리를 책임지고, 일정/자원/이슈 등을 관리하는 관리자

- **제품 책임자**: 현업 담당자로서 프로젝트의 내용에 해당하는 제반 백로그를 관리하는 사람

- **제품 백로그**: 제품 완성에 필요한 특성, 기능, 개선점 등 제품의 모든 요구사항을 우선순위에 따라 정리한 목록. 백로그는 사용자 스토리 형태로 기록된다.

- **사용자 스토리**: 사용자에게 제공할 정보나 기능을 일정한 형식(As a WHO, I want to WHAT, so that WHY)으로 정리하는 것

SCRUM FRAMEWORK

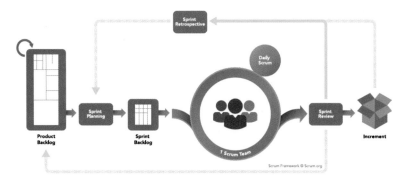

그림 3.2-2. 스크럼 프레임워크 _ Scrum.org

스크럼 방식의 장점은 분야별 전문가들이 모여 공동의 목표와 이슈를 매일같이 공유하기 때문에 협업의
효과성이 높다는 것이다. 또한 반복되는 스프린트를 통해 피드백과 학습이 이뤄지면서 사용자 요구와 환
경 변화에 기민하게 대응할 수도 있다. 반면에 프로젝트의 규모가 너무 큰 경우 스크럼 방식을 실제 적용
하기가 어렵고, 프로젝트와 스프린트의 기준이 되는 제품 백로그가 실제 사용자 경험에 기반했다고 보기
어려워 효율성만 맹목적으로 꾀한다는 비판도 받는다. 과정은 좋은데 최종적으로 만들어낸 결과물이 시
장이 원하는 것이 아닌 경우가 발생할 수 있는 것이다.

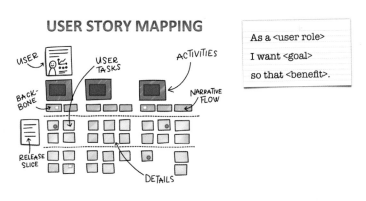

그림 3.2-3. 애자일 프로젝트의 가장 기본 단위가 되는 사용자 스토리 _ Priyank Shah, Medium

백로그는 애자일 프로젝트에서 가장 중요한 기준이다. 백로그에는 프로젝트 또는 각 스프린트의 성과
를 측정할 수 있는 개발 내역이 담겨 있다. 사용자 스토리를 기준으로 전체적인 백로그(Product Back-
log)를 만들고, 그것을 우선순위로 구분하면서 스프린트(Sprint Backlog)를 나누는데, 처음에 정해진
백로그가 스프린트 진행 과정에서 수정되고 다음에 진행할 스프린트에 영향을 미치는 경우도 많다.

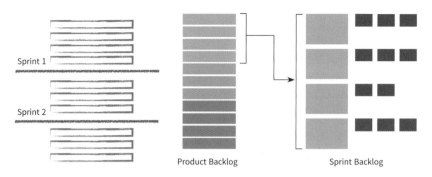

Sprint 1

Sprint 2

Product Backlog

Sprint Backlog

그림 3.2-4. 스프린트와 백로그 간의 관계 _ Encarna Abellán, we are marketing

가장 큰 문제는 애자일 프로젝트의 기본 단위가 되는 사용자 스토리가 개발 중심적으로 만들어졌기 때문에 실제 사용자 경험을 반영하기에는 한계가 많다는 점이다.

이에 따라 2010년에 접어들면서 애자일이 가진 '민첩성'이라는 장점에 진정한 사용자를 반영할 수 있게 디자인씽킹을 결합시키자는 논의가 확산됐다.

이른바 애자일 UX가 등장한 것이다.

3.2.2. 애자일 UX

애자일이 디자인씽킹에 손을 내민 2010년대 초반 무렵, UX 디자인에서도 새로운 변화가 시도되고 있었다. UX 방법론은 진정한 사용자 가치를 서비스에 반영한다는 장점에도 불구하고, 너무 오래 걸리고 진행하는 사람에 따라 큰 품질 격차를 보였으며, 결과를 끝에 가서야 알 수 있다는 단점이 있었다. 따라서 더 신속하고 결과 지향적인 방법론에 대한 논의가 대두되었다.

이에 따라 린 UX가 제일 처음 애자일과 손을 잡았다. 그러나 그것만으로는 애자일이 원하던 '진정한 사용자 가치'를 담보하기 어려웠다. 곧 디자인씽킹에 기반한 정통 UX 방법론을 애자일에 결합시키려는 움직임이 일기 시작했다.

'애자일의 민첩성'과 '디자인씽킹의 사용자 가치'를 모두 만족시킬 수 있을까?

여기에는 디지털 전환 시대에 요구되는 조직 변화의 필요성, 수평적 상하 관계가 만드는 자유로운 의사결정, 직무 간 창의적인 협력 문화와 높은 생산성 등도 반영되면서 애자일이 단지 긴 프로젝트 주기를 어러 개로 쪼개는 것에서 그치지 않고, 여러 가지 변화를 상징하는 새로운 시대의 아이콘으로 진화했다.

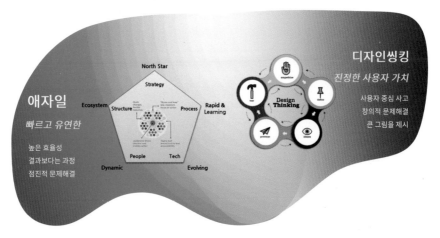

그림 3.2-5. 애자일과 디자인씽킹의 결합

애자일은 UX에게 '우리가 무엇을 해야 하는지 알려달라'고 했고, UX는 애자일에게 그 대가로 신속하고 결과 지향적인 과정을 대신 진행해달라고 했다.

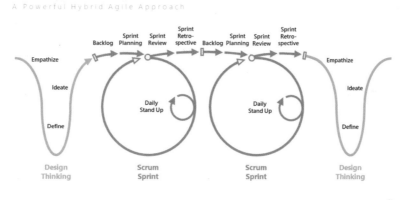

그림 3.2-6. 애자일 UX의 진행 주기 _ lifecycle,management

이러한 분업은 처음에는 이상적인 것처럼 보였다. 프로젝트 초기에 디자인씽킹이 리서치, 모델링, 콘셉트/아이디어 도출 등을 통해서 '진정한 사용자 가치'를 정의한다. 애자일은 그것을 백로그로 변환하여 프로젝트 주기를 나눈 다음(스프린트) 열심히 개발을 진행하고, 마지막 과정에서 디자인씽킹으로부터 결과를 검증받는다.

그림 3.2-7. UX(초록색)와 애자일(파란색) 간의 역할

그러나 전혀 다른 두 개의 방법론은 생각처럼 쉽게 융합되지 못했다. 애자일은 UX가 얘기하는 내용을 잘 알아듣지 못했고, UX는 자신들이 원했던 '신속함'과 애자일이 주는 '신속함'에는 큰 차이가 있다는 점을 깨달았다. 빠르게 결과를 확인하고 그것을 개선하고 싶었지만, 애자일의 스프린트 주기는 자신들이 원하던 형태도 아니었고 전혀 빠르다고 생각되지도 않았던 것이다.

애자일을 이끄는 스크럼 마스터나 제품 책임자, 개발자들은 더 구체적이고 명확한 기능 정의를 원했으나 UX가 전달한 결과물들은 그들이 생각했던 것과 아주 달랐다. 백로그를 만들어야 하는데, UX의 언어나 문화를 이해하지 못한 상태에서는 그들의 산출물을 가지고 백로그를 만들기가 너무 힘들었다. 게다가 프로젝트 초반 일정을 UX에서 많이 가져가면서 정작 개발할(스프린트를 돌릴) 시간이 부족해졌다.

마지막 검증 과정도 매끄럽지 않기는 마찬가지였다. UX 입장에서는 애자일 개발로부터 전달받은 결과물이 다소 부족하거나 굳이 검증할 필요성을 느끼지 못하게 만들었다.

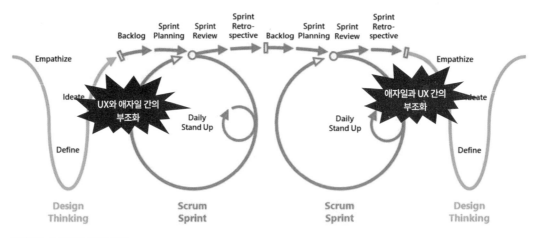

그림 3.2-8. 애자일 UX의 문제

마치 세간에 화제를 불러일으킨 청춘스타 둘이 결혼했는데, 신혼도 지나기 전에 서로의 성격 차이만 느끼고 헤어질 지경에 이른 것과 같았다. 다행히 헤어질 이유를 찾기보다는 처음에 느낀 서로에 대한 애틋함을 되짚어보고 부족한 부분을 바꾸고자 하는 움직임이 2015년 무렵부터 나타났다.

3.2.3. 포스트 애자일 UX

'포스트 애자일 UX'는 '애자일 UX'처럼 하나의 방법론을 지칭하는 말이 아니다. 애자일 UX의 실패를 교훈 삼아 장점은 살리고 단점은 줄이자는 움직임이 여러 갈래로 있었는데, 그 산물들을 하나로 묶어 포스트 애자일 UX라고 부른다. 애자일과 UX의 장점을 각기 살리면서 그 둘이 조화롭지 못한 문제를 각기 다른 방법으로 해결하는 것이다.

린 UX + 디자인씽킹 + 애자일

린 UX는 태생부터가 애자일과 깊게 관련되어 있다. 디자인씽킹이 애자일과 결합했다가 여러 가지 문제를 일으키자 린 UX가 다시 부각되기 시작했다. 셋(디자인씽킹, 린 UX, 애자일)의 장점을 섞는다면 애자일 UX의 단점을 극복할 수 있지 않을까? 물과 기름처럼 섞이지 않는 디자인씽킹과 애자일 사이에 린 UX가 매개체 역할을 담당하게 되었다.

린 UX는 전통적인 UX 방법론이 하나하나 절차를 밟으면서 사용자 경험을 디자인하는 것과는 달리 빠르게 아이디어를 스케치한 다음, 그중 하나를 프로토타입으로 만들어서 사용자로부터 검증받아 아이디어를 개선한다. 이런 면에서 린 UX는 디자인 스프린트와 유사해 보이지만, 실제 서비스를 만들고 출시하는 과정이 있다는 면에서 출시 전에 실험적으로 검증을 진행하는 디자인 스프린트와 다르다.

필드 리서치를 통해 사용자 경험을 먼저 이해하고, 문제를 파악하는 전통적인 UX 방법론과 달리, 린 UX에서는 초반에 가정을 세우고 거기에서 출발해 아이디어 → 스케치 → 프로토타입 과정을 밟는다.

초기 가정은 사용자가 누군지, 서비스가 그들에게 언제, 어떤 상황에서, 어떻게 쓰이는지, 무엇이 가장 중요하고, 반대로 가장 위협이 되는 문제는 무엇인지를 밝히면서 세운다.

린 UX는 빠르게 결과를 만들어서 시장으로부터 이를 검증받은 다음, 서비스를 개선하는 과정을 반복한다.

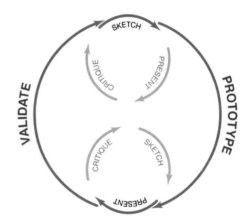

그림 3.2-9. 린 UX의 진행 주기 _ interaction Design Foundation

포스트 애자일 UX에서는 디자인씽킹이 애자일에 넘겨주던 바통을 린 UX가 받는다.

프로젝트 초기에 디자인씽킹이 사용자 가치를 정의하고, 가설을 어느 정도 검증한 다음에 린 UX에게 이를 넘기면, 린 UX는 고유의 프로세스로 시제품을 만들고 검증하여 애자일 개발자들에게 매우 구체적인 백로그를 전달한다.

그림 3.2-10. 린 UX + 디자인씽킹 + 애자일의 진행 주기 _ Jeff Gothelf, Medium

린 UX + 디자인씽킹 + 애자일의 장점

- 디자인 씽킹을 통한 고객 니즈 파악 및 공감
- 린 UX 방법론의 시제품—검증—개선 주기를 돌면서 디자인씽킹이 제시한 가치(가설) 증명
- 그 결과를 바탕으로 디자인씽킹이 제시한 방향성의 전환(Pivot) 혹은 지속(Persevere)을 결정
- UX에 기초한 백로그, MVP 선정
- 구체적인 백로그를 애자일 개발자들에게 전달해 이후 개발과정에 무리가 없음

애자일 UX + 디자인 스프린트

디자인씽킹이 주도하는 프로젝트 초기에 디자인 스프린트가 추가된다. 구체적이고 명확한 백로그를 애자일 개발자들에게 전달한다는 목표는 동일하다. 다만 린 UX와는 달리, 검증하고 개선하는 시점이 좀 더 앞쪽에, 다시 말해 애자일 시기가 아닌, 디자인씽킹 시기에 들어간다. 따라서 린 UX처럼 시제품을 만들고 출시하는 일은 없다. 디자인 스프린트를 통해서 내부에서 빠르게 프로토타입을 만들고 검증하는 것뿐이다. 하지만 그렇게 함으로써 디자인씽킹(UX)이 세운 가설이 더 명확하고 구체적이 된다. 정보나 기능 단위로 세분화될 수 있는 것이다.

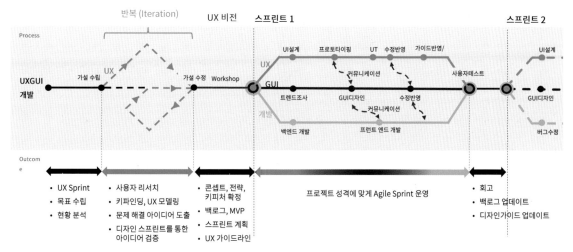

그림 3.2-11. 라이트브레인의 애자일 UX + 스프린트 진행 주기

문제 해결 아이디어를 도출한 다음에는 다음과 같이 스프린트를 돌려서 빠르게 이를 검증한다.

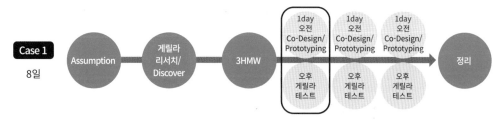

그림 3.2-12. 라이트브레인의 애자일 UX + 스프린트 중 '스프린트 주기'

라이트브레인의 애자일 UX 원칙

- 초기에 잠정적 타깃 사용자는 물론, 어느 정도 현황 분석이 끝난 다음에는 잠정적 페르소나도 선정한다.

- 일단 해결할 문제와 그에 따른 아이디어를 먼저 정의하고, 전략이나 콘셉트, 키피처(Key Feature) 등은 디자인 스프린트를 돌린 다음에(아이디어를 여러 차례 검증한 다음) 수립한다.

- 백로그와 MVP를 결정하는 자리에는 리서치, 아이디어, 스프린트 작업에 참여했던 UX 팀원 전원이 반드시 참가하여 집중할 부분과 각 사용자 스토리의 중요도에 대해서 의견을 개진한다.

- 백로그 외에 UX 가이드라인을 만들어서 애자일 스프린트 과정 중에 각 팀원이 UX에 대한 형상 관리를 원활하게 할 수 있게 제공한다.

- 스프린트가 끝나면 사용성 테스트를 반드시 진행하고, 그 결과를 백로그 및 UX 가이드라인에 반영한다.

듀얼 트랙 애자일 (Dual Track Agile)

마지막에 소개할 포스트 애자일 UX 방법은 '듀얼 트랙 애자일'이다. 듀얼 트랙 애자일은 문자 그대로 2개의 트랙이 교차해서 진행되는 방식이다. 발견 스프린트(Discovery Sprint)는 디자인씽킹(+스프린트)이 담당한다. 산출 스프린트(Delivery Sprint)는 린 UX와 애자일 개발자들이 담당한다. 두 트랙은 기본적으로 발견 스프린트 다음에 산출 스프린트를 진행하지만, 상황에 따라 요청을 주고받을 수 있다.

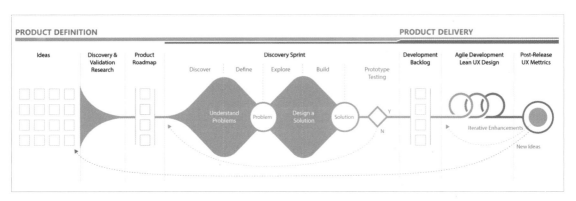

그림 3.2-13. 듀얼 트랙 애자일 _ Danny Vigil, Medium

초반에 문제를 찾아서 그 해결방법을 정의하고 스프린트를 돌리면서 백로그를 정의하는 과정은 앞에서 본 다른 방법론과 대동소이하다. 그러나 애자일 개발 과정 중에 모호하게 정의된 백로그가 발견될 경우 디자인씽킹 팀이 그것을 정확하게 정의하기 위해서 발견 스프린트 활동을 전개한다는 점이 특이하다. 물론 처음에 정의된 백로그가 사용자 가치를 충실히 담고 있고, 아주 명확하게 정의됐다면 디스커버리 스프린트 활동이 전개될 이유는 없다.

듀얼 트랙 애자일 방법론에서는 디자인씽킹과 애자일 간의 관계가 단선적이지 않다.

산출 스프린트 과정에서 애자일 개발 중에 문제가 발생할 경우(대부분 백로그와 관련이 있겠지만, 전략이나 서비스를 둘러싼 환경변화가 있을 수도 있다), 발견 스프린트가 그것을 해결해 산출 스프린트, 다시 말해 애자일 개발자에게 결과를 전달한다.

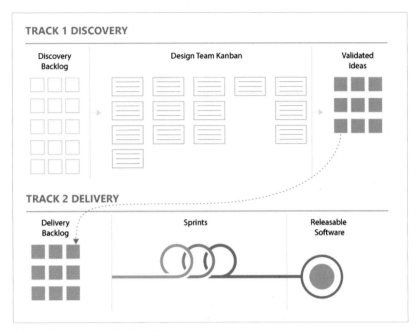

그림 3.2-14. 발견 스프린트와 산출 스프린트 간의 협업 관계 _ Danny Vigil, Medium

듀얼 트랙 애자일은 애자일 방법론 혹은 애자일 UX 방법론이 가진 한계를 합리적으로 해결할 수 있는 방법론임은 틀림없다. 그러나 초기에 디자인씽킹 역할을 담당하는 UXer와 스프린트에 참여하는 UXer, 산출 스프린트에서 린 UX를 담당할 UXer 간의 역할 관계가 불분명하다는 단점이 있다.

듀얼 트랙 애자일 방법론에서 UX의 역할

- 초기에 애자일 개발자(+린 UX 담당자)에게 가설, 아이디어, 백로그를 전달

- 서비스 이해관계자와 협업하면서 서비스 콘셉트와 방향성을 정의

- 프로젝트 초기뿐만 아니라 산출 스프린트 단계에서도 리서치를 통해서 필요한 검증 역할을 수행 (단점: 린 UX 담당자와의 관계가 모호해짐)

- 문제가 발생할 때마다 스프린트 계획이나 백로그 정의 회의에 참여

- 전체 팀이 활용할 수 있는 재활용 가능한 UX/UI 템플릿, 요소들을 마련

포스트 애자일 UX에서의 프로세스 유형

2016년 무렵부터 앞에서 설명한 포스트 애자일 UX 방법론들이 실무에 적용되었는데, 실제 사례를 분석해 보면 프로세스 유형을 다음과 같이 정리할 수 있다.

1. 문제가 명확하지 않아서 UX 리서치 및 가설 수립이 초반에 길게 필요한 경우

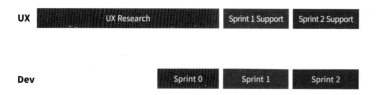

2. 문제가 명확하여 백로그를 빠르게 정의하고 스프린트에 린 UX 방식으로 참여가 가능한 경우

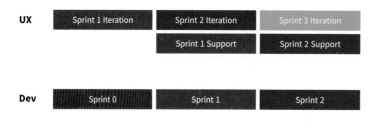

3. 초기 시장, 시험적 시장에 뛰어들 경우 (초반에 시제품 제작, 이후 본격 착수)

AI를 위한 디자인, AI UX

3.3.

이 책을 읽는 독자 중 일부는 AI UX는 아직 오지 않은 미래를 다루는 것이라고 생각할 수 있다. 하지만 AI UX는 현재 진행형이다. 아직 시작된 지가 2~3년에 불과하고, 전 세계를 통틀어 불과 수천 명 정도만 이 분야에 종사하고 있지만, AI 서비스의 확장에 따라서 AI UX 또한 빠르게 성장하는 중이다.

> **AI UX란?**
>
> - AI(Artificial Intelligence) 서비스에서의 UX 디자인
>
> - AI가 제공하는 결과가 실제 사용자 경험에 미치는 영향을 고려하여 어떤 데이터를 사용할 것인지, 모델 설계 시 적절한 경험을 제공하기 위해 어떤 변수를 감안해야 하는지를 디자인하고, 실제 모델을 학습시키는 과정에도 참여한다.
>
> - AI 서비스의 결과를 보여주기 위해 UI, 인터랙션, 이용흐름, 정보 디자인을 설계하는 일도 진행한다.

3.3.1. AI UX의 대두와 그 필요성

AI 서비스란?

AI는 간단하게 말해 '데이터를 이용해 예측을 만들어내는 모델'이라고 정의할 수 있다. 많은 사람이 AI하면 자동화를 떠올리는데, 이는 부정확한 개념이다. AI가 배제된 상태에서 정해진 규칙에 따라서 자동화를 제공하는 서비스는 지금까지 많았다. 검색엔진에서 검색어를 제시하고 쇼핑몰에서 상품을 추천하고

공장의 산업용 로봇이 자동으로 움직이는 것은 AI 없이도 가능하다. 미리 만들어진 프로그램에 따라 작동되면 되기 때문이다. 하지만 이런 규칙에 기반한 서비스는 정확성이 떨어지고, 맥락을 반영하지 못한다. 가령 정해진 시간에 물을 뿌리는 스프링클러는 비가 와서 물을 뿌릴 필요가 없거나 잔디의 상태가 나빠져서 물을 뿌리면 안 되는 데도 정해진 시간이 되면 물을 뿌린다. 이 스프링클러에 AI가 들어간다면 어떻게 달라질까?

공기 중 습도
강수량
현재의 잔디 상태
이전 운영 기록
사용자가 원하는 잔디 상태

그림 3.3-1. AI가 들어간 스프링클러의 작동방식

앞에서 AI의 개념을 정의한 대로 AI 스프링클러는 강수량이나 잔디 상태를 포함한 여러 가지 데이터를 받아서 언제 물을 뿌리면 좋을지, 얼마나 물을 뿌릴지 등을 결정한다. 이것을 결정하는 모델(알고리즘)에는 사용자가 원하는 잔디 상태가 설정되어 있어서 현재의 잔디 상태와 비교해서 앞서 얘기한 물 뿌리는 주기/양 등을 판단한다. 잔디가 너무 빨리 자라나는 것처럼 사용자가 생각했던 것과 다른 결과가 나왔다면 사용자는 설정을 조정하는 식으로 AI 모델을 학습시킨다. 잔디를 지나가는 사람이나 동물이 있을 경우 물을 뿌리면 안 된다 등의 설정을 이후에 추가할 수도 있다.

뭐니 뭐니 해도 사람이, 그것도 잔디의 생육상태와 날씨와의 관계를 잘 알고 있는 전문가가 물을 뿌리면 가장 좋을 것이다. 그렇게 하면 거의 실수를 하지 않고, 가장 알맞은 상태로 물을 뿌릴 것이기 때문이다. AI 스프링클러가 지향하는 것은 그런 사람을 대체하는 것이다. 사용자가 해야 하는 노력을 대체한 다음 알아서 작동하고, 최적의 결과를 제공해주는 게 AI 서비스의 목표다.

데이터   학습   모델   예측   결과 제공

피드백

그림 3.3-2. AI 작동 시스템

AI 서비스의 특징은 다음과 같다.

1. 데이터를 활용한다.

2. 수집한 데이터를 분석해서 결과를 예측하는 모델(알고리즘)이 있다.

3. 누군가 데이터를 모델에 학습시킨다. 이 과정은 초기는 물론, 운영 과정에도 필요하다.

4. 모델은 예측한 결과를 사용자에게 제공한다.

5. 사용자가 피드백을 보이면 AI 서비스는 그것을 데이터로 인식하여 모델에 반영한다.

대부분 AI는 위와 같은 절차를 밟는다. 하지만 AI가 쓰이는 용도는 갈수록 다양해지고 있다. 날씨 예측, 경제 지표 예측, 상품/콘텐츠 추천, 얼굴 인식, 자연어 처리, 길 안내, 자동 번역, 음성-텍스트 간 변환, 자율주행 등 셀 수 없이 많은 분야에서 AI가 활용되고 있다.

표 3.3-1. AI의 구성 요소 _ 인공지능(AI) 기술 및 정책 동향(2016). 한국지식재산연구원

핵심 기술	세부 기술	기술 개요
학습 및 추론 기술 (Learning and Reasoning)	지식표현	분석된 지식을 컴퓨터가 이해할 수 있는 언어로 표현하는 기술
	지식베이스	축적한 전문지식, 문제 해결에 필요한 사실과 규칙이 저장된 데이터베이스로 구축, 관리하는 기술
상황이해 기술 (Context Understanding)	감정이해	사람의 기분, 감정을 인식, 구분할 수 있는 기술
	공간이해	시공간적 세계를 정확하게 인지하고, 3차원의 세계를 잘 변형시키는 기술
	협력지능	다른 에이전트들과 교류하고, 이해하며, 그들의 행동을 해석하고, 효율적으로 대처하는 기술
	자가이해	자기 자신(개성, 정신적/심리적 특성)을 이해하고, 느낄 수 있는 인지적 기술
언어이해 기술 (Language Understanding)	자연어 처리	인간의 자연적 언어를 형태소 분석, 개체명인식, 구문분석, 의미분석하는 기술
	질의응답	질문에 대한 답변을 제시하는 기술
	음성처리	디지털 음성신호를 컴퓨터에서 처리 가능한 언어로 변환하는 기술
	자동통번역	한 언어에서 다른 언어로 자동으로 번역하거나 통역하는 기술
시각이해 기술 (Visual Understanding)	내용 기반 영상 검색	영상 데이터 자체의 특징정보인 색광과 모양, 질감 등 영상 데이터의 내용을 대표할 수 있는 특징들을 추출하고 이를 기반으로 색인과 검색을 수행하는 기술
	행동인식	동영상에서 움직이는 사물의 행동을 인식하는 기술
	시각지식	행동인식, 영상이해, 배경인식 등을 이용하여 영상 데이터로부터 지식정보를 추출, 생성하는 기술
인지 및 인지 기술 (Awareness and Recognition)	휴먼라이프 이해	개인 경력관리, 건강, 대인관계, 재무관리 등 일상생활에서의 지능적 도움을 제공하기 위해 사람의 생활을 이해하는 기술
	인지 아키텍처	인지심리학 측면에서의 사람의 마음 구조를 컴퓨팅 모델화하는 기술

이 책에서 다루는 AI는 AI 전부를 의미하지 않는다. 연구나 산업용 AI, 후방(Back-end)에서 처리되는 AI 기술들은 UX와 관련성이 적기 때문에 제외되었고, 사용자 곁에서 요청에 따라 결과를 제공하는 전방 (Front-end) 서비스가 대상이다. 이러한 서비스를 AI 에이전트라고 부른다.

AI 에이전트는 다음과 같은 특징을 가지고 있다.

서비스 내/외부 데이터를 기반으로 한 실시간 예측 → 사용자 행동, 감정, 맥락을 데이터화 → 한사람, 한사람에 맞춤화된 서비스 → 24/7 깨어 있음 → 사용자 모르게 그들을 케어

그림 3.3-3. AI 에이전트의 특징

AI 에이전트는 대부분 눈에 보이지 않고, 독립적인 형태로 존재하기도 하나 기존 서비스에 내재된 경우도 많다. 한 분야에서 제한적인 일만 수행하는 AI 에이전트들은 위에서 말한 제반 특징 중 일부만 가지고 있다.

AI UX의 등장

AI 에이전트가 서비스 결과를 전달할 때는 그 내용도 중요하지만, 제공방식, 사용자와의 상호작용, 사용자 피드백 반영 같은 이슈도 중요하다. 사용자 의도를 파악하고 그 결과의 내용을 만들어 내는 것은 AI 스스로 가능하지만, 제공방식, 상호작용, 피드백 반영 같은 일을 위해 UX의 지원이 필요하다.

- **제공방식**: 사용자 상태, 감정, 맥락에 따라서 결과를 어떤 방식으로 제공할까? 예를 들어 똑같은 날씨 정보라고 하더라도 바쁠 때와 한가할 때, 목적이 있을 때와 없을 때에 따라서 같은 날씨 정보를 어떻게 다르게 제공할까?
- **상호작용**: AI 서비스는 일회성으로 제공되고 마는 결과가 아니다. 상호작용을 통해 조건을 변경할 수도, 멈출 수도 있어야 한다. AI 서비스 이용 과정이나 AI가 제공한 결과에 대해서 사용자가 어떻게 상호작용하게 할 것인가?
- **피드백 반영**: 기본적인 결과 제공에 대해서 사용자가 좋다/싫다는 의사 표명을 직접 드러내거나 무시, 빨리 감기, 조회/시청 중 이탈과 같은 암묵적인 의사를 드러냈을 때 AI는 이러한 피드백을 서비스에 어떻게 반영할 것인가?

UX는 AI의 심장이라고 부를 수 있는 모델(알고리즘)에도 개입한다. AI 에이전트가 사용자에게 전달하는 경험을 분석하여 모델에 그것을 반영하는 것이다. 가령 길 안내 내비게이션 서비스에서 항상 빠른 길을 안내하는 것이 사용자 경험에 부합할까? 일정, 계절, 차량 상태, 사용자의 운행 패턴에 따라서 길 안내 방법은 달라질 수 있을 것이다.

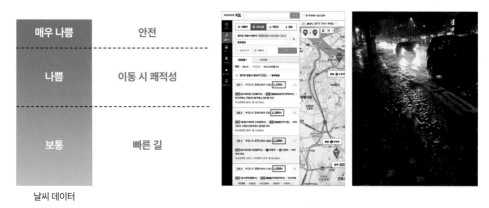

그림 3.3-4. 길 안내와 날씨 간의 상관관계

예를 들어 날씨와 길 안내 간의 상관관계를 생각해 보자. 대부분의 경우 길 안내 서비스에서 가장 중요한 가치는 '경로 효율성'일 것이다. 더 빠르고, 비용이 덜 지출되며, 덜 걸을 수 있는 교통수단 및 경로 안내가 가장 중요하다. 그러나 갑자기 폭우가 내리는 날씨라면 조금 돌아가더라도 이동 시 쾌적성에 더 무게를 두는 사람이 많을 것이다. 평소에는 지하철을 싫어했던 사람도 폭우가 내리면 시간이 더 걸리더라도 지하철을 이용하는 것처럼 말이다. 태풍이 몰아치는 날씨라면 어떨까? 밖에 안 나가는 것이 가장 좋겠지만, 그래도 어딘가를 가야 한다면 이때 가장 중요한 가치는 '안전'일 것이다.

결국 AI 에이전트에는 사용자가 서비스를 제공받을 때 고려하는 변수들이 반영돼야 한다. 변수가 여러 가지라면 각 변수가 서로 어떤 관계나 역학을 보이는지도 파악해야 한다.

AI 기술이 놀라울 정도로 발전하고 있지만, 그것이 실제 사람들에게 제공될 때는 사람들이 느끼고, 고민하는 것들이 반영되지 않으면 안 된다. 사용자들이 어떤 경험에 대해서 느끼고 고민하는 변수들이 모델 설계나 데이터 정의에 반영되어야 한다. AI가 이런 부분까지 알아서 하리라는 기대는 아직 접는 게 좋다.

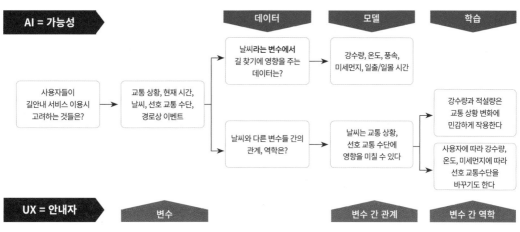

그림 3.3-5. AI=가능성, UX=안내자

UX는 AI 서비스의 목표를 제시하기도 한다. 위 예시에서 본 것처럼 단순히 길 안내 자체가 목표가 아니라, 어떤 방식으로 길 안내를 해야 한다는 목표를 제시한다. 바꿔서 얘기하면 UX가 제시한 목표를 AI가 가장 잘 할 수 있기 때문에 그 역할을 담당할 뿐이다.

AI의 장점을 UX가 활용

AI가 사람들이 하던 일을 대신해서 처리하는 것은 귀찮거나 시간, 비용이 많이 들기 때문만은 아니다. 대부분의 사람은 본질적으로 여러 가지 한계를 지니고 있다.

표 3.3-2. 사람들이 갖는 한계

결여	오류	나약
• 결과 판단 능력 결여 • 전문성 결여 • 지나친 경험 의존	• 잘못된 인식, 선입견 • 노력 결여, 엉뚱한 자신감 • 앞 일을 생각 못함	• 포기, 나태, 좌절 • 불필요한 내적 갈등 • 매너리즘, 무미건조함

지금까지는 위와 같은 한계를 어쩔 수 없는 것으로 간주했다. 사람들은 어떤 게 더 좋은지 판단할 수 있는 능력이 결여되어 있으며, 지나치게 이전 경험을 맹신한다. 실제로는 매번 틀리면서도 말이다. 또한, 잘못된 인식과 선입견 때문에 더 비싼 비용을 지불하거나 헛수고를 하는 경우도 종종 있고, 나약함으로 인해서 쉽게 포기, 나태, 좌절하거나 아까운 시간을 낭비하는 경우도 많다.

AI는 이런 문제를 대신해서 풀어준다. 사람들의 성향이나 가치, 판단 기준을 이해한 다음에 좋은 의사결정을 하게 돕거나 다른 대안을 비교해서 불필요한 갈등을 막아준다. 복잡하고 반복적인 일은 대신 처리해줌으로써 시간과 비용을 아껴준다.

UX 관점에서 볼 때 AI는 이제까지 풀지 못했던 숙제를 해결해 주는 놀라운 도구다.

표 3.3-3. AI는 사용자를 이해, 보조, 대체한다

사용자를 이해한다	사용자를 보조한다	사용자를 대체한다
사용자 개인의 성향, 가치, 기준을 파악	의사결정을 돕는 예측, 추천, 대안 제시	힘들고 어려운 일을 AI가 대신 수행
• 자연어 처리 • 얼굴인식 (인증, 표정) • 자기이해 (개성, 정신적/심리적 특성 이해) • 공간 이해 • 경력, 건강, 대인관계, 재무 이해 • 현재의 심리적/신체적 상태 이해	• 활동 트래킹 → 분석 → 패턴화 → 지식화 • 자동 통번역 • 현재 컨텍스트의 보조 지표화 • 협력 지능 (다른 에이전트와의 연결) • 온/오프라인 상의 행동 인식 → 유형/색인화 → 검색/참조	• 특징 기반 검색 → 결과, 색인화 • 위험한, 더러운 일의 대신 수행 • 센서를 통한 인간 지각 능력의 확장 • 기억의 보조 • 항상 연결되어 있으면서 위험을 최소화

이 표와 같이 AI는 사용자를 이해, 보조, 대체하는 데 필요한 기술을 다양하게 갖추고 있다.

다음 예시는 항공권 서비스에서의 AI UX를 보여준다. 일차적인 목표는 미래 항공권 가격을 예측해 주는 것이다.

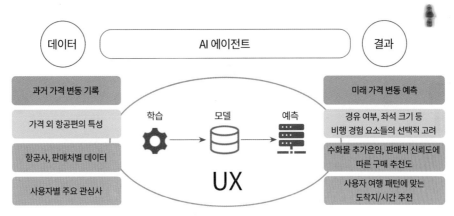

그림 3.3-6. UX가 제시한 목표를 AI가 수행

그러나 사용자들은 항공권 구매 과정에서 가격 말고도 경유 여부나 좌석 크기 등도 같이 고려하므로 결과에는 이러한 경험요소도 반영되어야 한다. 한편으로 결과 추천 시에는 수화물 추가운임이나 판매 신뢰도 등도 감안해야 하다. 싼 가격에 구매했다가 높은 추가운임으로 고통받거나 서비스가 엉망인 판매처 때문에 발권, 수속, 환불 과정에서 고생하게 되면 AI가 제공하는 추천 결과를 믿지 못하기 때문이다. 마지막으로 사용자의 관심사를 추천에 반영해야 한다. 그러나 아직은 이런 서비스가 없기 때문에 사용자 일일이 발품을 팔며 스스로 찾아봐야 한다.

앞서 얘기한 대로 AI 서비스가 사용자를 이해하고(의도, 관심사 파악) 보조하고(미래 가격 예측, 가격 외 경험요소 고려, 항공사/판매처 정보 감안) 대체한다면(사용자가 원하는 조건 찾기) 어떨까?

위에서 얘기했던 AI UX의 특징을 정리하면 다음과 같다.

1. UX는 사용자의 막연한 상상과 잠재적 니즈로부터 AI가 무엇을 해야 하는지 목표와 결과를 제시한다.
2. AI는 이러한 목표와 결과를 위해서 사용자를 이해하고, 보조하며, 때로는 사용자의 행동을 대체한다.
3. AI와 UX는 상호 보완함으로써 불가능하다고 생각했던 일들을 현실화할 수 있다.

글쓴이가 UXer이기 때문에 이렇게 얘기하는 것이 아니다. 앞서 얘기했듯이 구글, 페이스북, 아마존, 바이두를 비롯한 AI 선도업체는 물론, 스탠퍼드나 MIT와 같은 대학에서도 인간 중심적인 AI, AI UX의 적용이 활발하게 이뤄지고 있다.

3.3.2. AI UX의 주요 특징

기존 UX와의 비교

사용자–서비스 간의 관계에서 중간에 AI 에이전트가 끼어들면서 UX에서도 큰 변화가 나타났다.

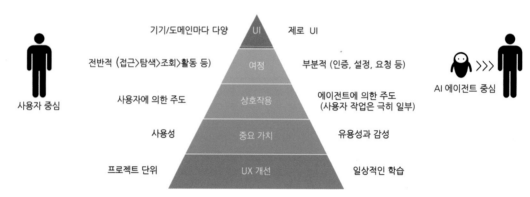

그림 3.3-7. 기존 UX와 AI UX의 비교

AI UX는 AI 에이전트에 의해서 서비스가 주도된다. 사용자는 전체 여정 중 일부에만 참여하며, 그렇기에 현재와 같은 UI는 불필요해진다. 사용자가 본인의 의도를 제대로 표현할 수만 있으면 어떤 UI든 상관없게 된 것이다.

사용자가 직접 정보를 접근, 탐색, 조회, 활동할 때는 사용성이 중요했지만, AI UX에서는 AI 에이전트가 그 과정을 대체하기 때문에 '결과의 유용성'과 '과정의 재미'가 제일 중요하다.

UX 개선도 프로젝트 형태가 아닌, 일상적인 학습을 통한 개선으로 진행된다.

전체 여정을 봐도 현재 UX와 AI UX 간 차이는 확연하게 드러난다. 사용자가 모든 여정을 진행했던 현재 UX와 달리 AI UX에서는 초기에 설치, 설정, 인증을 하고 난 뒤에 사용자가 할 일이 없어진다. 일상적인 여정은 AI 에이전트가 알아서 진행하며, 뭔가를 직접 요청하거나 확인할 때만 사용자가 개입한다.

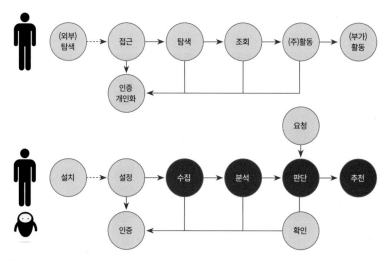

그림 3.3-8. 기존 UX와 AI UX의 여정 비교

AI 에이전트는 자신에게 부여받은 권한 내에서 숨은 업무(데이터 분석, 위험 감지, 새 소식 파악, 추천 콘텐츠 검색 등)를 수행하다가 확인받아야 할 중요한 일이 생겼을 때나 사용자 상태에 개입할 필요가 있을 때는 사용자를 찾는다.

영화 'Her'를 통해 보는 AI 에이전트

2013년에 나온 영화 'Her'에 이런 여정이 잘 드러나 있다.

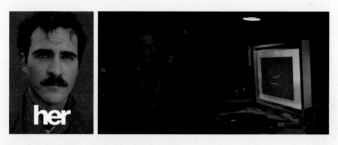

그림 3.3-9. 영화 Her 포스터 및 주인공이 AI 서비스를 설치하는 장면

주인공 테오도르가 OS1이라는 AI 서비스를 설치하고 인증을 비롯한 몇 가지 설정을 한다. 그러자 사무적인 말투가 사라지고, 테오도르를 위한 AI 에이전트가 깨어나서 활동을 개시한다. 사만다라는 이름의 AI 에이전트는 컴퓨터 하드디스크나 클라우드, 메일함 등을 뒤져서 테오도르가 대필작가라는 직업을 가지고 있다는 점과 현재 이혼했다는 점, 정서적으로 무척 외롭다는 사실을 이해한다. 사만다는 아침에 사용자를 깨우고, 가벼운 농담으로 기분을 맞춰주다가 사용자가 할 일을 점차 대체하면서 24/7시간 깨어 있는 비서 역할을 수행한다. 어느새 테오도르의 일상생활은 사만다 없이는 안 될 정도로 변해간다.

우리가 현재 서비스를 이용할 때는 먼저 서비스에 뭐가 있는지 보고 그중 원하는 정보를 선택하거나 이용한다. AI 시대에서는 이러한 '보고 선택하는' 과정이 필요 없어진다. AI 에이전트가 더 빠르게 서비스를 돌아다니면서 사용자 성향에 가장 잘 맞는 정보를 찾아주기 때문이다. 사용자는 원하는 것을 요청하기만 하면 된다.

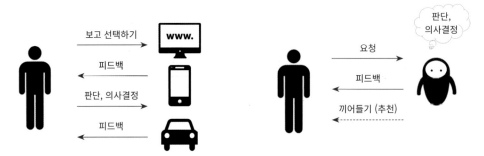

그림 3.3-10. 기존 UX와 AI UX의 상호작용 비교

의사결정을 하거나 바로 행동을 취하는 것도 AI 에이전트가 알아서 한다. 위험하다고 판단될 경우에는 알아서 경찰에 신고하고, 건강에 이상징후가 있을 때는 알아서 병원 방문 예약을 진행한다.

종종 AI 에이전트가 사용자에게 '혹시 이게 필요하지 않으세요?'하고 물으면서 먼저 무언가를 추천하는 경우도 많을 것이다. 사용자가 그러한 개입을 싫어하거나 결과에 만족하지 않을 경우에는 AI 에이전트가 그것을 기억했다가 방법을 다르게 바꾼다.

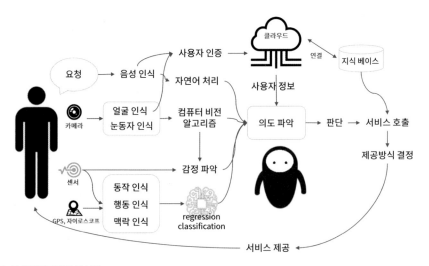

그림 3.3-11. AI 에이전트 작동 시스템

AI 서비스 진행 시 UX의 역할

사용자가 무언가를 요청하면 AI는 사용자의 의도를 파악하는 것과 동시에 바쁘게 인식 활동을 전개한다. 인식의 목적은 사용자의 의도 파악과 인증이라고 할 수 있다. 요청 내용을 파악하는 것도 중요하지만, 그 의도를 제대로 읽기 위해서는 감정이나 행동, 맥락을 파악하는 것도 중요하다. "오늘 날씨를 알려줘"라는 말을 소파에 앉아서 여유 있는 상태에서 한 것인지, 출근 준비로 우왕좌왕하는 상태에서 한 것인지에 따라 제공방식이 달라진다.

보안이나 사용자 분별을 위해서 인증도 진행된다. AI는 얼굴이나 목소리를 인식하는 능력이 있으므로 아이디/비밀번호를 물어볼 필요는 없다. 찰나에 목소리, 얼굴, 눈동자를 인식하여 사용자 인증이 처리된 경우에만 서비스에 접근할 수 있다. 인증이 완료되면 한편으로 클라우드에 저장된 사용자 정보(현재 의도와 관련된 이전의 이력, 반응, 선호 제공방식 등)를 가져온다.

마지막으로 의도에 맞는 서비스를 지식 베이스로부터 가져와서 가장 적절한 제공방식을 결정한 다음에 사용자에게 그것을 제공한다. 다소 복잡하게 들리겠지만, 이것은 불과 1초 이내에 진행된다.

이 과정에서 UX는 다음과 같은 역할을 수행한다.

1. AI가 사용자의 요청을 잘 이해할 수 있게 말의 뉘앙스나 맥락, 감정, 신체 상태와의 연관성을 AI에게 학습시킨다.

2. 사용자 의도와 서비스를 연결하는 과정에서 어떤 변수를 고려해야 하는지 알려준다.

3. 서비스 이용 과정에서 습득된 데이터를 가지고 AI 모델을 학습시키는 과정에 참여한다.

사용자에게 제공할 서비스 결과의 제공방식을 결정한다. 맥락이나 결과 내용에 따라서 톤이나 어조를 다르게 가져간다.

AI 서비스 이용 과정 중에 사용자의 확인을 통해 결과의 신뢰도를 높여야 할 때도 있는데, 이런 참여 요청을 핸드오프(Handoff)라고 부른다.

넷플릭스 섬네일 추천 사례

넷플릭스는 콘텐츠 추천이 생명이다. 추천 결과가 좋아야 시청률이 올라가고, 월 구독률도 증가한다. 넷플릭스 UX 팀은 영화의 섬네일 이미지가 추천 결과를 좌우한다는 사실을 알아냈다[주: 조사 결과, 시청에 대한 의사결정과 집중력의 82%가 섬네일에 달려 있었음]. 그렇다면 사용자들에게 어떤 방식으로 섬네일을 제공할까?

그림 3.3-12. 넷플릭스 AI 서비스 목표

넷플릭스는 선호하는 영화 장르에 따라 개인화된 섬네일을 제시한다. AI가 영화 한 편에서 수천 장의 섬네일을 추출하면 장르별로 다른 섬네일을 추천하는데, 사용자의 넷플릭스 이용행태 데이터를 분석하여 누가 어떤 장르에 가까운지를 파악한다. 결과적으로 동일한 영화를 추천한다고 하더라도 사용자의 선호 장르에 따라 보여주는 섬네일이 달라져서 추천 클릭률이 훨씬 높아졌다.

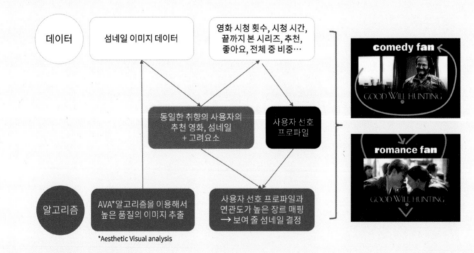

그림 3.3-13. 넷플릭스 추천 작동 방식

이 과정에서 여러 가지 고려요소도 감안했다. 추천 시 동일한 이름의 영화가 함께 노출될 경우 매력도가 감소한다든가, 클릭률이 높다고 해당 섬네일에 나오는 배우가 무조건 인기가 높은 것은 아니라는 점을 AI 모델에 반영했다.

그림의 예시는 구글 포토에서 두 사진 속 인물이 동일인인지 AI가 판단하기 어려울 때 사용자에게 이를 물어보는 것이다. 어느 시점/여정에서 이를 물어보고 사용자의 참여를 유도할지 UX가 고민해야 한다. 서비스 접근 시마다 물어보는 것은 사용자를 귀찮게 만들기 때문

그림 3.3-14. 구글 포토의 핸드오프 예시

에 바람직하지 않다. 사용자가 예전 사진을 찾아보는 등의 특정 행동을 할 때 조심스럽게 확인을 요청하는 것이 좋다.

핸드오프 다음에는 다시 AI 서비스가 이를 돌려받아야 하는데, 이를 테이크백(Takeback)이라고 부른다. 테이크백을 할 때는 사용자에게 감사하다고 하거나 방금 수행한 사용자 활동의 결과를 보여주는 것이 동기부여 측면에서 바람직하다. 현재 구글 포토는 핸드오프는 있지만, 테이크백은 제공하지 않는다.

AI 서비스의 UX 여정

AI 서비스의 UX 여정은 설치에서 시작된다. 설치와 동시에 설정을 시작하는데, 이때 사용자는 AI에 권한을 부여하고 이전에 사용하던 기기나 서비스를 새로운 AI 에이전트에게 연결한다.

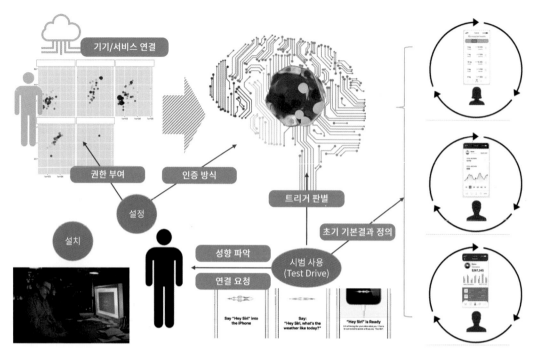

그림 3.3-15. AI 서비스 UX 여정 (초기)

그다음에 사용자와 AI 에이전트가 서로를 인증하는 방식을 정한다. 가짜 AI 에이전트가 진짜 행색을 할 수 있기 때문에 AI 에이전트에 대한 인증 방식도 정해야 한다. 그다음, 시범 사용(Test Drive)을 하면서 사용자의 정보, 성향, 관심사 등을 알리고, 사용자는 AI 서비스에 익숙해지는 과정을 거친다. 어떤 트리거^{주: 어떤 일의 시작을 알리는 신호}가 있을 때 작동할지와 초기에 보여줄 기본 결과를 정의한다.

이용 과정에서 사용자가 더 많은 기능과 정보를 요청하면 AI 에이전트는 추가적인 연결이나 권한을 요청한다. AI 에이전트는 사용자에게 확인을 받을 때도 있고, 새로운 기능을 추천하기도 한다.

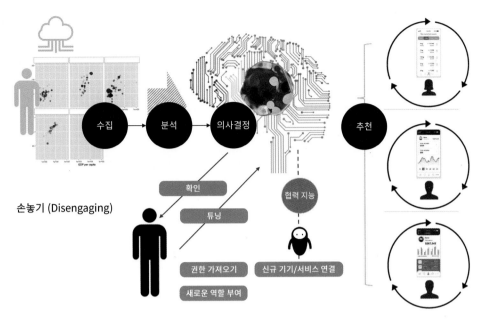

손놓기 (Disengaging)

그림 3.3-16. AI 서비스 UX 여정 (운영 중)

향후 전망

자신을 잘 이해하고 챙겨주는 똑똑한 비서가 있는데, 건강, 식사, 운전, 쇼핑, 청소, 업무, 사교, 휴식에 대한 비서를 각각 구하는 사람은 없을 것이다. 지금은 서비스에 AI 에이전트가 들어 있지만, 앞으로는 스마트폰 앱처럼 서비스별로 존재하기보다는 점차 하나로 통합될 것이다.

많은 전문가가 하나의 뛰어난 AI 에이전트가 점차 다양한 서비스를 제공할 것으로 예측한다. 따라서 AI 서비스 시장에 대한 주도권 경쟁이 치열해지고 있다. 이 경쟁에서 이기기 위해서는 AI 기술도 뛰어나야 하지만, UX도 뛰어나야 할 것이다.

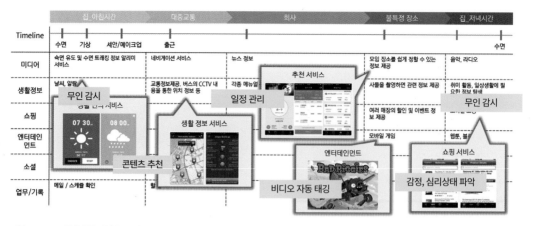

그림 3.3-17. 일상생활 전반을 돌봐주는 AI 에이전트

구글의 AI UX, PAIR (People + AI Research)

현재 AI 분야의 선두주자인 구글에서 AI UX를 어떻게 접목하고 있는지를 살펴보겠다. Google의 AI UX 프로세스를 PAIR라고 부르는데, AI 서비스를 만들기에 앞서 사용자의 니즈를 조사하고 경험을 모델링하며 제공방식을 결정하는 데 초점을 맞추고 있다.

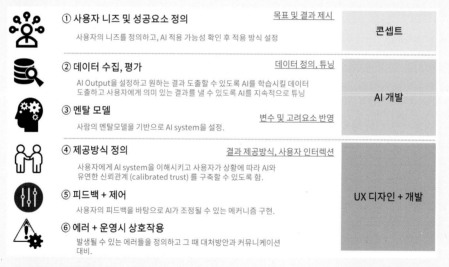

그림 3.3-18. 구글 PAIR 프로세스

PAIR는 3가지 단계, 6개의 활동으로 구성되는데, 콘셉트 단계에서는 사용자 니즈와 AI 서비스의 적용 방식을 설정한다. 두 번째 AI 개발 단계에서는 데이터 정의, AI 학습 작업, 사용자 멘탈 모델을 기반으로 AI 시스템을 설정하는 작업을 진행한다. 마지막 UX 디자인+개발 단계에서는 결과 제공 방식을 정하고, 피드백 반영 방식, 에러 대응, 커뮤니케이션 등 운영 시 사용자와의 인터랙션 방안을 마련한다.

구글은 자사의 항공권 예약 서비스인 '구글 플라이트'에 PAIR를 적용했는데, 그 결과는 다음과 같다.

그림 3.3-19. 구글 플라이트 적용 사례

구글 플라이트에서 현재 가격 수준 및 앞으로 가격 변화를 어떤 식으로 보여줄지, 그러기 위해 필요한 데이터셋이 뭐가 있는지, 사용자와 신뢰 형성을 위해서 AI 예측 결과를 어떻게 표현할 것인지 등을 정의했다.

그 결과, 사용자들이 가격 적정성을 좀 더 명확하게 판단하게 하기 위해 가격 지표를 제공하고, 저렴한 가격을 스케줄을 통해서도 찾아볼 수 있다. 또한 가격 그래프를 통해서 앞으로 항공권 가격을 예측할 수 있다.

구글 PAIR 가이드북에서 얘기하는 'AI가 적합한 경우'

- 사용자별 맞춤화된 콘텐츠 추천

- 미래에 다가올 일에 대한 예측

- 사용자 경험을 증대시키는 개인화

- 자연어 이해

- 엔티티주: 개체, 실체, 어떤 의미를 갖는 것. 전체에 대한 인식

- 시간이 지남에 따라 변화하는 이상징후에 대한 감지

- 특정 서비스 영역에 전문화된 에이전트

- 동적으로 대응하는 콘텐츠 제공

3.3.3. AI UX 유형과 대표적인 사례들

AI 기술이 매우 다양한 만큼 AI UX도 여러 가지 유형이 있다. 앞 장에서 살펴본 UX 여정은 그중 'AI 에이전트 주도형'에 해당한다. 그 외에도 '도우미형', '최적화형', '단순 수행형'이 있다.

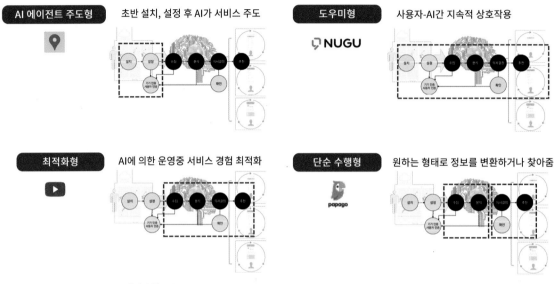

그림 3.3-20. AI UX 4가지 유형

AI 에이전트 주도형

이 AI UX 유형의 AI 서비스는 기존에 사용자가 하던 경험을 AI가 대체하면서 기존 경험을 새로운 형태로 전환시킨다. 앞 장에서 살펴봤듯이 이 유형에서는 사용자들이 초반 설치, 설정, 시범 운영 단계에서만 주로 개입하고, 이후에는 AI 에이전트에 의해 서비스가 주도된다. 사용자들이 하던 접근, 탐색, 조회, 비교/평가, 활동 업무를 AI 에이전트가 대신 수행하기 때문에 사용자는 새로운 요청을 하거나 AI 에이전트가 뭔가를 확인받고자 할 때만 서비스에 관여한다.

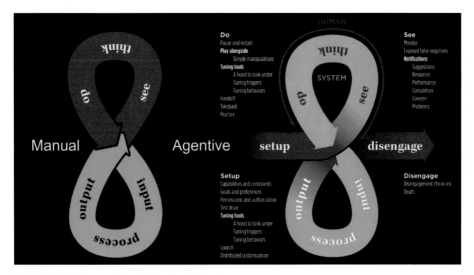

그림 3.3-21. 보고 생각하고 행동하는 영역을 AI가 대체 _ Designing a Agentive Technology

앞에서 소개했던 크리스토퍼 너셀의 ≪Designing Agentive Technology≫에서 다루는 AI 서비스가 이 유형이다. 사용자가 보고 생각하고 선택하던(See Think Do) 영역을 AI가 대체하면서 사용자는 필요시에만 서비스에 관여하는 존재가 된다. 서비스가 어느 정도 사용자 의도대로 설정된 다음에는 '손 놓기(Disengage)'가 이뤄지기 때문이다.

구글이 자사의 AI UX 방법론을 가지고 진행했던 '구글 클립' 사례를 살펴보자.

그림 3.3-22. 구글 클립 예시

구글 클립은 일상생활 기록 카메라(Life log camera)다. 아이나 반려동물의 사랑스러운 순간을 놓치지 않게 하는 게 이 제품의 목표다. UX는 구글 클립이 자동으로 최고의 순간을 포착한 다음, 그 결과를 사용자에게 전달하고 그중 하나를 선택하게 했다. 촬영은 온종일 진행되는 게 아니라 오랫동안 기억에 남을 만한 사랑스러운 순간만 인식해 기록한다. 마치 사용자가 직접 의사결정을 하는 것처럼 순간 포착 능력을 높이기 위해서 다큐멘터리 제작자, 사진작가, 예술작가들의 노하우를 AI 모델에 반영했다.

처음에 제품을 설치, 설정하고 약간의 시범 운영을 한 다음부터는 구글 클립이 자동으로 작동된다. 사용자는 직접 촬영하는 능동적인 존재가 아니라, 구글 클립이 제공하는 촬영 결과물을 확인하고 선택하는 수동적인 존재로 전환됐다.

구글 클립과 같은 소비재 제품뿐만 아니라 공공 서비스 운영에서도 'AI 에이전트 주도' 유형을 찾아볼 수 있다. 싱가포르 정부는 스마트 도시를 만들려는 일환으로 '가상화된 싱가포르(Virtual Singapore)'라는 프로젝트를 진행했다.

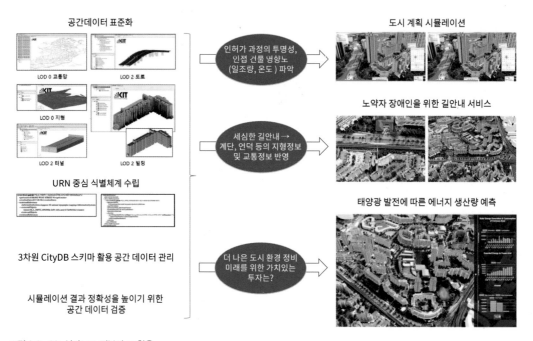

그림 3.3-23. 싱가포르 정부의 AI 활용 _ Virtual Singapore

'Virtual Singapore'는 먼저 공간 데이터를 표준화했다. 교통망, 도로, 지형, 빌딩, 터널, 교각, 공원 등 도시를 구성하는 모든 공간 데이터를 표준화했다. 그다음으로 여기에 통합자원이름(URN, Unified Recognition Name)을 적용해 공간에 대한 식별체계를 수립하고, 3차원 도시 데이터베이스(CityDB) 스키마 기술을 활용해 공간 데이터를 입체적으로 관리했다. AI를 위한 제반 조건이 갖춰진 것이다.

이렇게 준비된 데이터들은 AI 기술을 통해서 도시 계획 시뮬레이션, 노약자/장애인을 위한 길 안내 서비스, 시설 설비 투자에 따른 비용대비효과(ROI, Return On Investment) 예측에 활용됐다.

담당 공무원들은 직접 현장에 가지 않아도 앉은 자리에서 신축 건물 인허가 신청을 위해서 주변 건물 일조량 변화나 출퇴근 시간 교통량 영향도를 시뮬레이션할 수 있게 됐다. 노약자나 장애인들은 힘들지 않은 길을 찾을 수 있게 되고, 도시계획 책임자들은 국민 세금을 더 유용하게 쓸 수 있게 되었다.

도우미형

도우미 유형의 AI 서비스는 일상적이든 일시적이든 간에 사용자의 요청에 곧바로 반응하여 필요한 도움을 제공하는 성격을 지닌다. 일상적인 도우미로는 스마트폰에 탑재된 애플 시리나 구글 어시스턴트, 삼성 빅스비가 해당한다. 일시적인 도우미에는 최근에 서비스마다 유행처럼 제공하는 챗봇이 해당한다. 양쪽 모두 대화를 통해 사용자와 활발하게 상호작용한다.

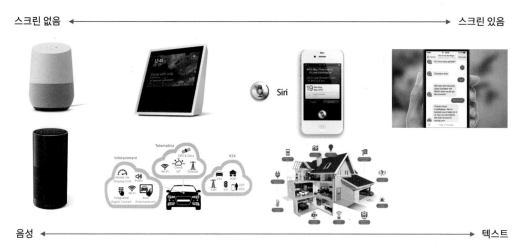

그림 3.3-24. 도우미형 AI 서비스의 유형

도우미형 AI 서비스는 대화를 통해서 UX가 진행된다는 특성상 '대화형 UX(Conversational UX)'라고도 부르는데, 일시적인 도우미는 금융/커머스 분야에서, 일상적인 도우미는 스마트폰, 스마트홈(IoT), AI 스피커를 중심으로 급성장하고 있다.

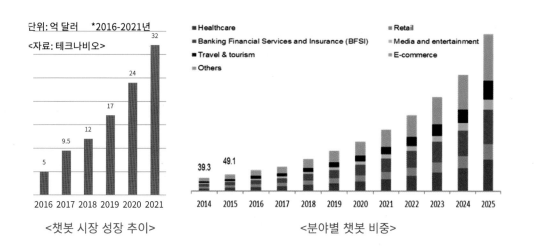

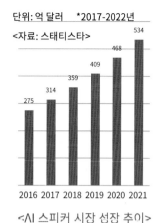

단위: 억 달러   *2017-2022년

<자료: 스태티스타>

275 314 359 409 468 534
2016 2017 2018 2019 2020 2021

<AI 스피커 시장 성장 추이>

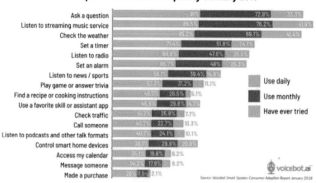

<기능별 AI스피커 사용 빈도>

그림 3.3-25. 도우미형 AI 서비스의 최근 시장 동향

도우미형 AI 서비스가 제공하는 가치는 다음과 같다.

표 3.3-4. 도우미형 AI 서비스가 제공하는 가치

기존 채널(Web/App)	구분	도우미형 AI	제공 가치
이성적	톤 앤 매너	감성적	대면채널에서 느낄 수 있는 신뢰, 친절, 안정과 같은 심리적 만족을 제공할 수 있음
Deep & Much	정보의 구성	Core & Detail	기존 채널과 차별되는 정보의 구성과 전달 방식으로 전달력을 높일 수 있음
독립된 채널	채널간 관계	연결된 채널(허브)	독립된 기존 채널의 정보와 기능을 연동하여 완결된 경험을 제공할 수 있음
브라우징	정보 탐색 방법	슈팅	원하는 정보에 접근하기 위해 이동하며 찾아가야 하는 불편함이 없음
1 : 多 (불특정 다수)	정보 전달 대상	1 : 1 (개인)	다양한 사용자의 기대와 니즈를 만족할 수 있는 개인화 제공 가능
단방향	커뮤니케이션 방식	양방향	프로세스 진행 도중에 사용자가 자유롭게 질문이나 요청이 가능함
휘발성	사용자의 활동 내역	지속성(챗봇)	챗봇의 경우 메시지 형식처럼 사용내역이 누적되어 이용 히스토리 파악 가능
확산되어 나가는	트리거의 활용	실처럼 얽힌	온라인 서비스를 고려하지 않는 사용자의 진입을 유도하는 역할을 수행할 수 있음
맥락 반영 어려움	맥락 파악	맥락 반영 용이	필요한 시점이나 과업에 한해서는 적극적인 피드백을 통해 목표 달성을 도울 수 있음
현재 Task에 집중	다음 활동과의 연결	후속 Task와 연결	사용자가 서비스를 이탈하지 않고 지속적인 이용을 유도할 수 있음

뱅크오브아메리카의 에리카(Erica, 챗봇 이름)는 가장 오래되고 성공적으로 정착한 도우미형 AI 서비스 중 하나다. 에리카는 대화형 UX가 갖는 장점을 활용해서 비대면 채널[주: 은행 지점처럼 직원이 직접 고객을 대면하는 채널의 반대말]의 한계를 극복하고, 오히려 AI 기능을 활용해 더 뛰어난 가치 제공이 가능하다.

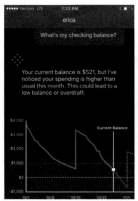 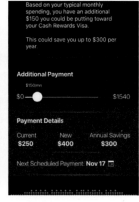  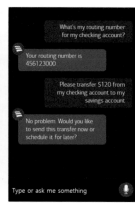

그림 3.3-26. 뱅크오브아메리카의 에리카 _ BOA

에리카는 기본 금융업무가 대부분 가능하다. 잔액 조회는 물론, 송금, 카드, 대출 등의 업무를 대화를 통해 처리할 수 있다. 예를 들어 사용자가 "이번 달 카드 이용내역을 알려줘"라고 요청하면 그 정보를 보여주고, 이용대금 납부나 분할 납부 등의 서비스로 연계도 가능하다. 또한 사용자의 신용등급이나 소비행태를 분석하여 금융 상품을 추천하거나 개인화된 금융 조언자 역할도 수행한다. 그래프, 표 등의 시각 정보와 슬라이드 바, 버튼, 템플릿 등을 통해 대화 중에 정보를 파악하기도 쉽다.

표 3.3-5. 일시적인 도우미형 AI 서비스 분류

	온라인 업무처리봇	이벤트/마케팅봇	디지털 상담봇	업무 생산성봇
설명	기존 채널(웹, 앱 등)을 통해 기업에서 제공 중인 서비스를 AI 서비스를 통해 제공	양방향, 1:1 소통 방식으로 각종 이벤트를 진행하거나 브랜드 이미지를 전달	홈페이지 고객센터, 콜센터보다 24시간 쉽고 빠르게 고객 문의를 처리	기업 내부 직원의 업무를 보조 또는 대신 처리해주어 직원의 생산성을 향상
예시	- 미디어/콘텐츠 제공 - 예약/주문/결제 - 금융 서비스 조회/이체	- 마케팅 이벤트 - 브랜드 스토리	- 고객 상담, FAQ - 지식 검색 / 정보 습득	- 신입사원 교육/가이드 - 업무 매뉴얼 - 팀/개인 일정 관리
사례	CNN (Media) · Ebay (Commerce) · Fandango (Entertain.)	Marvel (Entertain.) · UNICEF (NGO) · 롯데제과 (Commerce)	KLM (Airline) · Cloudia (Healthcare) · 플러스친구 (Business)	SendGoal (Assistant) · Facebook (Assistant) · Georgia Tech (Assistant)

일상적인 도우미형 AI 서비스는 제공하는 서비스가 매우 다양하고, 잡담(Chitchat)이나 기록 용도로도 사용 가능하며, 다른 채널에 있는 정보를 불러오거나 연결된 IoT 기기를 제어하는 경우가 많다.

그림 3.3-27. 일상적인 도우미형 AI 서비스들

구글 어시스턴트는 AI가 예약을 대신 처리해주는 듀플렉스(Duplex)라는 기능이 있다. 또한 구글 홈이나 구글 오토와 연결하여 음성으로 가정 내 스마트 기기 및 차량을 제어할 수 있다. 루틴(Routines)이라는 기능을 실행하면 하나의 명령어로 여러 작업을 실행시키는 게 가능하다. 예를 들어 '집으로 퇴근할 거야'라는 음성에 집까지의 길 안내, 가는 도중에 들을 수 있는 음악 선곡, 도착시간에 즈음한 가정 내 IoT 기기 실행 등이 한꺼번에 가능한 것이다.

그림 3.3-28. 구글 어시스턴트의 다양한 기능 (왼쪽부터 듀플렉스, 구글 홈 연동, 루틴)

구글이나 애플이 자사의 제품/서비스를 도우미형 AI 서비스로 연결하는 데 집중하는 데 반해, 아마존 알렉사는 다른 기업들에게 플랫폼을 개방해 이미 수많은 자동차, 가전, 보안, 헬스케어, 교육 등의 서비스를 알렉사의 음성명령으로 이용할 수 있다.

그림 3.3-29. 아마존 에코와 알렉사에 연동된 다양한 서비스

일상적인 도우미형 AI 서비스는 음성과 텍스트를 모두 지원한다는 특징이 있으나, 서비스 범위가 넓고 다양한 기기를 통해서 이용할 수 있기 때문에 음성의 비중이 더 높은 편이다. 또한 디지털 이용 내역뿐만 아니라 실생활에서의 사용자 활동을 파악하고 환경을 모니터링하기 위해 카메라나 센서, IoT 가전기기들과의 연결을 늘리고 있다.

최근의 챗봇 트렌드

음성 기반의 일상적인 도우미형 AI 서비스에 비해서 챗봇은 주로 텍스트를 기반으로 제한된 서비스 영역만 다루는 편이지만, 대면 상담 채널의 장점을 빠르게 흡수하고 AI UX를 이용한 새로운 가치를 제공한다.

1. 이모지를 이용한 콘텐츠 검색

사람 간의 채팅 창에서 익숙한 이모지를 챗봇에 적용하여 입력의 수고를 덜고, 말로 표현하기 힘든 뉘앙스를 표현할 수 있다.

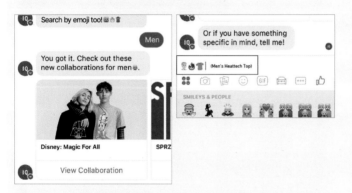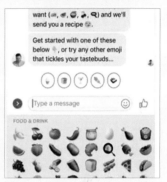

그림 3.3-30. (좌) 유니클로 챗봇 IQ, (우) 레시피를 추천해주는 제이미 올리버 챗봇

2. 맥락을 방해하지 않는 팝업 UI

서비스 사용 중 챗봇을 실행할 경우 전체 창을 덮는 게 아니라, 팝업으로 나타나서 일시적으로 챗봇을 이용한 다음에 다시 서비스 화면으로 쉽게 돌아갈 수 있다.

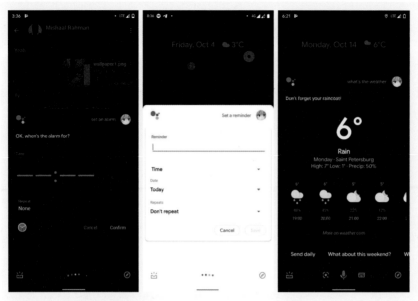

그림 3.3-31. 구글 어시스턴트의 팝업 UI

3. AR과 연계하여 대면 상담의 한계를 뛰어넘는 챗봇

대면 채널에서 카운슬러가 아무리 친절하게 상담을 해줘도 실행하기 전까지는 결과를 미리 보는 것은 불가능하다. 그러나 챗봇에서는 AR 기술을 활용해서 상담 결과를 미리 볼 수 있다.

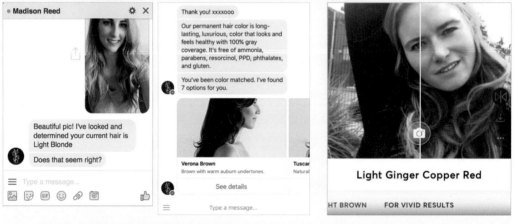

그림 3.3-32. (좌) 헤어컬러와 제품을 추천 받을 수 있는 MADI, (우) AR로 헤어컬러를 미리 볼 수 있는 Try on

최적화형

최적화 유형의 AI 서비스는 기존 서비스에 알게 모르게 섞여 들어가서 더 정확도 높은 가치를 전달한다. 기존 서비스 형태는 그대로 유지한 채, 정확도나 성능을 높이는 데 초점을 맞추고 있기 때문에 UX의 변화는 비교적 적은 편이다. 사용자들은 뭔가 더 나아졌다거나 어딘지 모르게 더 정확해졌다는 것을 은연 중에 느끼게 될 뿐이다.

유튜브나 스포티파이(Spotify)가 콘텐츠 추천을 강화하기 위해서 AI를 도입한 것이나 네이버 모바일 쇼핑판에서 AiTEMS를 통해서 상품 추천을 강화한 것이 이에 해당한다. 사용자의 구매 이력, 최근 조회 상품, 찜/장바구니에 담은 상품 등의 데이터를 분석하여 상품을 추천해준다.

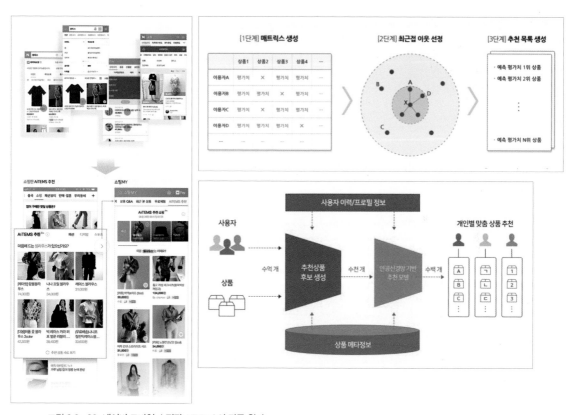

그림 3.3-33. 네이버 모바일 쇼핑판 AiTEMS의 작동 원리 _ NAVER Search & Tech 블로그

구글 지메일 스마트 컴포즈(Smart Compose)는 메일을 쓸 때 수신인과 메일 제목 등을 분석하여 본문에 입력할 내용을 사용자에게 자동으로 추천해준다. 이전에 해당 수신인에게 쓴 메일 내용과 제목에 들어간 키워드와 관련된 이전 보낸 메일 내용 등을 참고하여 메일 내용을 추천해주는 것이다.

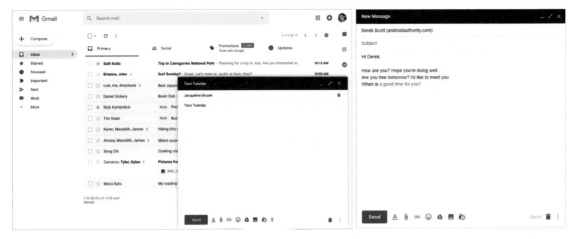

그림 3.3-34. 구글 스마트 컴포즈 _ 구글

이와 유사한 서비스로 라이트키(Lightkey)가 있다. AI 기반의 자동 문장 추천 툴인 라이트키는 마이크로소프트 오피스나 구글 크롬과 호환되며, AI로 사용자의 의도를 파악한 다음 12개의 단어를 예측해 사용자에게 제시한다. 또한 자동으로 오탈자를 교정하거나 사용자가 적은 기록을 바탕으로 개인화된 문장 추천도 가능하다.

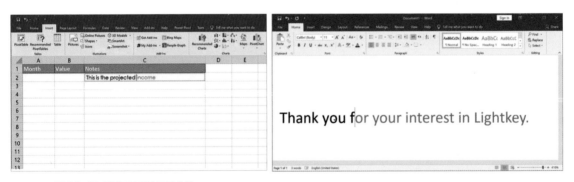

그림 3.3-35. 라이트키 자동 문장 추천 _ 라이트키

카카오 내비는 AI를 통해 더 정확한 길 안내 및 예상 소요 시간을 제공한다. 이는 대부분의 내비게이션 서비스와 동일하다. 카카오 내비가 다른 점은 길 찾기 알고리즘에 물리적인 데이터 말고도 사용자의 경로 선호도나 과거 이동패턴을 고려해 최적화된 길 안내를 제공한다는 것인데, 예를 들어 장거리 이동 중 휴게소를 꼭 들르는 사람과 그렇지 않은 사람에게는 예상 소요 시간을 다르게 알려준다.

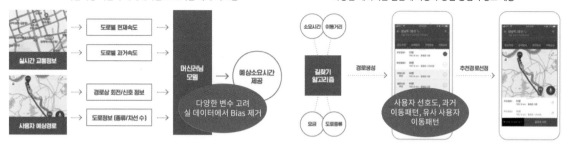

머신러닝 기반의 내비게이션 소요시간 예측 시스템   다양한 데이터를 결합해 사용자 경험 중심의 경로 제공

그림 3.3-36. 카카오 내비 사용자 중심 경로 제공 _ 카카오 내비

미국의 소매유통업체인 타깃(Target)은 고객의 구매패턴에 임신 가능성을 알리는 변화가 생기면 추천 구매 품목을 자동으로 업데이트해주는 서비스를 선보였는데, 심지어 본인도 몰랐던 임신 여부를 알려주는 경우도 있다고 한다.

그림 3.3-37. 타깃의 임신 예측 모델 _ Target

온라인상에서의 악성 댓글을 차단해주는 최적화형 AI 서비스도 등장했다. 인스타그램에서 선보인 악성 댓글 필터(offensive comment filter) 기능은 모욕적인 의도를 가진 댓글을 인식하고 자동으로 필터링해준다. 친구끼리의 장난이나 비꼬는 말과 같은 맥락에 기반한 뉘앙스는 아직 이해하지 못한다.

단순 수행형

단순 수행 유형의 AI 서비스는 AI 인식 기술이나 패턴 생성 기술을 활용해 대상을 분석하거나 변환하는 일을 수행하는데, 서비스가 매우 간단하기 때문에 UX 디자인의 역할은 적은 편이다.

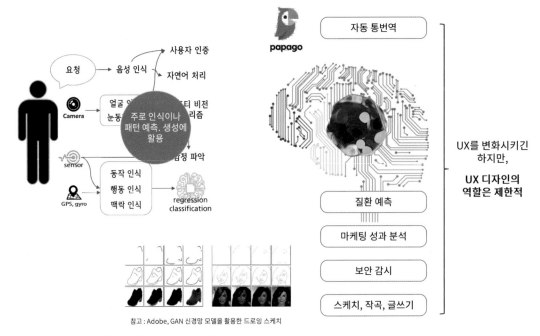

참고 : Adobe, GAN 신경망 모델을 활용한 드로잉 스케치

그림 3.3-38. 단순 수행형 AI 서비스가 대표적으로 하는 일

SNS 서비스인 스냅챗은 AI가 사용자의 얼굴을 감지하고 분석한 다음 능동적 형태 모델(Active Shape Model)을 통해서 다양한 서비스를 제공한다. 현재 표정에서 드러난 감정으로부터 3차원 이미지 추천 (3D Model Image Processing)하기, 음성에 따른 AR 시각 효과(AR Emoji), 두 대상 간의 얼굴 바꾸기(Face Swap) 등의 다양한 엔터테인먼트 활용이 가능하다. 이렇게 만들어진 결과는 자신의 앨범, 타임라인, 타임머신 등에 곧바로 올릴 수 있다.

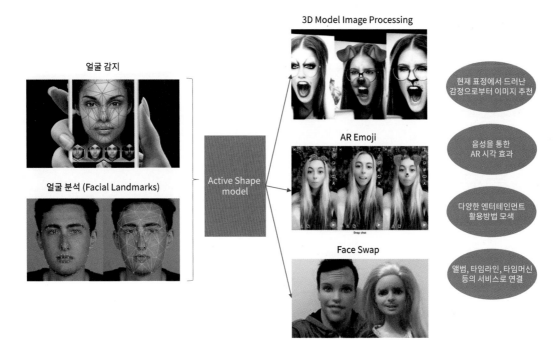

그림 3.3-39. 스냅챗의 얼굴인식 활용 서비스 _ 스냅챗

일본의 AI 스타트업인 Empath는 목소리를 분석하여 감정을 알려준다. 수만 건의 음성 샘플에서 음성 높낮이나 어조, 속도 등을 파악하여 감정 분석 모델을 만들었는데, 이 AI 기능을 콜센터 상담 시스템에 적용하면 전화를 건 고객의 감정에 따라서 적절한 대응 매뉴얼을 불러올 수 있고, 헬스케어 서비스에 적용하면 음성 명령 시 감정을 파악하여 건강에 대한 조언을 더 풍부하게 할 수 있다.

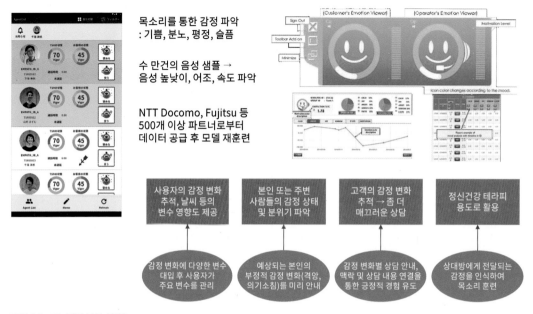

목소리를 통한 감정 파악
: 기쁨, 분노, 평정, 슬픔

수 만건의 음성 샘플 →
음성 높낮이, 어조, 속도 파악

NTT Docomo, Fujitsu 등
500개 이상 파트너로부터
데이터 공급 후 모델 재훈련

사용자의 감정 변화 추적, 날씨 등의 변수 영향도 제공	본인 또는 주변 사람들의 감정 상태 및 분위기 파악	고객의 감정 변화 추적 → 좀 더 매끄러운 상담	정신건강 테라피 용도로 활용
감정 변화에 다양한 변수 대입 후 사용자가 주요 변수를 관리	예상되는 본인의 부정적 감정 변화(격앙, 의기소침)를 미리 안내	감정 변화별 상담 안내, 맥락 및 상담 내용 연결을 통한 긍정적 경험 유도	상대방에게 전달되는 감정을 인식하여 목소리 훈련

그림 3.3-40. 감정 분석 서비스 _ Empath

음성텍스트 변환 기술(STT, Speech To Text)도 단순 수행 유형의 AI 서비스에 속한다. 구글 픽셀4에는 라이브 캡션(Live caption)이라는 음성텍스트 변환 기술이 적용되어 사용자가 동영상이나 오디오를 재생할 때 실시간으로 해당 콘텐츠의 음성을 별도의 자막 파일 없이 텍스트로 변환해준다.

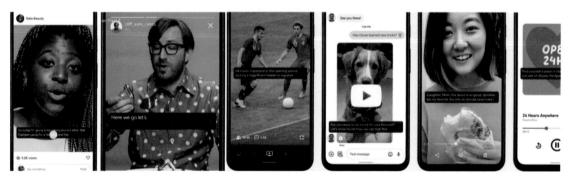

그림 3.3-41. 구글 픽셀4용 라이브 캡션 _ 구글

구글이 새로 내놓은 픽셀4용 리코더(Recorder)는 긴 오디오 녹음 파일을 시간대별로 텍스트로 변환하여 사용자가 단어, 문장, 심지어는 효과음이나 박수 쳤던 장면까지 검색할 수 있다. 녹음이 끝나자마자 녹음된 내용을 분석하여 해당 음성 녹음을 대표하는 3가지 키워드를 추출해주기도 한다.

Speech   ♪ Music

Audio is now searchable   Record anything

녹음된 소리는 타입에 따라 연설, 음악, 휘슬 등으로 자동으로 레이블링 되고 검색이 가능하다

장시간 오디오 녹음 파일을 변환하고 타임스탬프에 따라 단어를 매핑하여 대화를 색인화하는 기능 - 특정 단어를 클릭해 그 단어부터 오디오를 재생하거나 건너뛰고 재생할 수 있다

그림 3.3-42. 구글 픽셀4용 리코더 _ 구글

마이크로소프트는 자사의 인공지능 코타나(Cortana)를 아웃룩 모바일에서도 쓸 수 있게 했다. 코타나는 아웃룩 메일함의 이메일을 읽어주거나 스케줄 변경 및 미팅 잡기, 중요한 자료 요약 등의 기능을 수행할 수 있다.

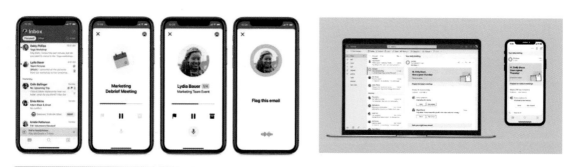

Cortana에게 미팅 할 수 있는 시간을 찾아달라고 요청하면, 참여자들의 캘린더를 확인한 후 모두가 가능한 시간을 찾아 미팅 일정을 잡아주거나 이메일로 해당 시간을 알려준다

그림 3.3-43. 마이크로소프트 아웃룩용 코나나 _ 마이크로소프트

이상으로 4가지 유형의 AI 서비스를 살펴봤다.

AI 기술은 그 자체만으로 수많은 가능성을 지니고 있다. 인간이 수행할 수 있는 수많은 가능성에 빗대어 볼 수 있을 정도다. 그러나 실제 AI 서비스가 사용자에게 제공되기 위해서는 UX가 AI 기술을 뒷받침해야 한다. 목표 및 결과 형태를 제시하고, 변수나 고려요소를 감안해 모델을 설계하고 필요한 데이터를 정의해야 한다.

AI가 수단이라면 UX는 가치를 제공하는 것이라고 할 수 있다.

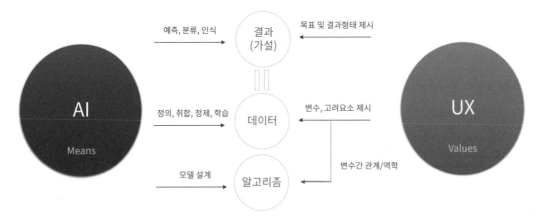

그림 3.3-44. AI UX의 구조

맺음말

글쓴이가 UX 교육을 할 때마다 꼭 하는 말이 있는데, 그것을 마지막으로 여러분께 들려드리고, 평소에 많이 받는 10가지 질문에 답변하면서 이 책을 마치겠다. 끝까지 읽어준 분들께 정말 감사드리며, 궁금한 점이 있다면 언제든지 글쓴이의 메일(yan117@naver.com)로 문의해주기 바란다.

> "저는 제가 얼마나 UX를 많이 아는지 자랑하려 이 자리에 나오지 않았습니다. 제가 좋아하는 UX 디자인을 한 분이라도 더 알게 되고, 그래서 더 좋은 디자인을 일상생활에서 만날 수 있기를 기대하는 마음에서 이 자리에 섰습니다. 세상에는 뛰어난 천재들이 많지만, 저나 여러분들은 천재가 아닐 것입니다. 소박하게 들릴지 모르겠지만, 우리는 사용자들이 진짜 힘들어하는 고충이 무엇이고, 마음속 깊이 숨겨진 기대는 무엇인지 밝히는 것에서부터 디자인을 시작합니다. 더 깊게 사용자 경험을 공감할수록 더 뛰어난 디자인으로 이어진다는 게 우리의 믿음입니다."

Q UX 업무를 하고 싶은데, 어떤 준비가 필요한가요?

A 되도록 학부나 대학원에서 UX 디자인, HCI(Human Computer Interaction), 인터랙션 디자인을 전공으로 공부할 것을 추천합니다. 이미 졸업한 지 오래됐거나 현실적으로 다시 전공 공부를 하기가 어렵다면 사설 교육기관에서 진행하는 UX 디자인 양성 프로그램을 이용하는 것도 좋습니다. 디자인 진흥원, 아카데미정글, 멀티캠퍼스, 한국인터넷전문가협회 등이 있습니다.

Q UX 디자인을 공부할 때 어디에 주안점을 둬야 하나요?

A 공부할 때는 다음 3가지를 모두 습득해야 합니다. 방법론, 원칙, 트렌드가 그것입니다. 방법론은 이 책 2장에 있는 내용을 자기 것으로 만들면 될 것이고, 원칙은 이 책 1장의 내용과 더불어 사용성의 원리, 인터랙션 디자인 원리 등을 습득하기 바랍니다. 인터랙션 디자인 협회(https://www.interaction-design.org/)나 UX matters(https://www.uxmatters.com/), Medium이라는 잡지의 UX 섹션(https://medium.com/topic/ux), 라이트브레인 블로그(http://blog.rightbrain.co.kr/)에 들어가 볼 것을 추천합니다. 트렌드도 위 사이트에서 찾아볼 수 있습니다. 라이트브레인이 정기적으로 발간하는 UX Discovery를 보는 것도 좋습니다.

그러나 머릿속에 지식을 입력하는 것만으로는 불충분합니다. 일상생활 속에서 만나는 모든 제품과 서비스에서 경험요소를 찾고, 그것의 문제를 찾아보는 연습을 해야 합니다. UX는 주변의 모든 것이 공부 거리입니다. 당장 눈앞에 있는 것에서 경험요소가 뭐가 있고, 그것이 어떻게 구성되며, 이용흐름은 어떠한지 살펴보기 바랍니다.

Q UX를 하려면 심리학을 꼭 배워야 하나요?

A 초창기 UX 업계에서는 심리학 전공자의 비중이 높았습니다. UX 디자인의 특성상 사용자들의 생각이나 감정을 알아야 할 때가 많고, 필드 리서치와 같은 조사과정에서도 심리학의 실험 방법이 유용할 때가 많았습니다. 그러나 15년 가까이 시간이 흐르면서 이미 많은 심리학 내용이 UX 디자인에 흡수됐습니다. 그래서 실제 실무에서 요구되는 심리학 지식은 그다지 많지 않은 편입니다.

심리학은 그 안에서도 많은 세분된 분야가 존재해서 하나로 단정 짓기 어렵기도 합니다.

Q UX 디자인을 공부했다고 취업이 바로 되나요?

A UX 인력이 많이 모자랐던 2010년대 초반과는 달리, 최근에는 UX 인력이 굉장히 많아져서 경쟁도 치열해졌습니다. UX 디자인을 공부했다면 본인만의 UX 디자인 포트폴리오를 만들어야 합니다. UX 면접관들은 이력서나 자기소개서보다는 포트폴리오를 기준으로 채용 여부를 판단합니다.

포트폴리오가 여러 개일 필요는 없습니다. 과정과 결과가 모두 뛰어난 포트폴리오 2개만 있으면 됩니다. 본인이 특정 분야, 예를 들어 쇼핑몰 분야의 UXer가 되고 싶다면 대표적인 쇼핑몰 1~2개를 대상으로 UX 포트폴리오를 만들고, 분야를 정하지 않았다면 최근 사람들이 많이 쓰는 서비스를 선정하기 바랍니다.

포트폴리오에는 UX 디자인 과정이 잘 드러나야 하고, 결과가 UX적으로 매력 있어야 합니다. 결과는 반드시 GUI 디자인까지 완성된 Hi-Fi 프로토타입일 필요는 없습니다. 디자인에 자신 없는 사람은 와이어프레임을 가지고 화면흐름(Page Flow) 수준으로 보여주되, 중요 화면 몇 개는 UI와 인터랙션을 매우 상세하게 표현하기 바랍니다.

주의해야 할 점은 포트폴리오만 봐도 어떤 메시지를 전달하려고 하는지, 결과적으로 사용자에게 어떤 가치를 전달할 수 있는지가 드러나야 합니다. 나중에 말로 설명할 기회는 없을 수도 있습니다. 포트폴리오상에 내용이 잘 설명되어 있어야 합니다.

Q UX 포트폴리오를 만들 때 꼭 알아야 할 점은 뭐가 있을까요?

A UX 디자인은 과정이 중요하기 때문에 각 과정을 빠짐없이 설명해야 합니다. 다만 지나치게 장황하게 얘기하지 말고, 간결하고 꼭 필요한 내용 위주로(가급적 10장 내외로) 과정을 보여주고, 결과물인 서비스나 UI를 보여줄 때 어떤 UX 근거로 이런 디자인이 나왔는지를 알차게 설명하기 바랍니다. 과정과 결과가 따로 놀거나, 결과가 왜 그렇게 나왔는지 설명이 생략된 경우도 많습니다.

그리고 가급적 프로토타이핑 툴을 이용해서 최종 결과를 만드는 게 좋습니다. 최근 많은 기업 UX 담당자들이 프로토타이핑 툴 사용 능력을 중요시하기 때문입니다. 완성된 결과는 온라인에 올리고 링크를 포트폴리오 문서상에 넣기 바랍니다.

Q 지금 UX로 뛰어드는 게 너무 늦지는 않나요?

A UX/UI는 시장이 많이 커져서 많은 인력을 채용 중입니다. 3장에서 소개한 디지털 전환의 물결에 따라 UXer를 찾는 채용 공고는 꾸준히 늘어날 것으로 전망합니다.

하지만 제가 사회초년생 입장이 되어 이 질문을 저 자신에게 던진다면 AI UX 분야에 집중할 것입니다. AI UX는 이제 막 시작된 분야인 데다가 전망도 매우 밝습니다. 3장에서도 얘기했지만, 많은 기업이 AI로 사업을 전환하고 있으며, 데이터 사이언티스트와 같은 AI 기술 전문가 외에 AI UX 전문가도 필요로 하고 있습니다.

AI UX 분야로 진출하기 위해서는 AI와 UX를 모두 익혀야 합니다. 상식적인 수준의 정보가 아닌, 실무 차원에서 지식 습득을 해야 합니다. 다행히 학교에서 AI를 전공하지 않았더라도 AI를 배울 기회는 아주 많습니다. 사설 교육기관도 많고 Coursera나 Udemy 같은 온라인 교육 과정이나 유튜브에도 AI를 공부할 수 있는 훌륭한 콘텐츠가 많이 있습니다.

Q 현재 현업에서 종사 중인데, 회사에서 디자인씽킹이나 UX를 계속 강조합니다. 제가 하는 전문 분야가 있는 데도 군이 UX를 배워야 할까요?

A 글쓴이가 기업 교육을 통해서 만나는 실무자들이 이런 고민을 얘기합니다. 가령 "은행 지점에서 일하고 있는데, 디지털 채널에서나 필요한 UX를 왜 제가 배워야 합니까?", "제품 디자인에서도 나름의 방법론과 노하우가 축적되어 있는데, UX가 꼭 필요할까요?" 등의 질문이 그것입니다.

사실 이 질문에 대한 대답은 UX보다는 디지털 전환(Digital Transformation)에 있습니다. 모든 기업이 기존 업무를 디지털로 전환하다 보니 자연스럽게 UX가 중요하게 부각됩니다. 기업 입장에서 디지털 전환은 선택이 아닌 필수라는 점을 3장에서 이미 언급했습니다. 그에 따라 기업에 몸담은 여러분들도 디지털 전환의 심장인 UX를 배우는 게 필요하다고 생각합니다.

Q 우리나라에서도 UX 내에서 전문적인 직무가 존재하나요?

A 에이전시나 스타트업에서는 대부분의 UXer가 멀티 롤(다중 역할)을 수행합니다. 대기업에서는 테스트나 리서치만 수행하는 직무, UI 디자인만 수행하는 직무로 세분화된 경우가 많습니다. 어느 게 더 낫다고 얘기하기는 힘듭니다. 멀티 롤을 수행하면 처음부터 끝까지 UX 프로젝트를 온전히 경험할 수 있어서 배울 게 많은 장점이 있는 반면에 업무가 많다는 단점도 있습니다. 대기업에서는 분업화된 역할만 수행하면 되기 때문에 전문성을 키우기는 좋으나, UX 업무 중 일부분만 수행해야 하는 업무 특성상 발전에 한계가 있습니다.

Q 구글이나 넷플릭스와 같은 외국 유명 회사에도 취업할 수 있나요?

A 실리콘밸리 기업에서는 UXer를 상시로 채용하고 있습니다. 영어 의사소통 실력이 일단 중요하겠지만, 영문으로 된 포트폴리오를 준비해서 취업 희망 기업에 이력서를 내 볼 것을 권장합니다. 참고로 외국의 유명 IT 기업은 필드 리서치 인력을 많이 찾고 있습니다.

Q UX 프로젝트 사례들을 찾아보려면 어떻게 해야 하나요?

A 구글에서 검색하시는 것도 좋지만, 라이트브레인의 플립보드 채널 중 'UX Design casestudy'를 추천합니다. 플립보드(Flipboard)에 들어가서 'RIGHTBRAIN'이라는 이름으로 검색하면 가장 상위에 'UX Design casestudy'가 뜰 것입니다.

이 외에 AI나 UX 트렌드, 챗봇, 메가 트렌드, UX 방법론 등 40여 가지 다른 매거진도 볼 수 있습니다.